LOS LIBROS DE UTILÍSIMA

Tarjetería

NUEVAS TÉCNICAS

Mirta Casado Pons

EDITORIAL ATLANTIDA
BUENOS AIRES • MEXICO

Editora jefa
Isabel Toyos
Producción general
Susana Olveira
Cristina Meliante
División libros de Utilísima
Marina Calvo
Supervisión
Sylvina Meloni
Diseño de tapa e interior
Patricia Lamberti
Supervisión de arte
Claudia Bertucelli
Ilustraciones
Laura Jardón
Producción fotográfica
Martha Cacacio
Sylvina Meloni
Fotos
Isidoro Rubini
Producción industrial
Fernando Diz
Corrección
Mirta Carriquiri
Preimpresión
Erco S.R.L.

Dedicatoria

A mis padres, a mi esposo y a mis hijos Felipe, Sol,
Lourdes y Mariana, que creyeron en mí y me impulsaron
a seguir a pesar de todas las adversidades.
Agradezco inmensamente también
a la señora Teté Sandler y a Ernesto Sandler,
que confiaron en que mis trabajos podían llegar hasta usted.

En la fotografía de tapa:

- Menú y sitio de mesa *(véase pág.184)*
- Tarjeta y sobre personales *(véase pág.182)*

Agradecemos a:
Demodé: Carlos Calvo 421, local 14.
Librería El sacapuntas veloz: Perú esquina Estados Unidos, Capital.

Primera edición publicada por EDITORIAL ATLÁNTIDA S.A., Azopardo 579, Buenos Aires, Argentina.
Hecho el depósito que marca la Ley 11.723. Libro de edición argentina.
Impreso en España. Printed in Spain. Esta edición se terminó de imprimir en el mes de abril de 2000
en los talleres gráficos Rivadeneyra S.A., Madrid, España.

I.S.B.N. 950-08-2329-2

Prólogo

Éste, mi primer libro, va dirigido a todo aquel que ama las manualidades y que encuentra en esta actividad un remanso al pesado trabajo diario. La propuesta es entregarle distintas opciones, nuevas técnicas y aprovechar las clásicas o propias de cada uno en este tema de la tarjetería. La idea es crear diferentes modelos con todos los elementos que pensamos que nos pueden servir para este trabajo, sin que nos sintamos condicionados por límite alguno.
Cada una de las propuestas que aquí presento puede ser modificada aplicando su imaginación, su creatividad, su pasión, y así su obra llevará un sello propio y resultará una pieza única: una pequeña obra de arte.
El que trabaja con las manos es un artesano.
El que emplea las manos y el cerebro en sus obras es un artífice.
El que, además de las manos y el cerebro, pone su corazón es un artista.
Estas tres últimas líneas me las envió la señora Rosa Urquiza, desde Lima, Perú, y fue la primera carta que recibí a raíz de mis trabajos en UTILÍSIMA SATELITAL. *Es evidente que Rosa comprendió perfectamente mis sentimientos en todo este quehacer diario.*

Miles de gracias a todos.

Glosario

Acetato: Plástico con goma incorporada y bastante flexible. Hay de diferentes grosores y se los puede conseguir en una gran gama de colores. También pueden usarse radiografías, que se limpian con lavandina.

Alcohol: Se lo utiliza sobre el papel vegetal, para borrar líneas de lápiz (de grafito), cuando ya se ha pasado la tinta. No debe usarse después de haber trabajado con algún otro material.

Aplicar: Agregar elementos que adornen un trabajo. Pueden ser de diversos tipos.

Asentar: Ejercer presión uniforme sobre una superficie, ya sea con la yema de los dedos, con un algodón, con pincel y pegamento, o con lo que se indique en cada caso.

Bolillar: Presionar o hundir con un bolillo sobre una superficie blanda. El bolillo también puede utilizarse caliente sobre papel humedecido.

Bolillo o repujador: Hay de distintos tipos, pero los que más se usan son los de bolita, de diámetros variados, y los curvos.

Calar: Quitar con un cortante la parte indicada en el patrón de diseños.

Calcar: Transferir el diseño a papel vegetal o de calco.

Cera: La que se usa para estos trabajos es la misma con la que se lustran los pisos de madera y que viene en pasta. Por lo general sirve para esfumar los lápices policromos.

Cola vinílica: Es la cola blanca. Aquí se utiliza la misma que usan los chicos para la escuela, en algunos casos diluida con agua.

Cortes: Se realizan con cúter o trincheta, según sea el material, o con diversas tijeras. En el caso de las tarjetas españolas son necesarias algunas herramientas cortadoras de diseño especial.

Difumino: Especie de lápiz o buriles de metal blando o de cartón semiduro con la punta de diverso grosor. Como no son muy comunes, una forma de hacerlos es con ramas de árboles o con correas de cuero en desuso de máquinas de coser. Afilarles la punta para que adquieran la forma de un lápiz.

Diseños: Son los patrones de trabajo del diseño que se quiere realizar. Estos se pueden agrandar o achicar por medio de fotocopia o con el uso de papel cuadriculado, de acuerdo con el gusto de cada uno.

Delinear: Para remarcar los bordes de un diseño. Puede realizarse con marcadores, pluma y tinta, lápices, etcétera. En el caso de la tarjetería española, el delineado se hace con tinta o marcadores, por el derecho del trabajo, para resaltar los bordes, o bien con un bolígrafo sin tinta o punzón redondeado, directamente sobre el papel vegetal. En algunos lugares se lo denomina "cisnar". Se lo utiliza mucho en aplicaciones o puntillas.

Dorado a la hoja: Es un método tradicional para el que se necesita un mordiente, que puede ser al agua o al aceite, y láminas de bronce que se asientan con un algodón o con la yema de los dedos.

Escuadras, reglas, plantillas o esténciles: Son los elementos más comunes que se usan para trabajar cualquier tipo de diseño.

Esfumar: Extender el color, para disimular una zona de corte entre un color y otro. Con esto se da un efecto matizado.

Esfumino: Rollo pequeño de papel tipo secante, terminado en punta, que se usa para esfumar.

Franela: Tipo de tela no muy grueso sobre el que se trabaja el aluminio o el estaño.

Gofrar: Relieve que se realiza sobre el papel. También se lo puede hacer sobre telas, pero a través de medios mecánicos.

Hisopos de algodón o cotonetes: Se los usa con cera para retocar los lápices policromos o pasteles, detalles de pintura, o también embebidos en el removedor adecuado para subsanar cualquier percance.

Hoja doble faz: En ambas caras tiene pegamento, que a su vez está protegido por un papel autoadhesivo.

Hojas de aluminio: En estos casos se usan las de 1 ó 2 décimas de milímetro, que son más gruesas que las que se utilizan para platear.

Hojas de bronce: Se las utiliza en el dorado a la hoja y el acabado que ofrecen es insuperable. Estas finísimas láminas de metal se emplean también en otro tipo de artesanías.

Iluminar: Aplicar un tono de color más claro en los relieves o zonas más salientes del diseño, para dar sensación de volumen.

Jaspear: Realizar un sombreado.

Marcar: En cartulinas gruesas o cartones se realiza con un punzón o bolígrafo sin tinta, siguiendo siempre la línea trazada previamente. Sobre cartón microcorrugado, se hace con un palito bien afilado, por el lado del revés, en el lugar a doblar.

Monocromo: De un solo color.

Orear: Dejar al aire para permitir que se inicie el proceso de secado sin que éste llegue a completarse.

Paño: Tipo de pañolenci (paño bien grueso) que se usa para las técnicas de tarjetería española y de pinchado.

Papel carbónico: En uno de sus lados tiene una capa de cera teñida y se usa para pasar diseños sobre distintos elementos: papel, tela, vidrio, etcétera.

Picar: Perforar. Puede hacerse con un punzón especial o con una aguja gruesa que se coloca en un portaminas.

Pintar o colorear: Dar color a los diseños con lápices, marcadores, acuarelas, acrílicos, etcétera.

Plano de corte: Elemento de base que se usa para realizar los cortes con cúter o trincheta. Puede ser una goma especial (la recomiendo por sus resultados), que viene en distintos grosores, o un vidrio, azulejo, cerámica o cartón bien grueso.

Plegar: Doblar.

Policromo: De varios colores.

Recortar: Cortar los bordes de los diseños o láminas con tijeras o cúter. Los bordes curvos recortarlos siempre con tijera, y cuando los elementos son muy reducidos, con la tijera de bordar.

Rellenar: En el caso de la tarjetería española, dar volumen con un bolillo a alguna parte o a la totalidad de un diseño. En el gofrado, dar volumen a todo el interior del contorno que se marcó con la plantilla.

Repujar: Presionar sobre el papel para lograr el relieve. La altura de éste depende de la fuerza que se ejerza con la herramienta que se utilice.

Sombrear: Colocar colores más oscuros para dar profundidad al diseño.

Transferir: Pasar el diseño al papel o al objeto sobre el que luego se trabajará.

Troquelar: Recortar, siguiendo el patrón de moldes, un diseño interior, que por lo general es muy pequeño. En el caso de la tarjetería española, se realiza con herramientas de corte de distinta cantidad de agujas. Cuando se trata de otro tipo de papeles o cartulinas, con cúter o bisturí. En las casas especializadas también se venden troqueladores con diversos diseños.

Stickers: Figuras autoadhesivas.

Materiales de uso general

Aquí se hace mención de los materiales imprescindibles para los trabajos de tarjetería en general. Más adelante, en cada explicación, se especificarán los materiales necesarios para llevar a cabo su realización.

• Cartulina común de 176 a 230 g (para gofrar), nacarada, metalizada; cartón microcorrugado, papel vegetal de 145 g, papel entelado, papel común de colores, papel felpilla, papeles estampados para recortar diseños, láminas para découpage, hojas de bronce (para dorar a la hoja), láminas de aluminio o estaño, papel reciclado, papel adhesivo.

• Cintas de raso, de papel, de gasa, de diferentes colores y ancho.

• Puntillas, aplicaciones de broderie, tul, telas estampadas, arpillera, pañolenci (paño para repujar), corcho.

• Flores secas, de tela.

• Hilos de papel, sisal, vegetal, cordones y flecos de pasamanería.

• Plumas, botones, piedras de colores, esmaltes para uñas, givré, bolígrafos en gel dorado y plateado, estrellitas (para pegar), porcelana fría.

• Elementos para marquetería: chapa de madera, cintas enchapadas con guardas.

Herramientas básicas

• Bolillos o repujadores
• Cúter o trincheta
• Tijera
• Tijera de bordar
• Tijera de formas
• Regla
• Regla metálica
• Troqueladores
• Punzón
• Sellos de goma
• Plantillas o esténciles
• Caladores
• Caja de luz
• Portaplumas
• Pluma cucharita
• Esfumino de papel
• Lápices de pinturitas
• Lápices policromos
• Microfibras indelebles y al agua, de colores
• Cera para pisos
• Pinturas acrílicas
• Pinceles
• Tintas blanca, dorada
• Polvo para embozado
• Médium para embozado
• Sellos de bronce
• Lacre
• Pegamento universal
• Pegamento vinílico
• Pegamento en barra
• Pegamento de contacto
• Pegamento para empapelar
• Pegamento para découpage
• Pistola encoladora (para cordones, hilos muy gruesos, pasamanería)
• Cintas doble faz

Técnicas

- Dorado a la hoja sobre papel
- Repujado en metal
- Gofrado
- Con fotocopias
- Découpage
- Arte florentino
- Pinchado
- Flores y hojas secas
- Esténcil o plantilla
- Estampado con sellos de goma y relieve
- Entelado
- Técnica pop up
- Tarjetas con movimiento
- Collage
- Siluetas
- Tarjetas plegadas
- Tarjetas caladas o calados en general
- Tarjetas españolas
- Plegados

Dorado a la hoja sobre papel

Es un método muy utilizado en trabajos de decoración y artesanía. En la tarjetería se aplica en forma similar que en las demás artes, pero teniendo siempre cuidados especiales, ya que la base del trabajo, en estos casos, es por lo general el papel.

El brillo y la terminación que otorga a los trabajos esta técnica son totalmente distintos de cualquier otro elemento dorado que se use.

Las diferentes posibilidades de realizar un dorado a la hoja sobre papel son tres:

1) **Con stickers.** Aunque su uso y comercialización no están aún muy generalizados, se los puede conseguir listos para usar en diferentes formas y tamaños. Para utilizarlos, retirar el papel protector que cubre el sticker y apoyar éste en el lugar que indica el diseño. Pasar reiteradamente un bolillo o un bolígrafo sin tinta sobre el papel que lo cubre. De esta manera el pegamento (por lo general de color) quedará adherido al papel de base. Las hojas de bronce se aplican sobre la zona con pegamento y se las asienta haciendo presión varias veces con la yema de los dedos (no usar pincel ni algodón). Cuando están bien adheridas, pasar con suavidad un pincel para retirar el exceso.

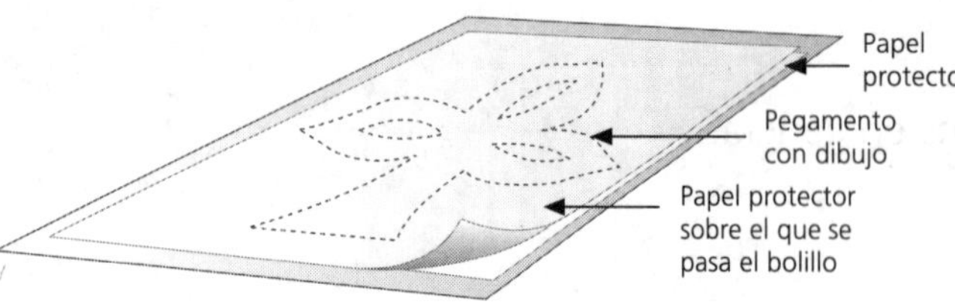

2) **Con mordiente o pegamento.** Aplicar sobre el diseño que se eligió, previamente dibujado (en lo posible con lápiz o carbónico amarillo), mordiente para dorar, en poca cantidad, o pegamento en aerosol. En el último caso hay que tomar la precaución de no exceder los límites de lo que se quiere dorar. Esperar a que oreen, colocar la lámina de bronce y proceder como se explica en el punto 1.

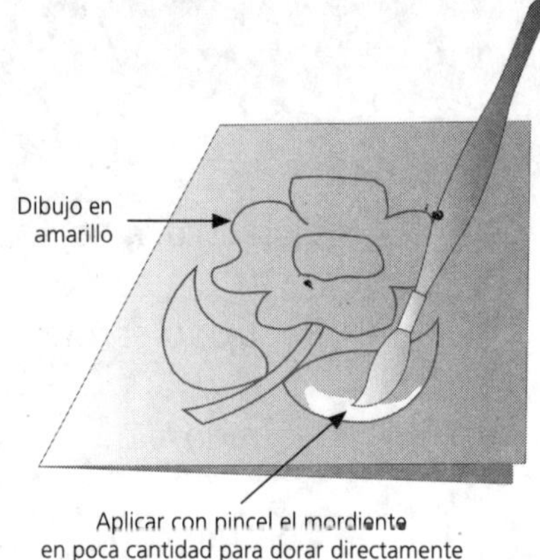

3) **Con hojas doble faz.** Dibujar en hoja doble faz el diseño a dorar y recortarlo por los bordes. Retirar el papel protector de la parte inferior y apoyar el dibujo sobre el trabajo que se quiere realizar. Retirar el papel protector sobre el que se dibujó el diseño y aplicar la hoja de bronce, siguiendo las indicaciones que se dieron en los dos casos anteriores. Recomiendo esta técnica en especial cuando se deben realizar guardas, motivos continuos (arabescos) o diseños de gran tamaño.

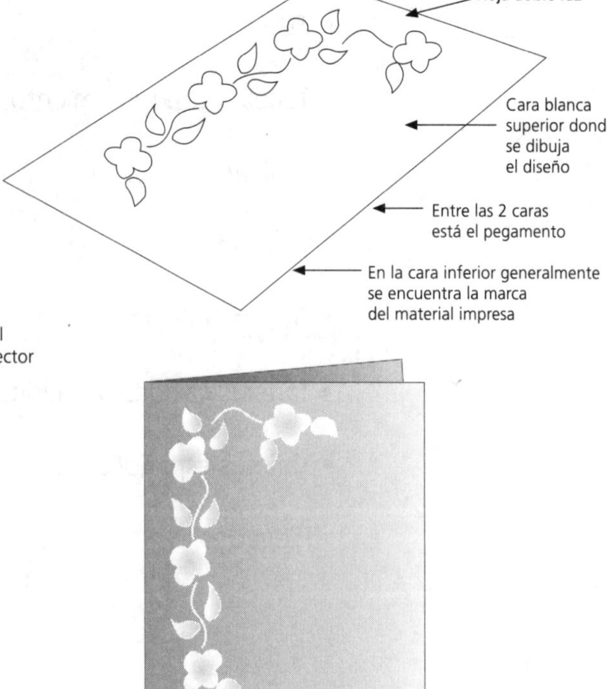

Ya recortado el diseño, se retira el primer papel protector. Se apoya sobre el lugar elegido y se retira el papel blanco que cubre el pegamento.

Repujado en metal

Para poner en práctica esta técnica presento en este libro un motivo fácil de realizar, ya que la considero un complemento, como tantas otras, de la tarjetería. Con las nociones básicas que aquí se dan, cada uno podrá ahondar en su aplicación, que ofrece múltiples posibilidades.

Los elementos básicos son:

- Una plancha de aluminio o estaño (el color de este material simula la plata) de la medida elegida y de un espesor de 1 a 2 décimas de milímetro. Se venden en láminas o rollos.
- Papel vegetal con el diseño elegido.
- Vela o cera virgen.
- Cuchillo.
- Papel de diario.
- Trapo de piso, franela o paño grueso.
- Bolillo mediano o bolígrafo sin tinta.
- Difumino de papel.

Colocar dos papeles de diario doblados sobre una superficie dura (mesa, mesada, tabla de madera). Apoyar encima la lámina de aluminio y sobre ella el papel vegetal. Sujetar con cinta adhesiva. Repasar el diseño con el bolígrafo sin presionar demasiado. Retirar el papel vegetal y remarcar con el bolillo los trazos ya realizados. Colocar la lámina sobre un paño y repasar con el bolígrafo o un bolillo fino las líneas del lado del revés, para obtener un mayor volumen. Dar vuelta la lámina del lado derecho, retirar el paño, y con el difumino aplastar alrededor de las líneas marcadas. Volver a repasar del mismo lado con el bolillo fino los contornos de las líneas trazadas. Por el revés, con la lámina apoyada sobre una gamuza, hundir con el difumino por zonas para lograr los relieves que se quieran obtener. Repetir estos pasos las veces que se crean necesarias hasta lograr el repujado final.

Para dar firmeza al trabajo, rellenar los huecos con vela derretida o con una mezcla de resina y cera disuelta en una proporción del 40 y 60%, respectivamente). Cuando endurece, retirar el exceso con el filo de un cuchillo. Pegar el trabajo en un papel o cartulina con cemento de contacto y recortar los bordes con trincheta.

Gofrado

Se llama así al relieve que se hace sobre un papel o cartulina. Las figuras o diseños con relieve en el papel pueden realizarse sobre plantillas metálicas, de plástico, de acetato, de cartón o de cartulina. En las librerías artísticas se consiguen las plantillas comunes que se utilizan para pintar con acrílicos, témperas, óleos, etcétera. Sólo hay que tener en cuenta que el espesor debe ser el adecuado al papel o cartulina que se va a utilizar.

Los elementos básicos para realizar esta técnica son:

- Papel o cartulina, que debe tener un peso no inferior a 180 g (puede ser entre 180 y 250 g).
- Caja de luz, mesa con vidrio y lámpara, etcétera.
- Plantilla con diseño (las metálicas son ideales).
- Bolillo para gofrar (o bolillo para tarjetería), en lo posible de metal, con dos puntas redondeadas, una más gruesa que la otra.

Colocar la plantilla sobre una superficie luminosa y firme (una caja de luz, el vidrio de una ventana iluminada, una mesa baja con vidrio y una linterna debajo, un vidrio apoyado sobre dos pilas de libros con una lámpara debajo) y sobre ella apoyar el papel que se va a trabajar con el derecho sobre la plantilla y el revés hacia arriba. Sujetar con cinta adhesiva. Con la parte más fina del bolillo o un bolígrafo sin tinta, repasar el borde del patrón a transferir ejerciendo cierta presión. Rellenar lo marcado con suavidad, para no romper el papel. En el derecho del trabajo quedará marcado el relieve que se eligió.

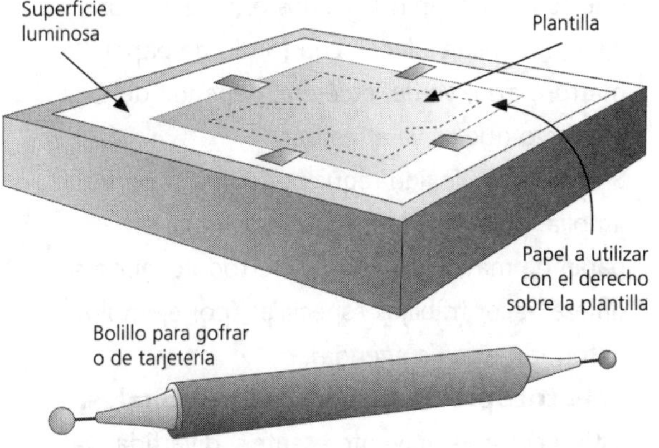

Con fotocopias. Para crear papeles distintos

Esta técnica es muy simple, pero permite la posibilidad de obtener papeles completamente distintos, que se pueden adaptar a diferentes objetos, además de la tarjetería, como por ejemplo para forrar agendas, álbumes, etcétera. Otra idea es preparar papeles con motivos personales para agasajar a alguien querido. Las combinaciones que se pueden realizar son infinitas, pero aquí sólo se detallarán dos.
1) **Fotocopiado de telas caladas o blondas de papel.** Pedir que en la casa fotocopiadora hagan una copia color de la tela elegida (en general, encajes o puntillas o las blondas que se hayan seleccionado) la que se deberá apoyar sobre un papel también de elección personal.

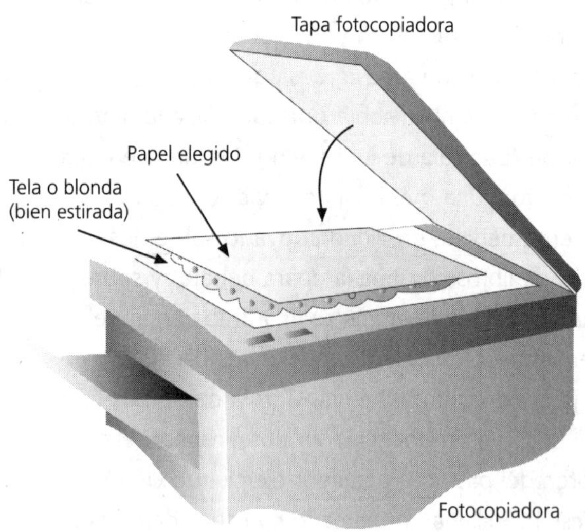

La tela y el papel pueden ser de cualquier color, aunque respetando el contraste de ambos para que se destaquen los calados o dibujos. Por ejemplo: encaje blanco con fondo de papel marrón, azul, verde, etcétera, depende del proyecto que se va a realizar.
Si el trabajo elegido requiere de una superficie amplia, pedir que la fotocopia se haga en el papel de mayor tamaño, sobre todo cuando se quiere hacer trabajos especiales (por ejemplo, el forrado de una agenda).
2) **Fotocopia de fotografías personales.** Esta técnica es muy interesante y divertida, ya que se obtiene un papel totalmente personal. Colocar las fotografías que se van a usar sobre una hoja, pegadas con cinta del lado del revés. Las fotos pueden estar encimadas, desplazadas, con espacios entre ellas para completar después, o bien agregarles detalles antes de hacerlas fotocopiar. Cuando se ha logrado el diseño imaginado, hacer la fotocopia. Aconsejo, en este caso, realizarla en un solo color, como por ejemplo el sepia, que le da un toque antiguo. Puede completarse con cartas, dibujos, trozos de poemas, etcétera.
Este papel se trabaja como cualquier otro. En el caso de las tarjetas es necesario pegarlo con cola vinílica o pegamento en barra sobre una cartulina, para que adquiera mayor resistencia.

Découpage

Esta técnica consiste en seleccionar dibujos o figuras que se recortan y se pegan sobre un objeto para decorarlo. Estos dibujos en apariencia deben sugerir que fueron pintados, trazados o bosquejados a mano. Calendarios, revistas, papeles, fotografías, son algunos de los elementos que se pueden utilizar. Las fotocopias en color son un aliado de esta técnica, ya que a través de ellas se pueden ampliar o reducir los diseños para que se adapten a los trabajos que se quieren realizar. Para recortar hay que usar siempre una tijera y evitar que queden bordes o trazos externos o internos que no correspondan al contorno de la figura que se eligió. Recordar que para recortar, la tijera debe mantenerse fija y que el que se mueve o gira es el papel.
En el caso de la tarjetería, colocar cola vinílica o pegamento en el reverso de la figura recortada y apoyarla sobre el trabajo, asentando y alisando con un lienzo para que no se formen burbujas. Verificar que los bordes queden totalmente adheridos. Dejar secar bien con un peso encima. Para lograr el éxito con esta técnica hay que hacer una planificación previa, teniendo en cuenta que los trabajos grandes deben ocupar el fondo, los medianos hay que colocarlos delante de éstos y

los más chicos deberán integrar los puntos focales. Los recortes que se van a utilizar pueden ser teñidos, pintados y retocados para darles un efecto similar a los hechos manualmente.
La diferencia de esta técnica, comparada con el collage, es que aquí sólo se utilizan figuras, fotos, dibujos, etcétera, de papel.

Arte florentino

Paseando por Florencia, Siena y Venecia, quedé prendada de unos papeles que cubrían cajas, agendas, tapas de libros, cajones de escritorios e inclusive de unos bolígrafos que tenían impresos motivos del arte florentino.
De regreso a mi país decidí averiguar si era posible encontrar en el mercado local estos papeles, y la respuesta en todos los casos fue negativa. Eso me llevó a tratar de encontrar la manera de imitarlo con los elementos caseros que estaban a mi alcance y de ese intento nació lo que yo llamo, humildemente, Técnica del Arte Florentino.
Antes de describirlo, quiero contarle un poco de la historia que encierran estos diseños.
En la Edad Media, los monasterios se habían convertido en lugares de descanso y seguridad que protegían a los monjes de los señores feudales. En las celdas o "librerías", los monjes se dedicaban a realizar o copiar manuscritos, a los que decoraban con hermosos dibujos en los bordes de las hojas. Los diseños eran flores, frutas, hojas, que combinaban con volutas, formas geométricas, imágenes de reyes o santos, pájaros, ángeles, cabezas de dragones, pedrería (en forma de joyas), todo esto profusamente pintado en colores brillantes y dorados. Esas imágenes ilustraban la letra capitular y recorrían en forma vertical y horizontal toda la página. Estas obras son conocidas como Manuscritos de los Iluminados.
Llegado ya el Renacimiento, se comenzó a analizar estos manuscritos a los que se agregaron los que se trajeron de Bizancio, para evitar que cayeran en manos de los turcos, y con ambos se formaron las primeras bibliotecas, de las cuales en la actualidad la más importante es la del Vaticano. Los motivos de los Manuscritos de los Iluminados son tomados como elementos decorativos, previa estilización de sus formas por los grandes pintores de esta época. Fue así como nacieron los bellísimos diseños que hoy son característicos y representativos de las ciudades de Florencia y Siena. Las formas actuales son hojas, flores, frutas, volutas, flores de lis, pájaros, y en algunos casos mariposas.
La técnica que propongo a continuación permite acercarnos bastante a esos diseños; sólo hay que respetar las características que paso a detallar:
• La cartulina de base debe ser color marfil, ocre claro o amarillo.
• Los bordes de los dibujos deben hacerse siempre en color dorado, al igual que los pequeños círculos con volutas que adornan el fondo del papel.
• Los colores que se utilizan para pintar las estilizaciones de flores, frutas, hojas, y en algunos casos también los pájaros, deben ser: rojo, verde, azul, anaranjado, turquesa, amarillo y violeta. Pueden combinarse en un solo motivo general, o en ciertos casos admiten motivos monocromáticos (de un solo color) combinados con el dorado.
• Los elementos que se usan para reproducir esta técnica son: para el dorado, bolígrafo en gel o tinta aplicada con pluma (nunca marcadores o productos con solvente, porque manchan la cartulina en el reverso y se corren). Para pintar los motivos, lápices de pinturita o marcadores. La ventaja de los lápices es que se pueden lograr matices. Los auténticos papeles, que se usan para cartas, por lo general llevan un motivo grande en el borde o una esquina muy elaborada. Los papeles para sobres deben trabajarse siempre del lado interior, porque se los arma en forma invertida (el estampado hacia adentro y el papel liso hacia fuera).
Una vez más aclaro que ésta es sólo una propuesta y no hay por qué ceñirse estrictamente a ella. La imaginación de cada uno puede variar esta técnica hasta el infinito.

Pinchado

Es una técnica muy sencilla con la que se puede realizar una gran variedad de trabajos, que combinan las diversas formas de pinchado con calados y gofrados.

Los elementos necesarios son un punzón bien afilado, un paño bien grueso (puede estar doblado) sobre el cual pinchar y un papel o cartulina cuyo peso no sea inferior a 200-250 g. Para realizar el pinchado, clavar el punzón en forma vertical en el papel y tratar que todas las perforaciones tengan la misma profundidad y la distancia entre cada una de ellas sea la misma.

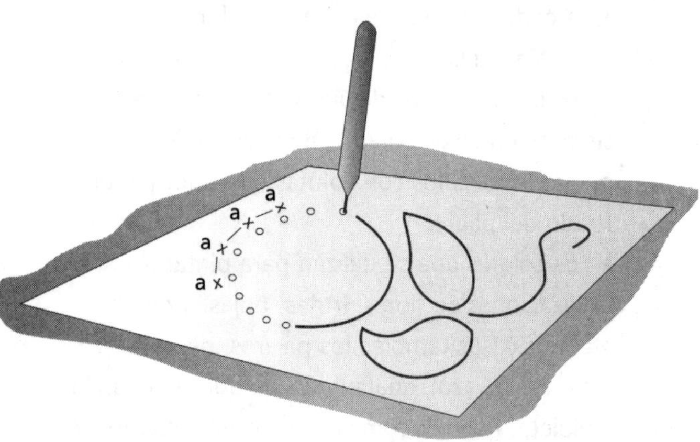

• **Punzado de un lado.** Calcar el diseño elegido en papel vegetal o hacer una fotocopia. Pegar con cinta adhesiva por el revés del papel sobre el que se realizará el trabajo. Proceder a pinchar como se explicó más arriba.

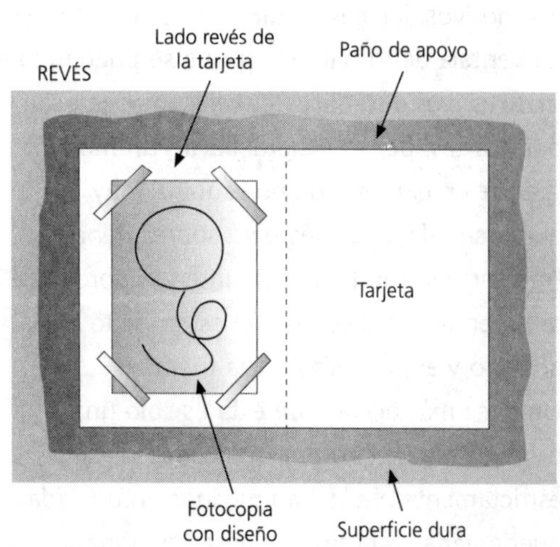

• **Punzado por los dos lados.** Calcar el diseño elegido en papel transparente (se debe usar solamente este tipo de papel) con dos líneas diferentes: las que se punzan del lado revés con línea de puntos (··········) y las que se punzan del lado derecho con línea entera (———), o con distintos colores. Colocar el diseño primero del lado revés de la tarjeta (como en el caso explicado en el punto anterior) y punzar sobre la línea de puntos. Sacar el papel transparente, dar vuelta la tarjeta, volver a poner el diseño haciendo que coincida el dibujo de las líneas pinchadas del lado revés y pinchar sobre las líneas enteras.

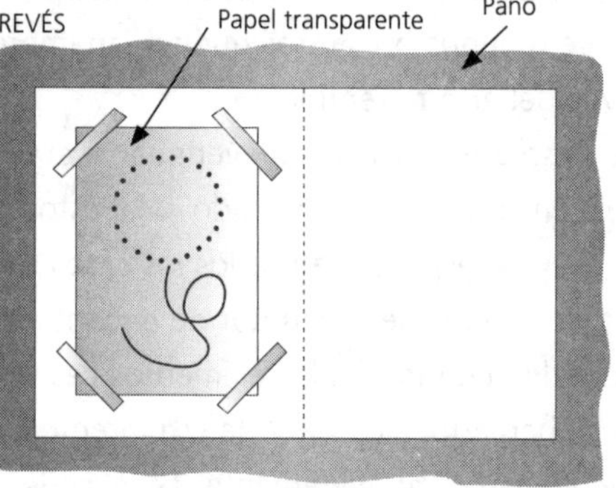

Pinchar sobre la línea punteada

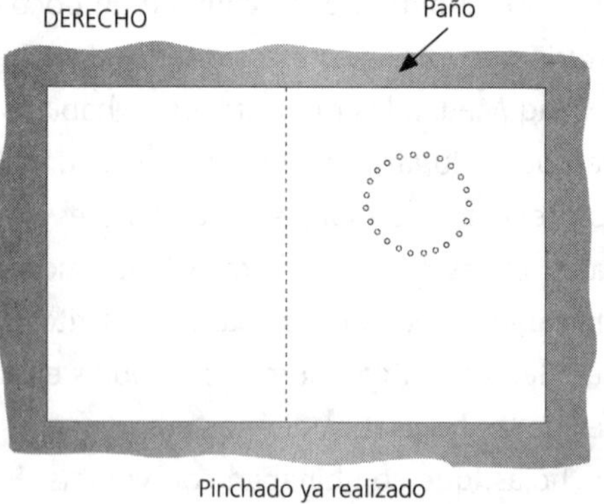

Pinchado ya realizado

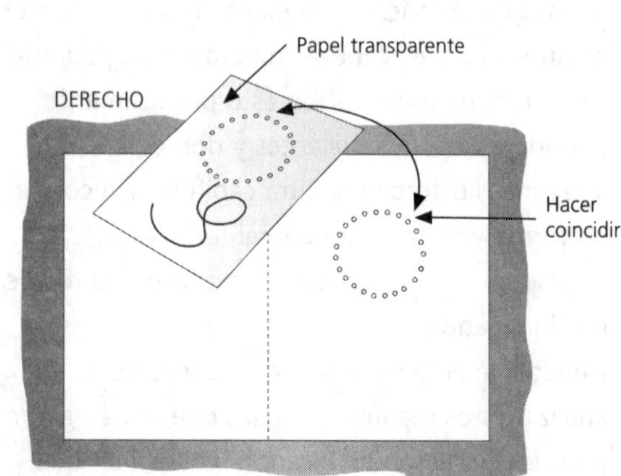

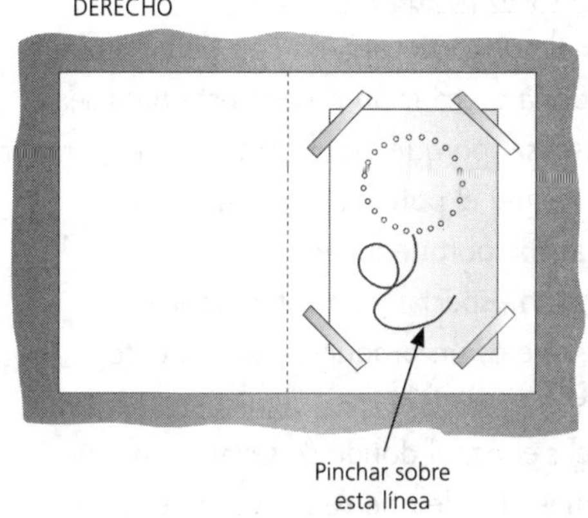

• **Calado.** Los calados se realizan con una trincheta pequeña o con una tijerita de puntas finas, como las que se usan para bordar. Por lo general, en los patrones estas zonas se señalan completamente en negro o bien con las letras "C" o "X".

El calado se efectúa a unos milímetros de la línea pinchada y no sobre ésta.

Flores y hojas secas

Para realizar esta técnica, previamente se deben reunir flores, hierbas, hojas, etcétera, durante el año, para tenerlas secas y a mano cuando sean necesarias. Para sacarles la humedad, colocarlas entre dos papeles secantes y pasarles la plancha caliente por encima. Luego dejar secar durante dos semanas, como mínimo, entre papel de diario y con un peso encima, para prensarlas. Tomar los pétalos con una pinza para evitar que se estropeen.

Para adherir los pétalos sobre la tarjeta, colocar pegamento vinílico en poca cantidad sobre el papel y apoyar los pétalos. Estas tarjetas pueden cubrirse con una lámina autoadhesiva transparente para que no se arruinen.

Si se quiere utilizar pajas o fibras muy duras, colocarlas en remojo durante 2 ó 3 horas y después abrirlas o dividirlas del tamaño que se haya elegido. Pasar la plancha a temperatura media hasta que queden planas.

Esténcil o plantilla

La técnica del esténcil o plantilla consiste en realizar dibujos o diseños (repetidos o no) sobre cualquier superficie con la ayuda de plantillas, que se pueden adquirir en comercios especializados o bien fabricarlas en casa. De esta última forma, los trabajos tendrán una cuota de originalidad.

Para realizar plantillas en forma manual, seleccionar o confeccionar el dibujo que se va a copiar o reproducir y transferirlo a papel vegetal. Si se quiere, se puede achicar o agrandar por medio de fotocopia.

Una vez elegido el diseño, pasarlo a una cartulina o acetato (en este último caso, se debe usar un marcador indeleble). Apoyar el trabajo sobre un vidrio, azulejo o plancha de melamina (fórmica) y calar el dibujo con una trincheta o cuchilla acorde con el tamaño de los cortes que se realizarán. Es muy importante que el corte se realice en forma prolija.

Para aplicar la técnica, apoyar la plantilla sobre el papel y transferir el diseño de la siguiente manera:

a) Si se quiere sólo el contorno, repasar la plantilla por los bordes con un marcador, lápiz, tinta, etcétera.

b) Si la plantilla se va a usar para pintar este trabajo, se puede hacer con pincel taponador, con esponja o con trozos pequeños de gomaespuma. Cargar cualquiera de estos tres elementos con la pintura elegida (acrílico, témpera, óleo, tinta), quitar el exceso sobre un papel absorbente y aplicar sobre la plantilla evitando que se mueva. Comenzar siempre con muy poca cantidad de pintura y con el color más claro e ir añadiendo ambos a medida que se trabaja. Realizar previamente un esquema con los colores que se van a utilizar y por cada uno de ellos tratar de usar un aplicador diferente (al trabajar sobre papel se corre el riesgo de mojarlo).

Una vez terminado el trabajo, limpiar las plantillas, para eliminar los restos de pintura que hayan quedado adheridos.

Estampado con sellos de goma y relieve

Esta técnica de sellar nació en China, en el siglo II antes de Cristo, e ingresó en Europa en el 700, aproximadamente, donde en la actualidad está muy difundida. Se la utiliza para decorar muebles, paredes, papeles, etiquetas, bolsas, sobres, porcelana, etcétera, de una manera muy simple y entretenida. Para los trabajos de tarjetería sólo son necesarios (en los más simples) sellos y almohadillas, o marcadores.

• Las almohadillas: Pueden ser de tinta al agua o de tinta indeleble. Las tintas se consiguen en diversos colores y con ellas se puede cubrir la almohadilla completa en un solo color o con combinaciones, por ejemplo franjas.

• Marcadores: Todos sirven para colorear directamente sobre la goma del sello. Los más recomendables son los de tinta al agua, ya que luego el sello se puede limpiar con más facilidad.

Cada técnica de sellado produce un efecto único y esto es lo que la hace tan interesante. Se la usa para, por ejemplo:

• Estampar con negro y pintar con color de marcadores, acuarelas, lápices, lacas, etcétera.

• Sellar una imagen sobre otra, de diferentes colores.

• Lograr colocar una imagen dentro de otra (por ejemplo, marcos tipo cuadros).

• Establecer sensaciones de movimiento, etcétera.

Haría falta otro libro para poder desarrollar todas las posibilidades y técnicas. Aquí sólo se hace una breve reseña de las más comunes y que se utilizarán en los proyectos presentados.

• **Técnica del sellado común.** Pintar el sello con uno o varios colores de marcador, según lo indique el diseño, y apoyarlo sobre el lugar elegido del papel, presionando suavemente. No apretar demasiado el sello ni "hamacarlo", porque se distorsionaría la imagen.

• **Técnica del sellado con relieve.** Elegir el diseño a utilizar. Aplicar en el sello el medio (líquido especial para realizar esta técnica) que servirá de pegamento para el polvo de relieve.

Este adhesivo puede ser:

a) Una almohadilla cargada con tinta común, tomando la precaución de que esta tinta sea muy viscosa, porque de lo contrario, no permitirá que se pegue el polvo. El color no tiene importancia, porque luego se cubrirá.

b) El medio especial para estos trabajos de relieve, que es un producto transparente.

Los pasos a seguir son los siguientes:

1) Ubicar el papel donde se sellará sobre otro papel más grande que se pueda desechar.

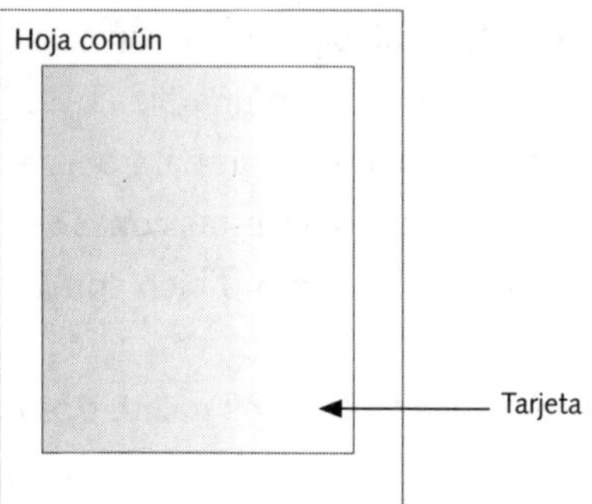

2) Colocar el medio sobre el sello con un retazo de tela o servilleta de papel, hasta lograr obtener una superficie viscosa.

3) Apoyar el sello en el lugar elegido con decisión. Levantar y verificar el resultado, comprobando que el pegamento se encuentre sobre todo el diseño estampado.

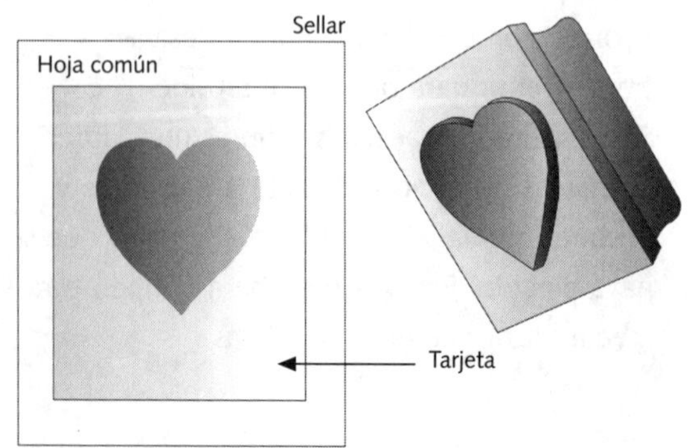

4) Volcar sobre este dibujo el polvo para relieve en forma abundante.

5) Retirar el exceso de polvo, volcando la tarjeta o papel sellado sobre la hoja que se había colocado debajo del trabajo. Este resto se puede guardar para volver a utilizarlo en otra oportunidad.

Hoja común

Recoger el exceso y guardar

6) Llevar el trabajo a una fuente de calor para que se forme el relieve. El calor puede ser generado por una pistola de calor (la que se usa para remover pinturas), **nunca por un secador de cabello**; una tostadora o plancha de hierro (en la que se cocina la carne) colocada sobre la llama de un quemador o una estufa de cuarzo. De esta forma, el polvo se adhiere al papel, fundiéndose y adquiriendo relieve. Esto provocará una forma tridimensional de la imagen. Existen en el mercado polvos para relieve dorado, plateado, cristal, rojo, azul, etcétera. El diseño se puede completar pintando con pinturitas, marcadores de colores, etcétera.

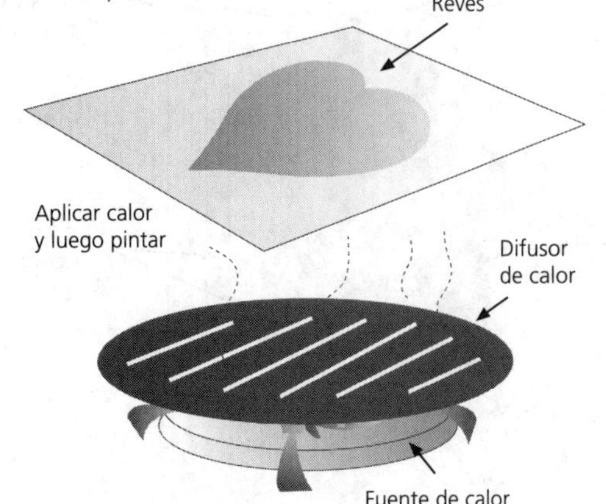

• **Sellado sobre porcelana fría.** Estirar la porcelana del espesor deseado cuando aún está blanda. Sellar cuidando que en la porcelana queden marcados los detalles del sello que se usó. Dejar secar muy bien. Pintar con acuarelas, acrílicos o marcadores de fibra.

• **Sello de bronce con lacre.** Colocar el lacre derretido con una fuente de calor sobre el lugar elegido y apoyar el sello de bronce humedecido previamente en agua, para que el material no quede adherido en las hendiduras.

Entelado

Esta técnica, que consiste en pegar tela sobre papel, es muy sencilla, pero se deben tener en cuenta algunos detalles que hacen que el trabajo se luzca realmente.

Para lograr una terminación brillante del trabajo, como si la tela estuviera plastificada, el pegado y el asentamiento superior se deben realizar con pegamento para découpage o cola vinílica apenas diluida con agua.

En cambio, si se quiere evitar el efecto brillante, el pegado y el acabado final deben hacerse con pegamento para empapelar.

Si se quiere mantener la textura original de la tela (siempre que las superficies a cubrir no sean muy grandes), es necesario usar la hoja doble faz.

En los dos primeros casos, el procedimiento para entelar el papel es el mismo. Aplicar con pincel una capa del pegamento elegido sobre el papel. Apoyar la tela sobre la superficie engomada y sobre ésta volver a pincelar con pegamento. Este proceso impermeabiliza la tela y evita que, cuando se recorta, los bordes se deshilachen. Por lo general, el color de la tela cambia. Dejar secar de un día para el otro con un peso encima, que pueden ser varios libros. Pasar el diseño elegido sobre el entelado y continuar trabajando como si se tratara de una cartulina común.

Las aplicaciones de broderie, pasamanería o cintas deben sostenerse preferentemente con cemento de contacto o con pistola encoladora y no es necesario colocarles ninguna otra terminación, porque se deslucirían.

Técnica pop up (o tarjetas con sorpresas)

Cuando se abren este tipo de tarjetas, aparecen figuras, guirnaldas, animales, flores, etcétera, que se separan del fondo de la tarjeta.

1) Plegar la cartulina o papel donde se va a trabajar (será el interior de la tarjeta) por la mitad.

Dib. 1

2) Con una tijera hacer dos cortes sobre el lado más largo del papel, de la profundidad elegida, que formarán un escalón en el interior.

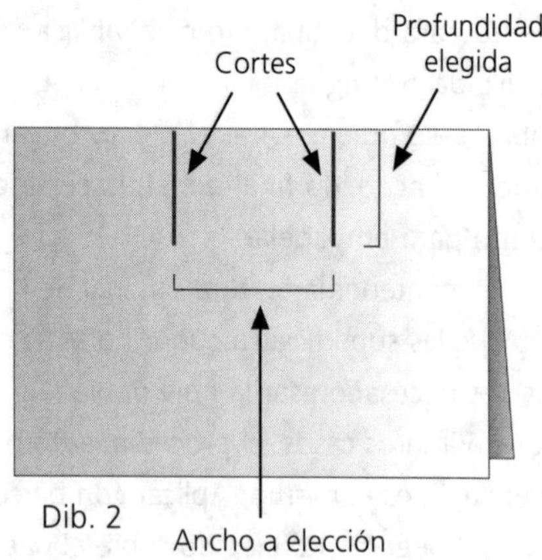

Dib. 2

3) Plegar el rectángulo obtenido hacia adentro del librito, efectuando una cierta presión con los dedos.

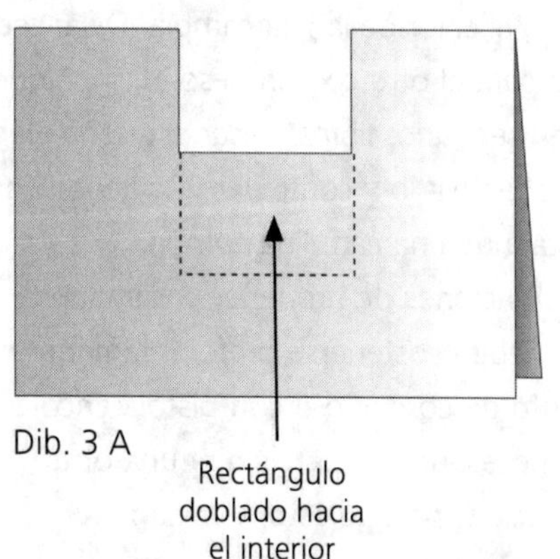

Dib. 3 A

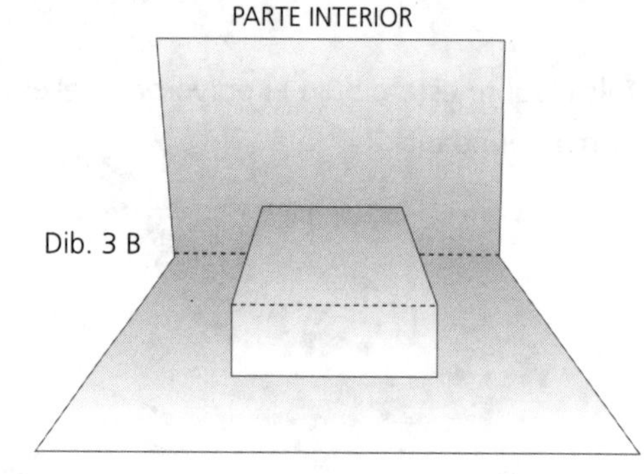

Dib. 3 B

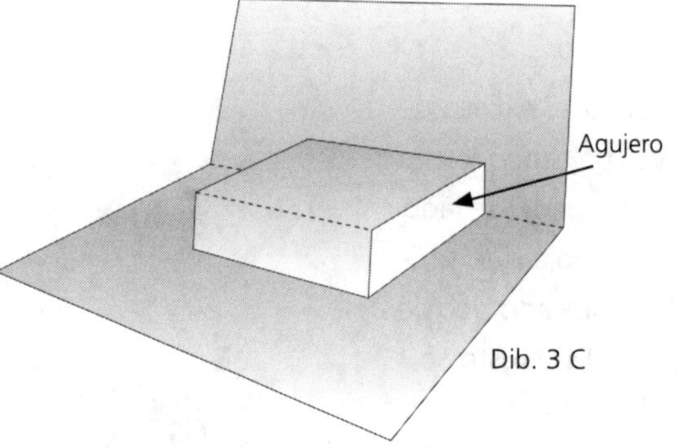

Dib. 3 C

4) Abrir el librito para verificar que se formó el escalón interno.

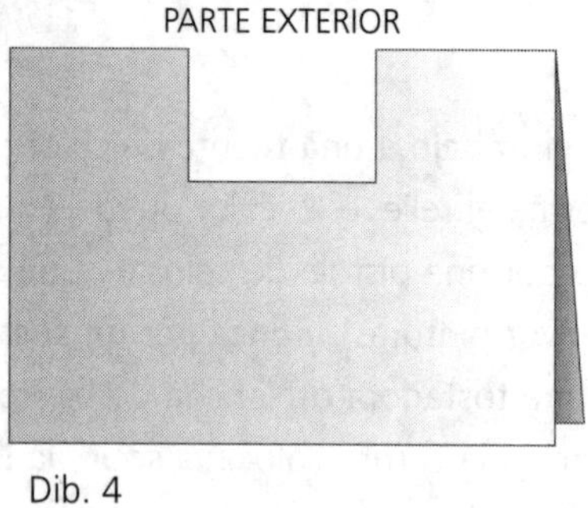

Dib. 4

La tarjeta queda de esta forma en la parte exterior.

5) Pegar el trabajo sobre otra cartulina doblada por la mitad, que serán la tapa y la contratapa.

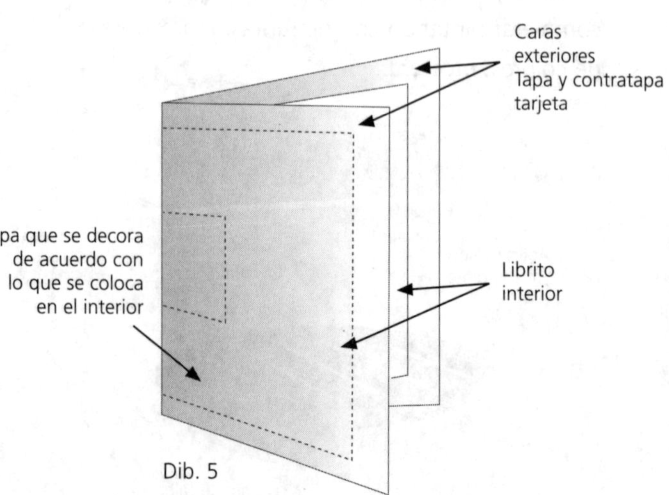

Dib. 5

Tarjetas con movimiento

Las posibilidades de dar movimiento a los diseños que se quieran realizar son varias.

• **Movimiento vertical**

1) Cortar un rectángulo de cartulina de la medida elegida, que será el tamaño real que tendrá la tarjeta.

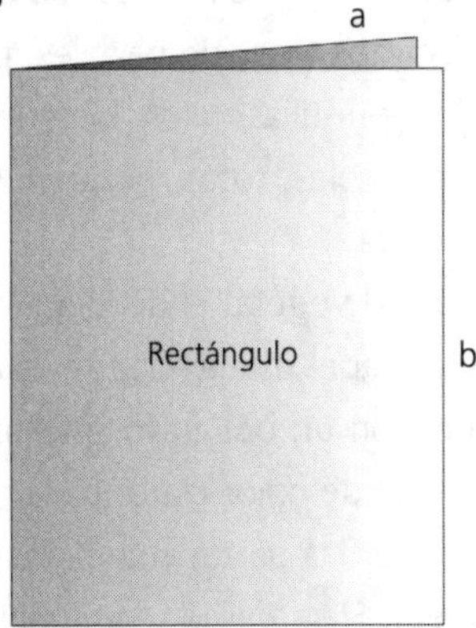

Dib. 1

2) Cortar además una tira de cartulina con 3 ó 4 cm más de largo que la tarjeta y de la mitad del ancho de la misma.

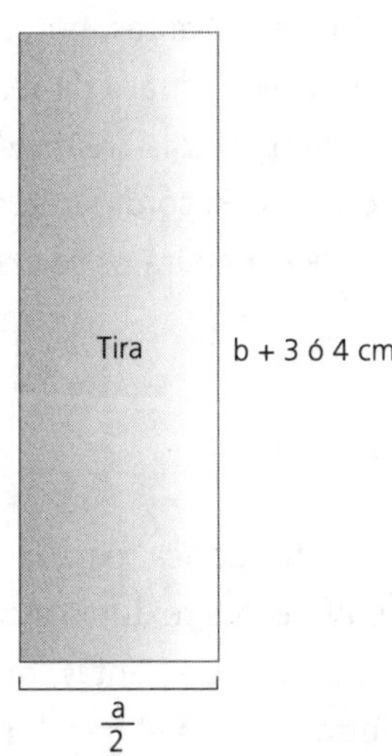

3) Dibujar el motivo en el primer rectángulo y calar las ventanas que se necesiten para el diseño (zona grisada). Allí se verán los cambios realizados.

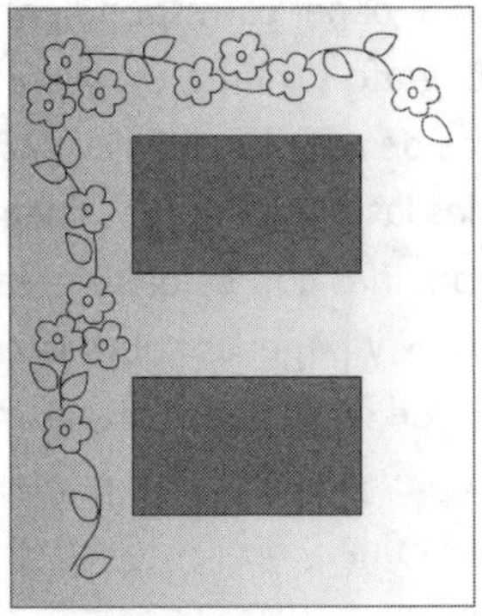

4) En la tira dibujar o pintar los motivos elegidos que aparecerán por las ventanas.

5) Para adosar la tira de cartulina al rectángulo, pegar en el reverso de éste dos cintas de papel que servirán de guía para la tira y permitirán que la tarjeta interior no tenga juego.

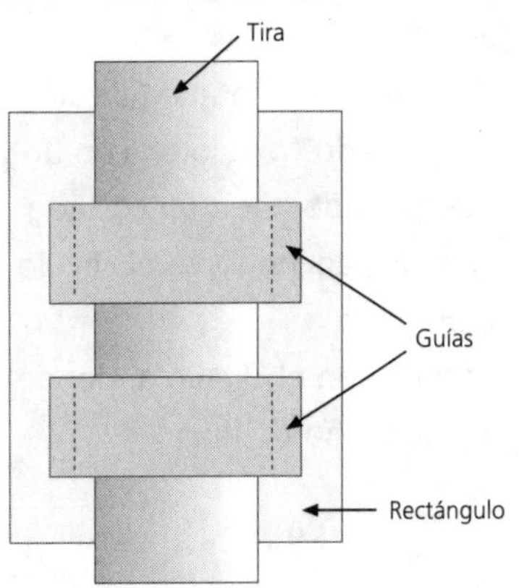

6) Aplicar una tapa al reverso para cubrir la guía y la tira de la tarjeta interior. Otra opción es armar un librito y colocar en él la tarjeta anterior.

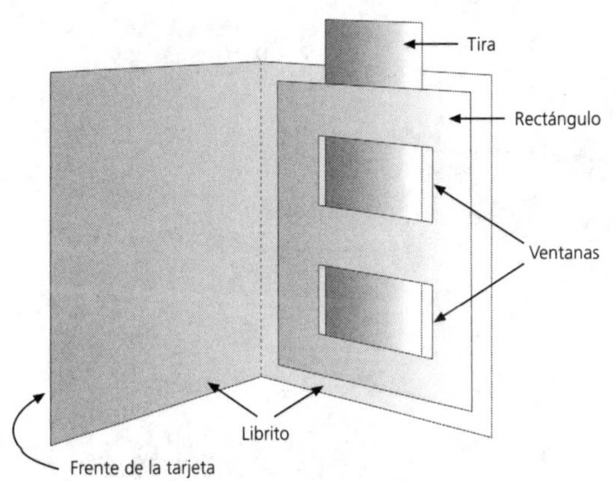

Con esta técnica también se pueden realizar tarjetas con movimiento horizontal.

• **Movimiento por ganchos.** Realizar figuras con las extremidades sueltas y adherirlas entre sí por medio de ganchos para papel, que se abren. Hacer los orificios por donde pasarán los ganchos con un punzón o con la punta de la tijera.

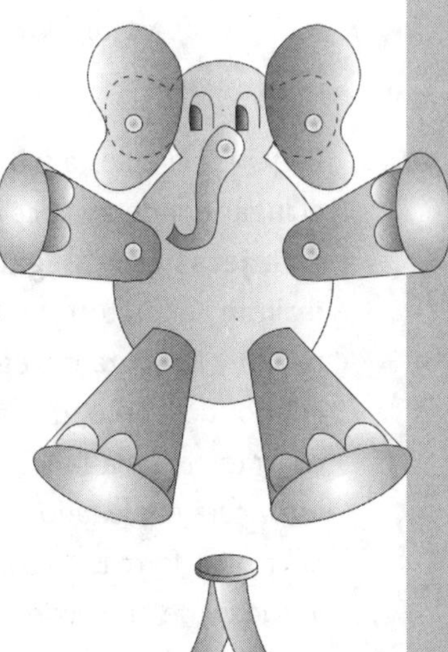

• **Movimiento por giro.** Otra idea es realizar dos círculos de igual tamaño en cartulina y otro más pequeño con los bordes dentados. En este último, realizar 3 ó 4 dibujos que aparecerán en la ventana que se hará en el frente del trabajo.
El procedimiento para colocar los círculos es el siguiente:
1) Círculo ciego, sin ventana (círculo b).
2) Círculo dentado (círculo c), con un gancho de abrir desplazado hacia un costado para que pueda girar. El gancho toma el círculo b y el círculo dentado c.
3) Cubrir todo con el círculo a, donde está la ventana y el diseño de tapa.

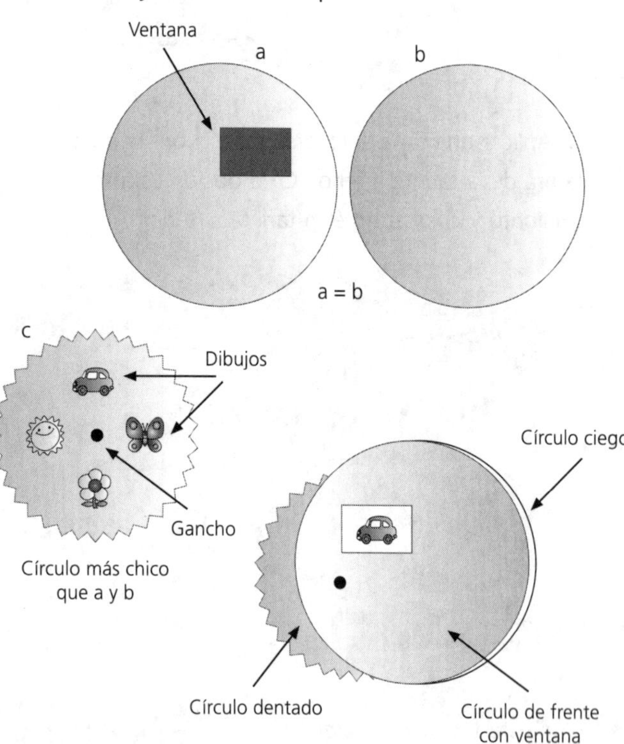

Pegar los círculos a y b por los bordes, salvo en el lugar donde aparece el círculo dentado.

• **Tarjetas con plegados interiores.** Se realizan con la técnica del origami (plegado en papel) y la figura o plegado se coloca en el interior del librito, que será la tapa y la contratapa de la tarjeta. Al abrir la tarjeta, aparecerá el plegado.
Si bien las formas de confeccionar éstas son muy variadas (de proyección, caladas con proyección), aquí se explican las técnicas que se aplicarán para realizar los trabajos que se proponen en este libro.

Collage

Esta palabra deriva del francés *coller*, que quiere decir "pegar". Esta técnica admite cualquier tipo de elemento decorativo que pueda pegarse. En el caso de la tarjetería, lo que se use debe guardar armonía, en cuanto a forma y tamaño, con el trabajo que se quiere realizar. Se pueden combinar distintos tipos de papeles, plumas, telas, semillas, puntillas, hilos, botones, cuentas de colores, caracoles, fotos, pequeños trozos de madera, etcétera.
Dibujar en papel vegetal el diseño elegido. Transferirlo al papel o tela –según lo que se haya diagramado– con un bolígrafo sin tinta o con papel carbónico de color claro, para no dejar marcas. Recortar las piezas marcadas y colocarlas sobre la tarjeta. Si se desea, completar con otros elementos decorativos acordes con el tema: estrellitas brillantes, botones, etcétera.
Esta técnica es fácil de realizar y muy interesante para despertar la creatividad en los más pequeños. Recordar que según el elemento que se utilice, deberá usarse el pegamento adecuado.

Siluetas

Con esta técnica, para la que se utilizan papeles de diferentes texturas y colores, o simplemente pintura (lápices, tintas, marcadores, etcétera) que contrasten con el papel de base, se logran trabajos muy originales.
a) Elegir el diseño y dibujarlo sobre la cartulina del tamaño elegido.
b) Pasar todo el diseño al papel vegetal, y transferir cada pieza, en la que se ha dividido el motivo original, al papel correspondiente. Usar para ello un bolígrafo sin tinta o bolillo fino, para evitar las marcas de papel carbónico o de lápiz.
c) Recortar todas las piezas por las líneas marcadas, engomarlas con cuidado para no exceder los bordes y pegarlas sobre la cartulina. Cuando se trata de superponer piezas, recordar que las que van abajo se colocan primero y las que van arriba, al final.

Tarjetas plegadas

Las tarjetas de este tipo pueden ser de diferentes formas y tamaños y en general se realizan en cartulinas no muy gruesas que permitan el plegado sin que se estropeen. Para facilitar el doblado, los pliegues se pueden marcar con un punzón. En los diferentes dobleces se pueden escribir mensajes, dibujos tipo historieta (que desarrollen una historia), pegar fotos que recuerden tiempos pasados... en fin, las posibilidades son incontables, sólo se trata de dar rienda suelta a la imaginación.
Los bordes de estas tarjetas no tienen por qué ser rectos: se los puede troquelar de acuerdo con el diseño que se eligió.

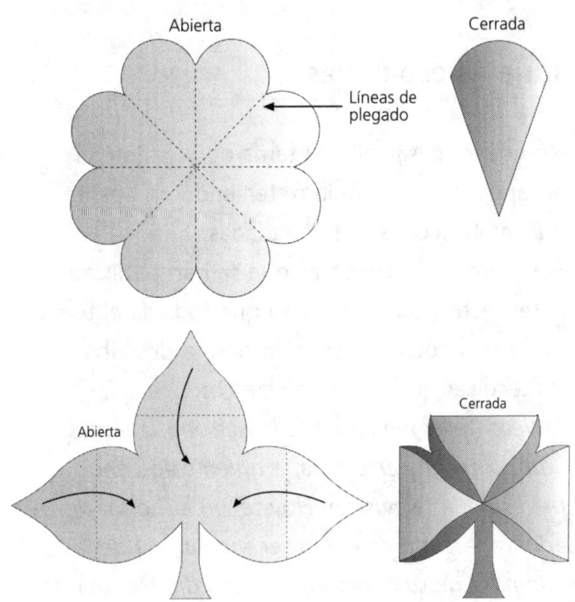

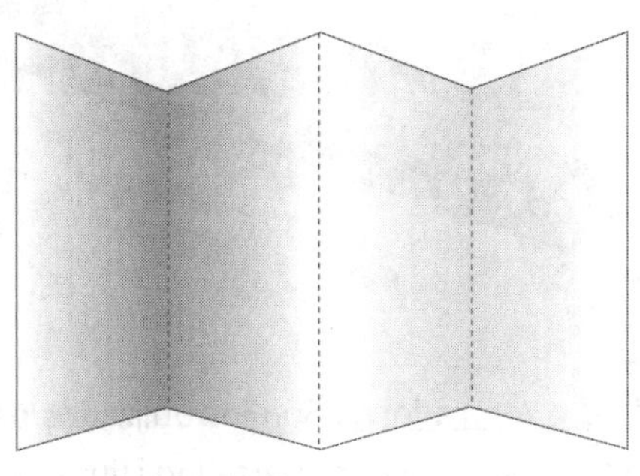

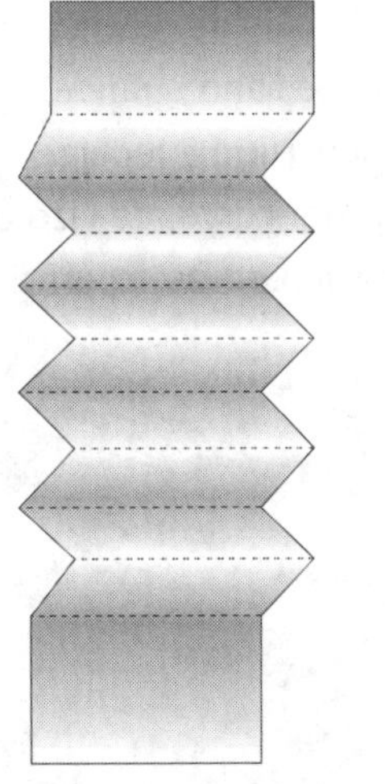

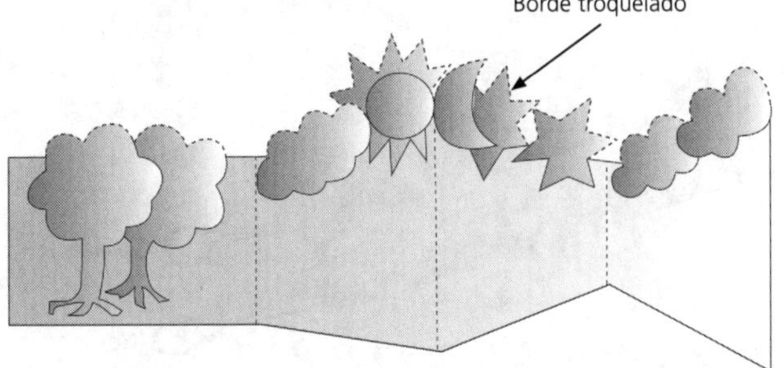

Tarjetas caladas o calados en general sobre papel (que no sea vegetal)

La forma de calar una tarjeta depende de la creación y la imaginación de cada uno, y los elementos para calar, del tipo de papel o cartulina con que se trabaje, aunque por lo general se usa cúter o trincheta. Si los cortes a realizar son muy pequeños, es recomendable el cúter gráfico o un bisturí: debido a que sus hojas son más angostas, se logrará una mayor precisión en el corte con una sola pasada. Cuando es necesario recortar o calar zonas curvas, se puede hacer con una tijera de puntas finas (tijera de bordar) por el revés del trabajo. Para ello, clavar la tijera en el centro de la pieza, y desde allí recorrer la silueta. Para los calados en forma circular, existen en el mercado diversos tipos de cúters especiales. La técnica del calado no es compleja, sólo se deben seguir prácticamente las mismas indicaciones que se dieron en la técnica para esténciles o plantillas.
Los trabajos calados pueden utilizarse como marcos, para resaltar un trabajo especial que se haya hecho en la cara interna de una tarjeta; en este caso, la ventana queda abierta. Las ventanas se pueden cubrir del lado de adentro con acetato, celofán, papel vegetal, telas, bordados, telas caladas, etcétera, los que se deben adherir a la cartulina, en cada caso, con el pegamento correspondiente.

Tarjetas españolas

No es fácil desarrollar el tema de la tarjetería española en un solo libro, teniendo en cuenta que las técnicas son tan variadas.
Son numerosas las obras que se han publicado al respecto y aunque opino que todavía el tema no se ha agotado, aquí sólo paso a describir las técnicas que usaré en este libro.
Quiero hacer mención de la persona que más admiro en esta artesanía, a quien sólo conocía a través de la televisión. Hoy tengo el honor de admirarla también como ser humano, y de aprender de su mano algo nuevo día tras día: la señora Mabel Álvarez.
Sobre el tema de la tarjetería española, sólo resta agregar que para estos trabajos lo que más se necesita es la práctica y la creatividad, sumados a los toques que manifiesten la personalidad de cada uno, para que realmente lleguen a tener la originalidad y el calor que siempre se quiere imprimir a las obras que se realizan en forma manual.
Los elementos que no pueden faltar a la hora de aplicar esta técnica en los trabajos presentados en este libro son:

Papel vegetal de 145 g • papel cuadriculado • papel de calcar • papeles de colores • papel vía aérea • lápiz negro blando • pinturita blanca • goma de borrar • regla • escuadra • tijera • cúter • paño (tipo pañolenci o similar), grueso, de color oscuro • punzón de 1 y 2 agujas • punzón grueso • bolillo chico, mediano y grande • sombreador o nevador • tinta china blanca • pluma y portapluma • bolígrafo de gel dorado y plateado • tijera de bordar de punta curva • lápices policromos • óleos pastel • cera en pasta incolora (cera común para pisos) • hisopos, algodón • pegamento en barra universal.

Optativos:
• papel entelado • givré
• esmaltes para uñas • cintas.

Sobre el papel vegetal

110-115 g para realizar superposiciones.
140-145 g para todo tipo de tarjetas, porque es más flexible y resistente.
170-180 g para trabajos artísticos especiales; es dificultoso hacer repujados en él.

Sobre las herramientas

• Marcador: Se llama así al bolillo más pequeño o punzón de punta roma. Se puede reemplazar por un bolígrafo sin tinta. Se utiliza para repasar por el revés todas las líneas calcadas con tinta del lado derecho del trabajo.

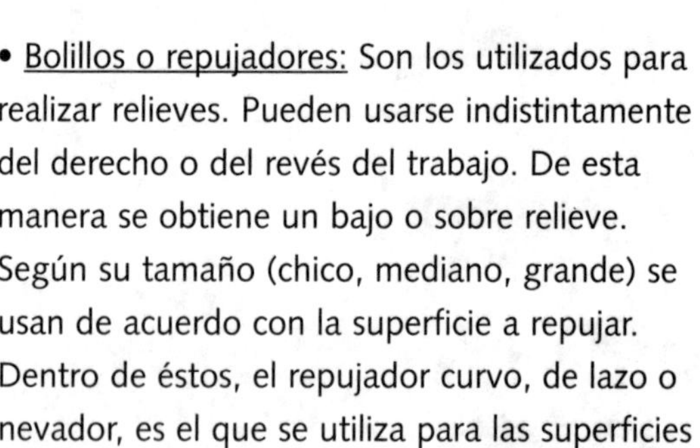

• Bolillos o repujadores: Son los utilizados para realizar relieves. Pueden usarse indistintamente del derecho o del revés del trabajo. De esta manera se obtiene un bajo o sobre relieve.
Según su tamaño (chico, mediano, grande) se usan de acuerdo con la superficie a repujar. Dentro de éstos, el repujador curvo, de lazo o nevador, es el que se utiliza para las superficies de mayor tamaño.

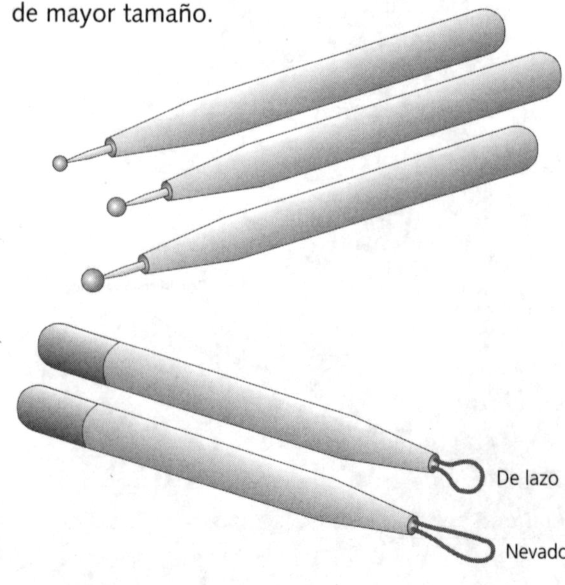

• Picadores, cortadores, punzones: Están formados por agujas que sirven para perforar el papel. Los hay desde 1 aguja hasta con diseños especiales (de gota, estrella, etcétera) y de distintos grosores. Se usan para troquelar la tarjeta en el borde de terminación, o para calados interiores (Richelieu), puntillé, filtirée, entre otros.

• Tijera común. Para cortar el papel vegetal y para recortar las aplicaciones de superposición.

• Tijera de bordar con punta curva. Para realizar un corte de los bordes o en la técnica de la tarjetería brasileña.

• Cúter o trincheta. Es infaltable para realizar todos los cortes rectos. En las librerías artísticas especializadas existe gran cantidad de herramientas, desde las más sencillas (descriptas anteriormente) y elementales, hasta las más sofisticadas. Es recomendable adquirirlas a medida que se progresa con la técnica, comenzando con las más simples o hasta reemplazándolas por elementos caseros.

Pasos fundamentales

A continuación se detallan brevemente los pasos a seguir para realizar un tarjeta de este tipo:

1) Selección del diseño. Fotocopia, en papel de calco y otras. Corresponde a la elección del tamaño, la forma y el motivo central.

2) Calcar. En papel vegetal, con pluma y tinta. Puede realizarse también con bolígrafo de gel blanco. Para que lo usen los niños, es recomendable el lápiz blanco, con buena punta.

3) Cómo cortar el papel. Con tijera, siempre 2 ó 3 cm fuera del borde de terminación de la tarjeta, en todo el contorno. Con ello se facilita luego el troquelado.

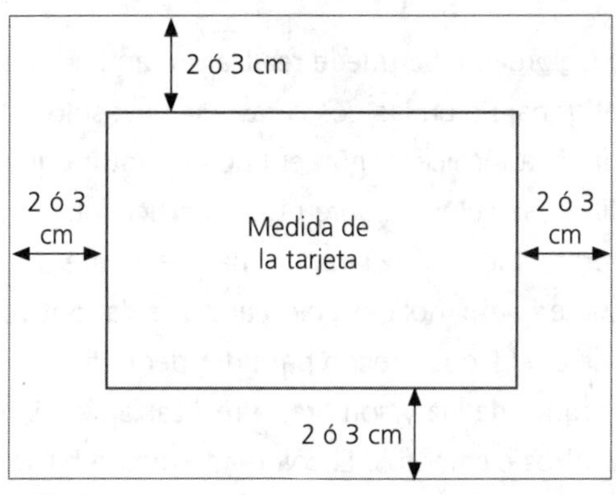

Dib. 3

4) Remarcar. Colocar la tarjeta sobre el paño y del lado del revés marcar nuevamente todas las líneas realizadas con tinta. Este trabajo **exige mucha prolijidad**, ya que si se excede de la línea de tinta, se notará del lado del derecho y el trabajo adquirirá un aspecto desprolijo. Los bordes exteriores (de terminación de la tarjeta) hay que repasarlos tres veces con el bolillo mediano, para facilitar después el troquelado.

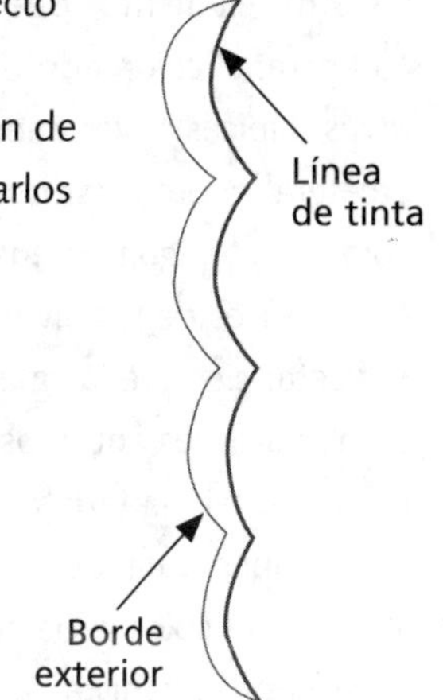

Es conveniente en estos casos no ir hacia el lado interior de la línea de tinta, sí hacia el lado exterior.

5) Repujado, sombreado o matizado. Esto se realiza por el lado revés del trabajo y con la herramienta adecuada a cada dibujo, según el diseño elegido. Lo que se quiere lograr es el relieve del lado derecho, de las zonas a destacar. Se realiza siempre siguiendo la forma del objeto y logrando un esfumado entre la zona de mayor relieve y la de relieve menor (no se deben notar rayados, salvo en casos muy especiales). El repujado no debe realizarse con la misma intensidad en todos los casos. Deben lograrse zonas de más luz y zonas de claroscuros. Recordar que lo que va más atrás o más lejos se debe repujar suavemente. Lo que se encuentra adelante, o en primer plano, se debe repujar más intensamente, para obtener un mayor relieve.

6) Coloreado. Se puede realizar en ambas caras del trabajo o en las dos caras a la vez; sólo difiere la técnica, según el tipo de pintura que se utilice. Se colorea sobre una superficie dura y preferiblemente clara. Lo más frecuente en la tarjetería española es colorear por el lado revés y dejar el lado derecho para dar pequeños retoques de luz y sombra, o realizar aplicaciones de otros elementos. El coloreado puede hacerse con lápices de colores comunes, lápices acuarelables, lápices policromos, óleos, óleos pastel, témperas, pinturas acrílicas, lacas, tintas, marcadores de fibra, crayones, acuarelas, etcétera. En el caso de las pinturas que se aplican con pincel, el coloreado debe hacerse por el derecho (laca, acrílico, esmaltes, etcétera). Con los otros elementos que en general se esfuman con cera, el coloreado debe realizarse por el lado revés (lápices policromos, óleos pasteles, etcétera). No olvidar que no es necesario colorear con igual intensidad; es mejor hacerlo con matices de los diversos colores utilizados. Respetar siempre las gamas de los colores y las combinaciones entre los mismos. Cuanto más repujada está la tarjeta, los colores deben ser más tenues. Cuando el repujado sea escaso o suave, el color debe cobrar mayor intensidad y ser el protagonista.

A continuación se detallan las técnicas de coloreado utilizadas en los trabajos que se explican en este libro.

• Óleo pastel. Es más cremoso que los pasteles y los crayones comunes, por lo tanto es más fácil de esfumar. El esfumado se realiza con cera incolora y algodón. Se pinta por el lado revés del proyecto. El óleo pastel se vende en barras sueltas. Mi manera de trabajarlo es la siguiente: coloco sobre la palma de mi mano un poco de cera, luego froto ahí las barritas de óleo hasta integrar el color con la cera (se obtiene una especie de crema coloreada). Con una mota de algodón, retiro de la mano lo que creo que necesito para aplicar en el papel vegetal. El calor de la palma de la mano permite que se mantenga por más tiempo en el estado apropiado para usar y no se seque. Puede hacerse también sobre un papel auxiliar, cuidando que esa crema no se endurezca en el transcurso de la ejecución del trabajo. Si el fondo a cubrir es muy extenso, se puede aplicar algo de cera sobre el lugar a colorear, con un algodón, extendiéndola bien, y luego seguir trabajando como se explicó anteriormente. Realizar este paso evita la aparición de rayas o rayones, y el esfumado es más parejo y fácil de efectuar. Por cada color a usar se debe tomar un algodón limpio. Éste debe pasarse en forma circular y pareja. Con este sistema pueden crearse hermosos fondos, con distintas tonalidades y en grandes superficies. **Recordar que un poco de cera fija el color, pero si se aplica mucha cantidad se retira totalmente el color.** Esto también puede hacerse con un algodón humedecido con solvente.

• Lápices policromos. La técnica que se utiliza es muy similar a la de los óleos pastel. La diferencia a tener en cuenta es que las superficies a colorear son más pequeñas. Pintar por el revés del trabajo, siguiendo siempre la forma del objeto y dando mayor intensidad en las zonas que no están repujadas (las zonas de sombra). Estirar el color con un hisopo o mota de algodón embebido en cera. Antes de aplicar sobre el papel la cera, retirar el exceso en la palma de la mano o sobre un papel auxiliar. Para retirar excesos, si los hubiere, hacerlo con un hisopo o algodón limpio. Utilizar un hisopo por cada color. Por el lado derecho, acentuar las sombras con los mismos colores utilizados del revés.

7) Calado, troquelado, papel interior. Los cortes en línea recta y superposiciones deben hacerse con tijera o cúter. Las líneas curvas, calados interiores o troquelados (borde de la tarjeta cuando se separa del resto del papel), realizarlas sobre las superficies y con las herramientas adecuadas a cada borde a cortar. Por lo general, para cortar los bordes exteriores de las tarjetas se usan punzones de 1, 2 ó 3 agujas, en línea, punzón grueso, etcétera. Si la tapa de la tarjeta coincide con la contratapa, agregar el papel interior y cortar los cuatro juntos, o con la tarjeta abierta (tapa y papel /contratapa y papel).

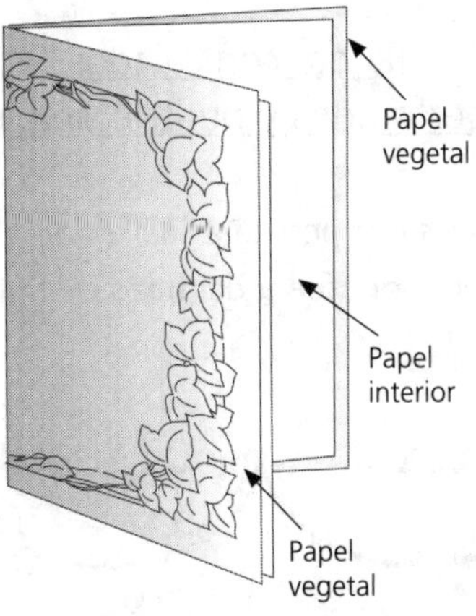

TARJETA CERRADA

TARJETA ABIERTA

Paño

Contratapa

Tapa

2 papeles
(vegetal e interior)

En este caso se debe calcar también el dibujo de borde en la contratapa.

Los papeles interiores que se utilizan para escribir pueden ser de colores (siempre finitos), de vía aérea o papel vegetal de menor grosor.

8) Agregados, superposiciones y detalles. Son todos los elementos que se colocan en la tarjeta para completar el diseño planeado, por ejemplo flores de papel vegetal, de tela, cintas, brillantinas, plumas, lentejuelas, perlas, flores secas, puntillas, etcétera. Personalmente, recomiendo ser mesurado y prudente en la colocación de todos estos elementos, porque pueden llegar a estropear un buen trabajo. Es mejor guiarse por la sencillez y sobre todo por obtener un diseño original, en el que se destaquen las técnicas utilizadas y adecuadas, y que no sea toda una exposición de lo que se sabe y de lo que es moda. En general, cada tarjeta es un mensaje que se desea transmitir, ya sea un saludo, una invitación, etcétera, por lo tanto, esto es lo que debe guiarnos en la elección del proyecto. Hay que tener en cuenta asimismo que en algunos casos esa tarjeta debe ser colocada en un sobre, para ser enviado por correo, o para resguardarla, razón por la cual hay que adecuarla en tamaño a los sobres existentes en el mercado, o confeccionarlo nosotros mismos en composición con la tarjeta.

Tarjetas con diseño integral

Por lo general, estas tarjetas no llevan puntillas. Se elige o proyecta un motivo que se trabaja en la tapa y se continúa en la contratapa para completar el primero. Cuando la tarjeta está cerrada se ve el diseño entero. La línea punteada indica por donde se debe cortar la tapa, el resto del dibujo es el de la contratapa.

Se debe tener cuidado al elegir el motivo, para poder dividirlo en dos partes, sobre todo en la combinación de las dos terminaciones o encastres (de tapa y contratapa). El proyecto que se propone con esta técnica es el de la pág 52.

Tarjetería suiza

Este sistema combina el papel vegetal con otros tipos de papeles, entelados, martillados, satinados, felpilla, cartulinas para gofrar, etcétera. Esta técnica permite infinidad de combinaciones, en las que se alternan las distintas texturas y el coloreado. Es una variante dentro de la tarjetería española tradicional. Los papeles con los que combina el papel vegetal son más resistentes que éste, por lo tanto se usan para realizar las tapas de las tarjetas con rejas caladas, arcadas, ventanas caladas, etcétera, que se deben recortar con cúter o tijera, según el caso. Es muy común que se la use para confeccionar souvenirs y cajas decorativas. Se las confecciona también con muchos agregados y superposiciones. Los diseños se deben transferir a los papeles especiales, con papel carbónico amarillo o con algún otro que no manche. Para unir los papeles que se usaron, utilizar cola vinílica, pegamento universal o en barra o pistola encoladora, según sea el grosor de los papeles. El proyecto que se propone con esta técnica en la pág 60 es una tarjeta aniversario combinada con papel entelado color natural. Si se cambia el papel, esta tarjeta puede servir para una boda. Los papeles especiales, a su vez, pueden ser trabajados con las técnicas del punzado y gofrado, aunque se los combine con el papel vegetal también. Los accesorios de superposición son los mismos que los de la tarjetería española, a los que se les puede agregar elementos de mercería (cordones, aplicaciones de tela, pasamanería, etcétera), de cotillón o de bijouterie. El papel martillado se colorea pasando por la superficie del mismo un algodón embebido y luego descargado en cera incolora en pasta. Sobre el algodón se aplica el pastel al óleo y luego se pasa por la superficie preparada anteriormente. Esfumar muy suavemente. Recordar que es preferible comenzar con poco color e ir añadiendo a medida que se lo necesite.

Tarjeta con calados, perforados y puntillé simple

El calado es sacar pequeñas partes del diseño. Se cala siempre por afuera del trazo de tinta.

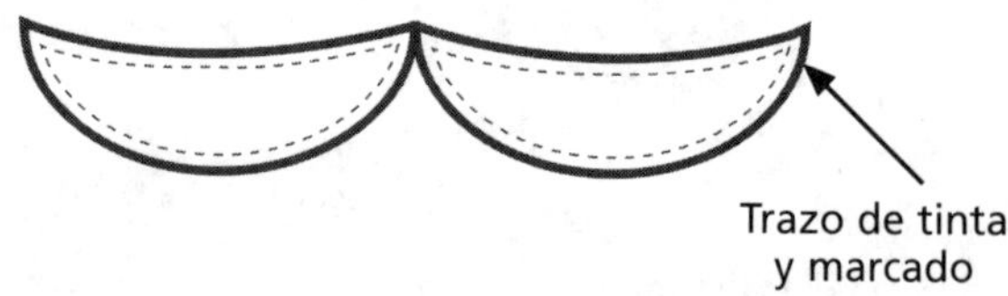

- **Trazo de tinta y marcado.** Se realiza del lado derecho y sobre el paño o corcho. Según el tamaño del calado, se usa el punzón de 1, 2 ó 3 agujas lineales. El trocito de papel debe desprenderse solo; por lo tanto, para que esto suceda, los orificios que se realicen deben estar casi unidos para que al terminar de picar el papel se desprenda solo. En el caso de los bordes u orillas de la tarjeta, esto debe ser realizado de tal manera que al tirar para sacar el resto de los 2 ó 3 cm que se dejaron de margen, el papel se desprenda con su borde dentado, similar al de una estampilla.

- **Perforado.** Se llama así al trabajo que se realiza dibujando círculos, repujando dos veces el borde y perforando en el centro, con un punzón que se gira suavemente. Se obtienen así pequeños orificios que imitan a los bordados. El trabajo se realiza del lado del derecho y sobre el paño (si es necesario, colocarlo en forma doble).
Insertar el punzón y hacerlo girar para abrir el orificio.

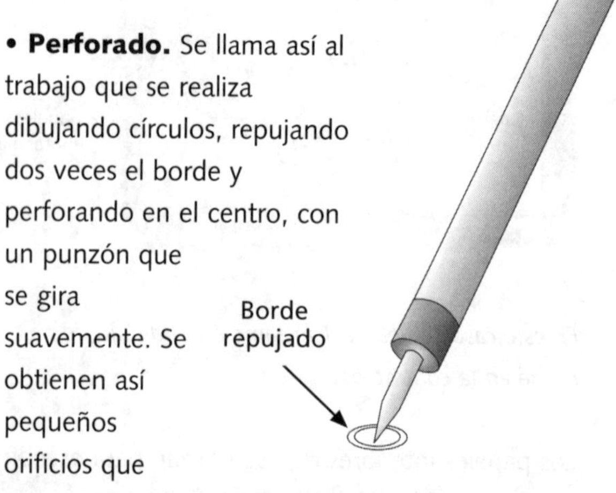

Puntillé o picado simple

Este trabajo no se marca previamente con tinta: se realiza con el calador o punzón de 1 aguja, pinchando sobre el paño, en forma sucesiva, por toda la superficie. La textura que se obtiene es similar a la de una lija. Se puede picar del revés hacia el derecho: esto dará una sensación de volumen o de alto relieve. Del derecho hacia el revés se obtendrá una zona de profundidad o hundimiento. Combinando ambos efectos, el resultado es muy interesante. El ejemplo de esta técnica es la tarjeta de la pág 56 con papel amarillo en su interior. Estos trabajos se lucen mucho más cuando se les coloca en el interior un papel de fondo fuerte y contrastante, que haga resaltar todo el trabajo de calado.

Tarjeta con repujado y coloreado

En este proyecto se quiere destacar el trabajo de repujado, y como se complementa con el coloreado, es un diseño muy simple pero impactante. Una tarjeta mal coloreada puede desmerecer un trabajo excelente de repujado o viceversa. Esta técnica corresponde a la tarjeta de la pág. 49.
Se destaca allí el trabajo de encuadre del motivo, sobre todo porque éste es asimétrico y de bordes rectos. Se logra el balance del diseño con los pétalos que se dibujaron en la contratapa que asoma por debajo de la tapa. Vuelvo a recomendar el uso del bolígrafo de gel para las terminaciones de dorado, plateado o color. Para lograr la perfección de este trabajo he descubierto que, tanto sobre papel vegetal como sobre cualquier otro, conviene siempre marcar la línea a trazar con un bolillo pequeño y con regla, del lado derecho del trabajo, si es posible sobre una superficie blanda. Después pasar el bolígrafo sobre esa misma hendidura y quedará perfecto sin que se noten cortes en el trazo, en especial en las esquinas o uniones de recuadros.
Hay que tener experiencia para trabajar con los marcadores al solvente, pues si no se los sabe utilizar bien se corre el riesgo de que caiga una gota de tinta en el momento menos esperado. El bolígrafo de gel puede ser reemplazado por pluma y tinta dorada o del color que se elija.

Señalador con técnica de filtirée

El filtirée, en tarjetería, es la forma de imitar en el papel el bordado del mismo nombre. Esta técnica de bordado es de origen francés y significa "hilo extraído". Consiste en formar pequeños calados extrayendo hilos del tejido en forma vertical u horizontal. Sobre el papel se puede realizar de dos maneras:

a) Cuadricular sólo con el bolillo pequeño y regla el lugar a realizar el trabajo. Picar con el punzón de 1 aguja por el lado derecho, sobre un paño, hasta el tope de la herramienta, para que la perforación quede bien marcada en el centro de cada cuadro señalado.

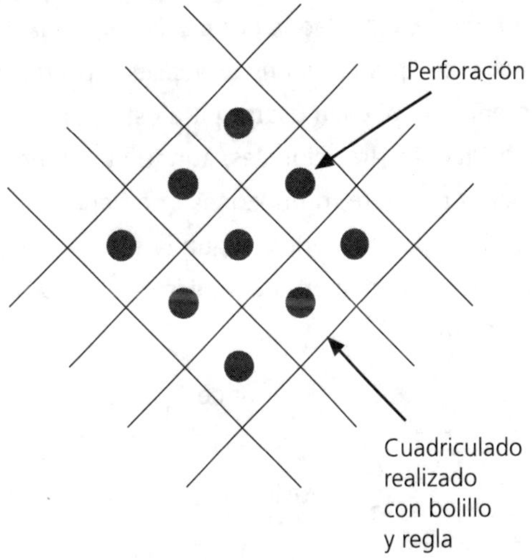

b) La segunda manera es utilizar un bastidor de alambre. Introducir el punzón de punta diamante

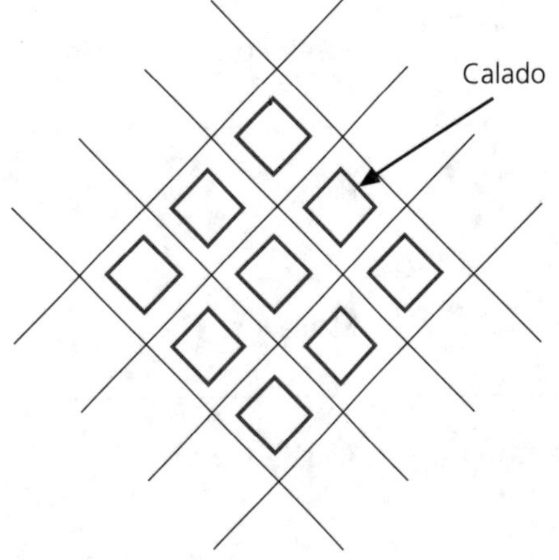

(herramienta especial para este trabajo) en cada espacio. El resultado será un calado muy pequeño y con la forma de la herramienta que se usó, que tiene las cuatro caras facetadas.
Se debe tener cuidado de no ejercer una presión excesiva sobre el punzón, porque se rompería el papel. El punzón que se utilizará deberá estar de acuerdo con el tamaño de la malla metálica. Para aplicar esta técnica es necesario: un bastidor de malla metálica con marco preferentemente de goma; punzón de punta diamante; una plancha de telgopor fina (pueden ser las bandejas de carne descartables del supermercado).
Colocar sobre la mesa de trabajo primero el telgopor, luego el bastidor y sobre éste el trabajo que se quiere realizar. Sujetar con cinta adhesiva para que no se mueva. Perforar en todos los cuadros del bastidor sobre la superficie del diseño elegido. Observar que, al pinchar, la cara de la herramienta forme un cuadrado y no un rombo.
En general, los calados por pinchado, en la tarjetería, apuntan a imitar encajes o puntillas.
En el papel pueden usarse para este trabajo las herramientas tradicionales, aunque también existen picadores o punzones que tienen nombres determinados: según la función que cumplen o el número de agujas que poseen.
Por ejemplo:

●	Picador de 1 aguja
● ● ● ●	Milimétrico
● ● ● ● ●	Minirroseta (círculo pequeño)
● ● ● ● ● ● ●	Roseta (círculo mediano)
● ● ● ● ● ●	Hojita
● ● ● ● ● ●	Media luna
● ● ● ● ●	Ángulo

Todos estos picadores se usan sobre telgopor fino y se trabaja sobre el lado derecho del proyecto.

Tarjeta de papel vegetal y papel tisú (servilleta de papel)

Esta no es una técnica en sí, sino la posibilidad de combinar papel vegetal con otros, en este caso servilletas de papel.
Buscar el diseño que se quiere combinar, que pueden ser bordes, motivos sueltos, guardas, esquinas, etcétera. Dibujar en forma aproximada sobre un papel de calcar para unificar las medidas y la posición de los dibujos a utilizar en el proyecto.
Retirar las hojas blancas (una o dos) que cubren la servilleta por el lado revés, dejando sólo el papel impreso. Recortar el motivo, la guarda o el borde elegido, con mucho cuidado para no romperlo. Si se rompiera o rajara, no tirarlo, porque una vez pegado el defecto no se nota. Es aconsejable que las superficies a cubrir no sean muy extensas ni demasiado angostas, porque esto dificulta el trabajo. Es preferible siempre comenzar con motivos pequeños y sueltos antes que con uno continuo y angosto. Cuando se progresa en la práctica, se puede llegar a trabajar sobre grandes superficies.
Trasladar al papel vegetal, con lápiz y por el lado del revés, la posición de ubicación de los motivos. Sobre una superficie dura, apoyar el motivo del lado derecho y pasar sobre él, con mucho cuidado, con un pincel, goma laca incolora, respetando los bordes del papel tisú. Para evitar que se arrugue, conviene comenzar desde el centro hacia afuera. Si la goma laca se extiende fuera del contorno puede limpiarse con un hisopo embebido en alcohol. Este paso puede realizarse con cola vinílica o pegamento para découpage; yo prefiero la goma laca porque al secarse más rápido (su disolvente es el alcohol) no tiende a ondular el papel como los otros productos, que son a base de agua. Esto también ayuda para trabajar sobre superficies

de mayor tamaño.
Dejar secar muy bien el trabajo. Lo que queda por hacer es integrar el motivo al papel vegetal, para que parezca pintado. Repujar por el revés, sobre un paño, para obtener un relieve en determinadas zonas, si es una guarda o borde, trabajando la zona de unión de los dos papeles, por ejemplo con arabescos realizados por el revés con la herramienta adecuada, o simplemente hacer un borde o recuadro con un marcador de gel.
También se puede retocar del lado derecho, con lápices de pinturita, zonas de sombra o de colores que se quieran destacar.
La terminación es igual a la de una tarjeta española común, agregando, si se desea, brillos u otros elementos sobre el motivo pegado.

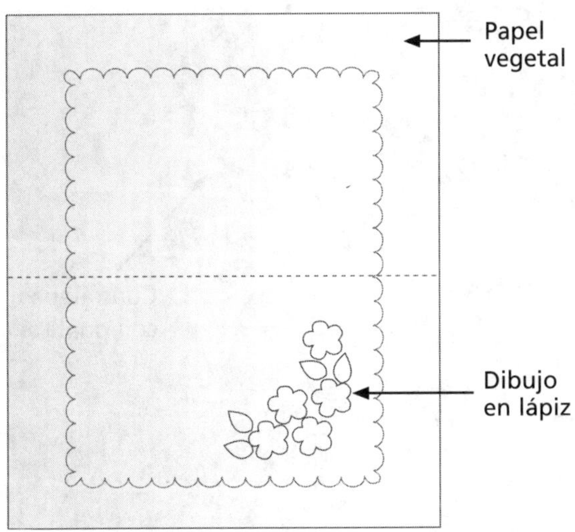

El diseño se dibuja en lápiz y corresponde al contorno aproximado del motivo en papel tisú. Los bordes de la tarjeta pueden dibujarse con tinta blanca para trabajarlos con la técnica que se elija dentro de la tarjetería española.

Tarjetería española

La experiencia enseña...

• Los medallones o centros de tarjeta con forma ovalada, redonda, cuadrada o romboidal son de gran utilidad para ubicar flores, vírgenes u otro tipo de diseño que se quiera resaltar.
• La pintura en relieve es ideal para disimular la superposición de varios elementos o algunos errores que se hayan cometido en la confección de una tarjeta.
• Cuando la tinta china blanca se espesa demasiado se la puede diluir con agua destilada.
• Si un bolillo no se desliza suavemente sobre el papel vegetal hay una solución: pasarlo varias veces sobre el cabello.
• La pintura que se aplica sobre una tarjeta se puede sacar con acetona sin temor a que se borre la tinta.
• Cuando se desgarra un pequeño trozo de papel vegetal mientras se trabaja hay que colocar un poco de cinta adhesiva "invisible o mágica" del lado del revés. Así se puede seguir repujando directamente sobre la cinta adhesiva, ya que ésta tiene el mismo color y opacidad que el papel vegetal.
• Si se cae una gota de tinta sobre el trabajo hay que absorberla con papel de cocina y luego rasparla con la hojita de un cúter.
• Siempre que se pinta una tarjeta, sea del lado derecho o del revés, hay que hacerlo directamente sobre una superficie dura y no encima de un paño. Conviene colocar debajo un papel blanco o contrastante para ver bien lo que se quiere pintar.
• Cuando hay que repujar una zona que ya se pintó hay que colocar encima un plástico transparente y repujar sobre él con mucho cuidado.
• Las manchas de tinta dorada se sacan con un hisopo mojado en trementina.
• Si la cera para esfumar los lápices policromos se seca hay que rayar el papel antes de aplicarla.
• Para retirar manchas de grasa o las que dejan nuestros dedos sobre el papel vegetal, pasar un algodón humedecido en alcohol.

Plegados

Formas de plegar las tarjetas

• **Simple.** Es el plegado tradicional en forma de libro. Las tarjetas tienen dos caras, pueden hacerse en forma vertical u horizontal (apaisada). Además, la tapa posterior puede quedar a la vista por detrás de la tapa frontal.

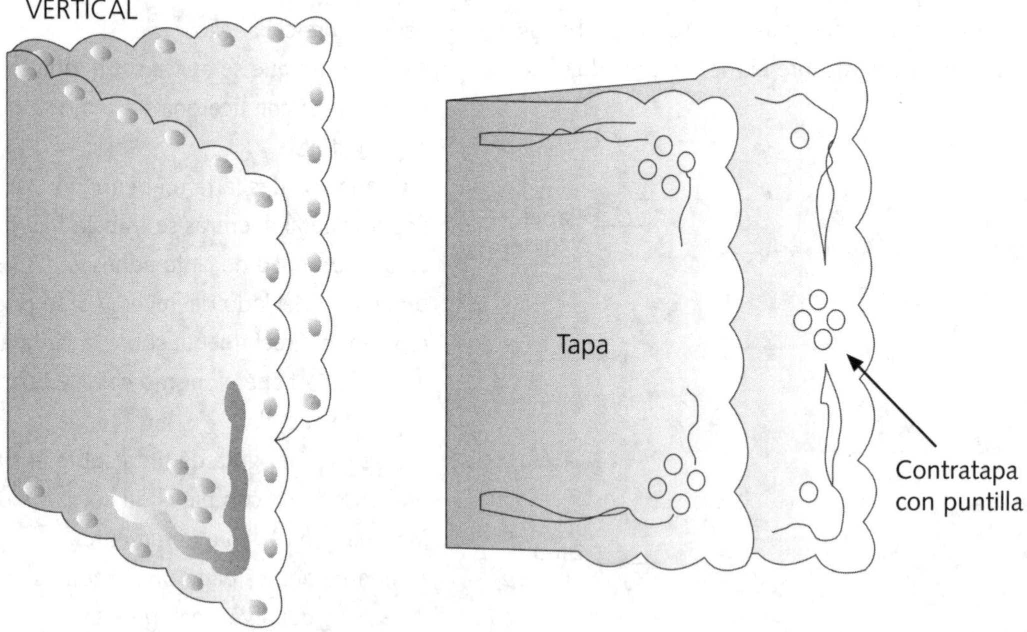

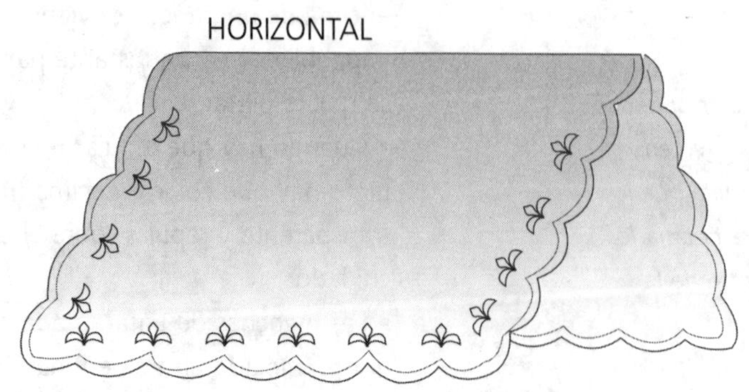

• **Doble.** Consta de tres pliegues. El primero, que es la tapa, muestra el diseño de frente (generalmente es un calado grande). El segundo es el que lleva el dibujo, que se ve a través del calado, y el tercero es el que lleva la leyenda o escritura.
El sentido del plegado puede ser horizontal o vertical. Las tres caras tienen igual medida.

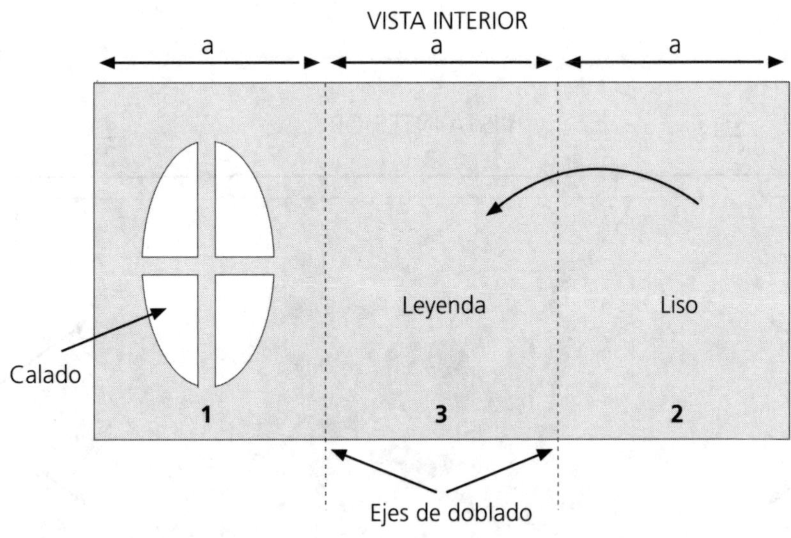

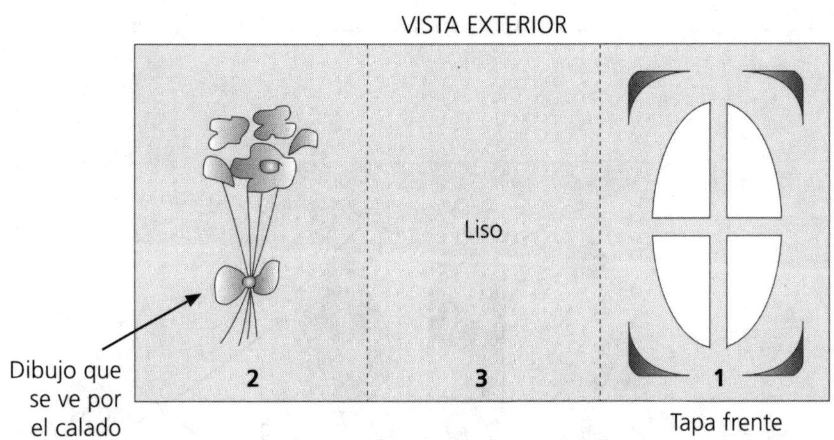

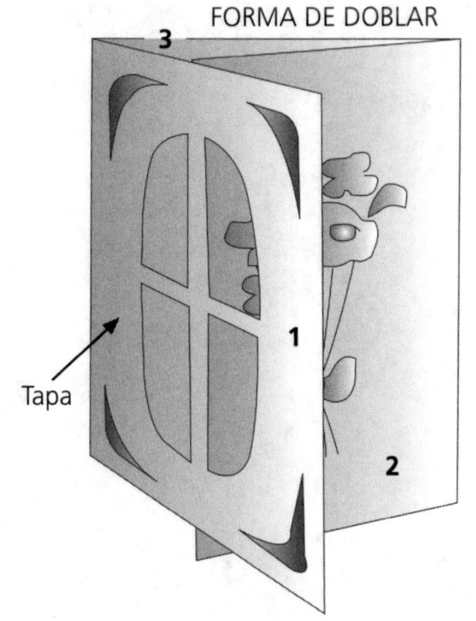

• **Triple.** Tiene una cara interna que muestra un diseño total y dos medias caras que se superponen a la interna. Por lo general las dos medias caras están caladas para poder ver en parte el diseño central. El sentido del plegado puede ser vertical u horizontal.

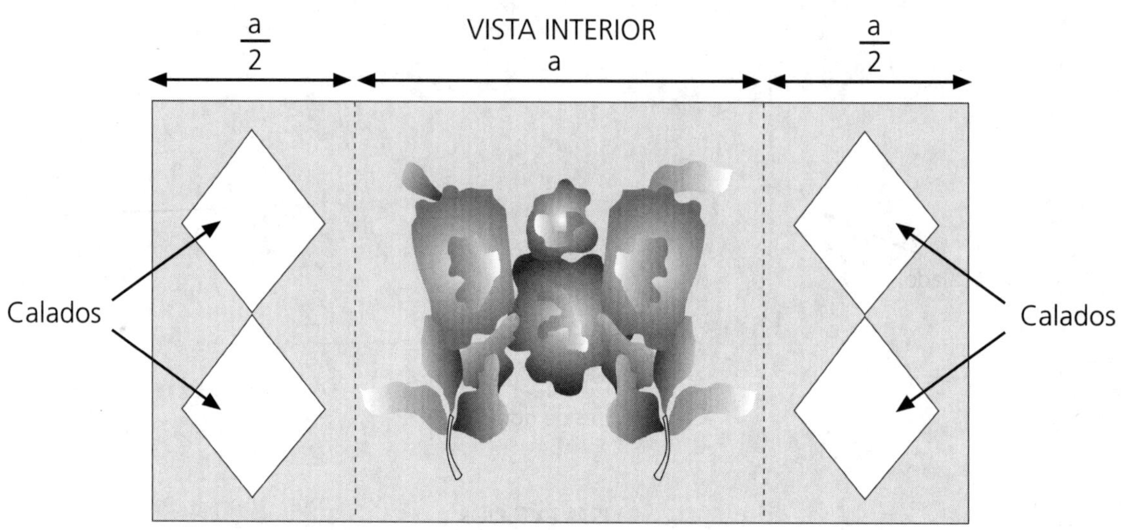

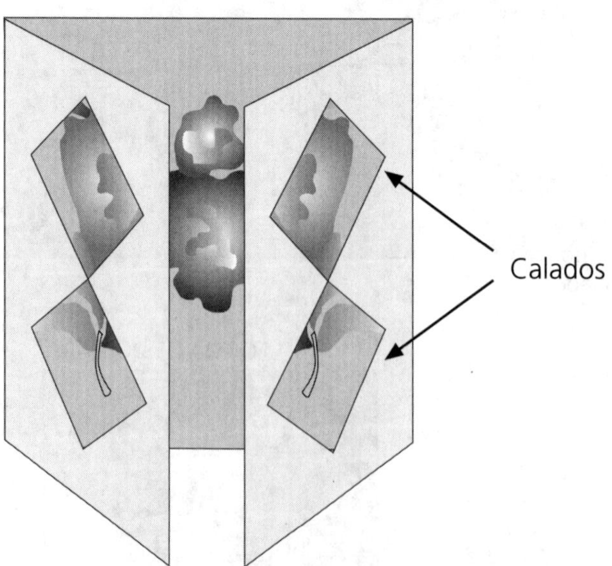

Modelos en color

CAPÍTULOS 1 Y 2

• Tarjeta portarretrato *(véase página 34)* • Tarjeta con detalles dorados *(véase página 38)*

• Tarjeta con rosa *(véase página 42)*

• Tarjeta con puntilla *(véase página 60)* • Tarjeta con guarda ancha *(véase página 56)*
• Tarjeta repujada y coloreada *(véase página 49)* • Tarjeta con diseño integral *(véase página 52)*

1 • Tarjeta diploma *(véase página 47)* • Tarjeta con autos *(véase página 44)*
2 • Tarjeta y sobre con flores gofradas *(véase página 85)* • Tarjeta invitación *(véase página 82)*

• Señalador *(véase página 76)* • Tarjeta con cintas *(véase página 67)*
• Tarjeta con esténcil dorado *(véase página 74)*

• Tarjeta combinada *(véase página 64)* • Portaestampita y estampita *(véase página 69)*

• Tarjeta con relieve *(véase página 79)* • Tarjeta con esquineros *(véase página 88)*

Capítulo 1

Aniversarios

- Tarjeta portarretrato
- Tarjeta con detalles dorados
- Tarjeta con rosa
- Tarjeta con autos
- Tarjeta diploma
- Tarjeta repujada y coloreada
- Tarjeta con diseño integral
- Tarjeta con guarda ancha
- Tarjeta con puntilla

Tarjeta portarretrato

TÉCNICA

Repujado en metal
(véase página 11)

MATERIALES

- *Lámina de papel entelado color verde*
- *Papel para interior*
- *Regla metálica*
- *Escuadra*
- *Lápiz negro*
- *Cúter*
- *Lámina de estaño de 2 mm*
- *Bolillo chico*
- *Esfumino de papel*
- *Pincho o cortador de 1 aguja*
- *Punzón*
- *Regla*
- *Punzón grande*
- *Tijera de bordar*
- *Foto*
- *Pistola encoladora*
- *Pegamento en barra o universal*
- *Paño grueso*
- *Filete autoadhesivo*

1 Cortar en papel entelado un rectángulo de 33 por 22,5 cm. Marcar el centro (a los 16,5 cm; ésa será la línea del doblez de la tarjeta) por ambos lados con un punzón y regla, para que no se resquebraje el papel, que es bastante grueso. En el interior marcar un rectángulo de la medida de la foto que se va a colocar más 5 mm de cada lado y cortar esa ventana con cúter.

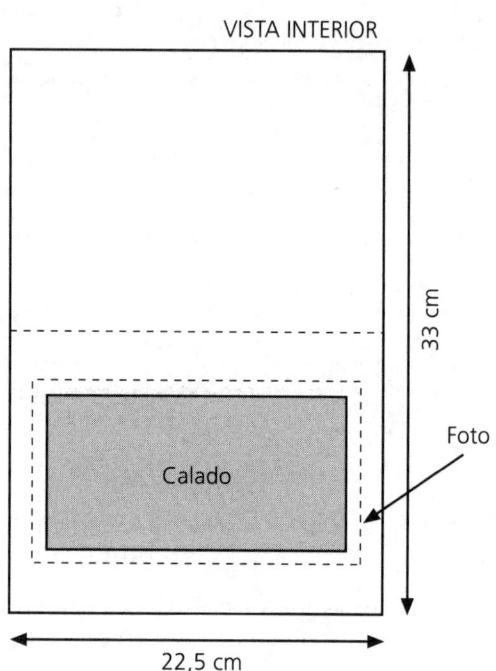

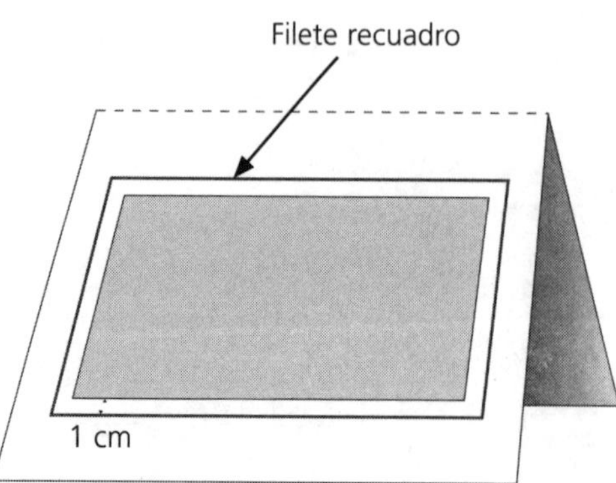

2 Marcar con un lápiz a 1 cm todo alrededor de la ventana del lado derecho, muy suavemente, donde se colocará o dibujará el filete.

3 Para hacer los esquineros en estaño transferir el Diseño tamaño natural (véase página 37) en papel de calcar y con el bolillo chico pasarlo a la lámina de estaño apoyada sobre una superficie dura. Colocar sobre un paño o gamuza y repasar las líneas sobre el lado del revés con bolillo chico. Retirar el paño de apoyo y colocar sobre superficie dura. Con el esfumino de papel, repasar los bordes alrededor de las líneas, del lado derecho, de manera que queden aplanados. Del lado del derecho, repasar las líneas con lápiz negro.

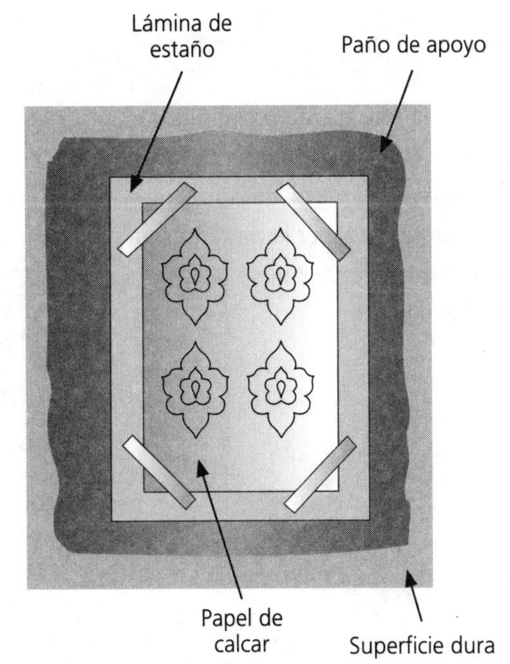

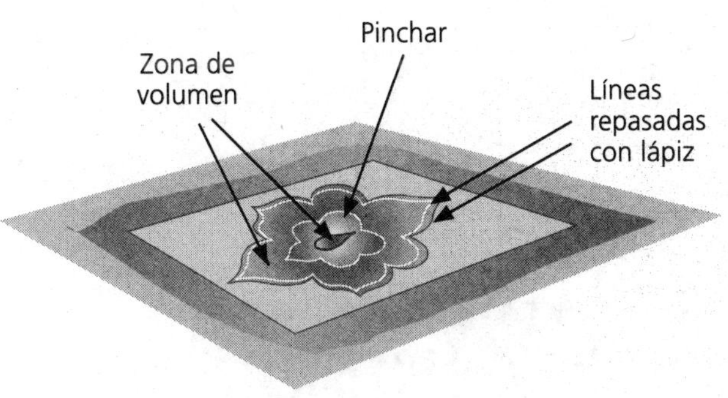

4 Del lado del revés y sobre un paño dar volumen con el esfumino a la parte media del diseño y a la gota central. Repetir este paso hasta obtener el volumen que se busca. Pinchar la flor central, sobre superficie dura, con el pincho de 1 aguja.

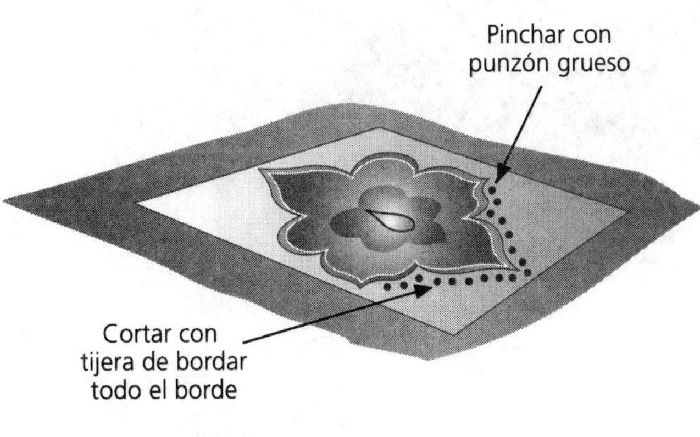

5 Con el punzón grande y sobre un paño, picar el borde todo alrededor y recortar con tijera de bordar.

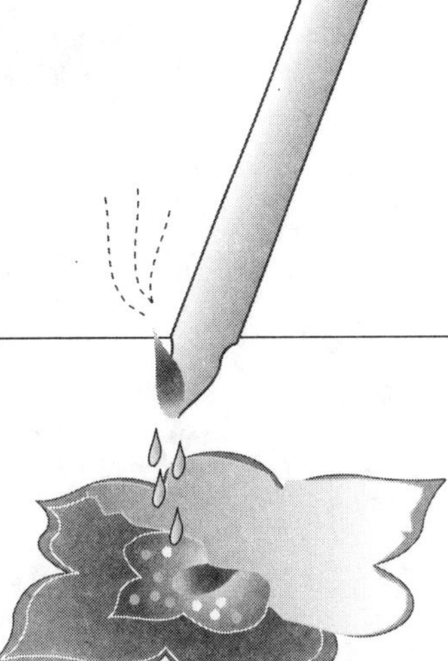

6 Rellenar el repujado con vela derretida para evitar que se aplaste.

7 Colocar la fotografía en el interior de la tarjeta y sujetarla con cinta adhesiva. Agregar el papel interior para escribir el mensaje y tapar la parte trasera de la foto. Para pegar se puede utilizar cualquier pegamento.

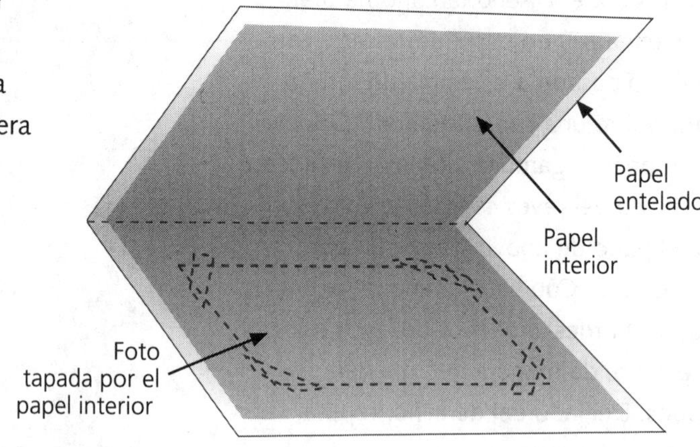

8 Con pistola encoladora caliente adherir los esquineros de estaño en los lugares que indica el Diseño tamaño natural (véase página 37).

MODELO TERMINADO

NOTA

El filete autoadhesivo se puede reemplazar por un recuadro realizado con gel plateado o por un cordón.

Tarjeta con detalles dorados

TÉCNICA
Dorado a la hoja sobre papel
(véase página 10)

MATERIALES
- *Papel pergamino (o papel vegetal)*
- *Cartulina color verde seco*
- *Punzón*
- *Regla*
- *Lápiz*
- *Papel carbónico amarillo*
- *Marcador o bolígrafo de gel dorado*
- *Adhesivo al agua para dorar a la hoja*
- *Hojas de bronce*
- *Pincel redondo N° 3*
- *Algodón*
- *Bolillos grande y chico*
- *Pegamento universal*
- *Pegamento en barra*
- *Flores de tela dorada*
- *Cinta de gasa con borde dorado*
- *Paño oscuro*

1 Cortar en papel pergamino un rectángulo de 24 por 18 cm. Marcar en él la tapa de la tarjeta y la aleta, siguiendo las medidas del dibujo. Remarcar con punzón la línea de la aleta (por donde se doblará para adherirla a la cartulina).

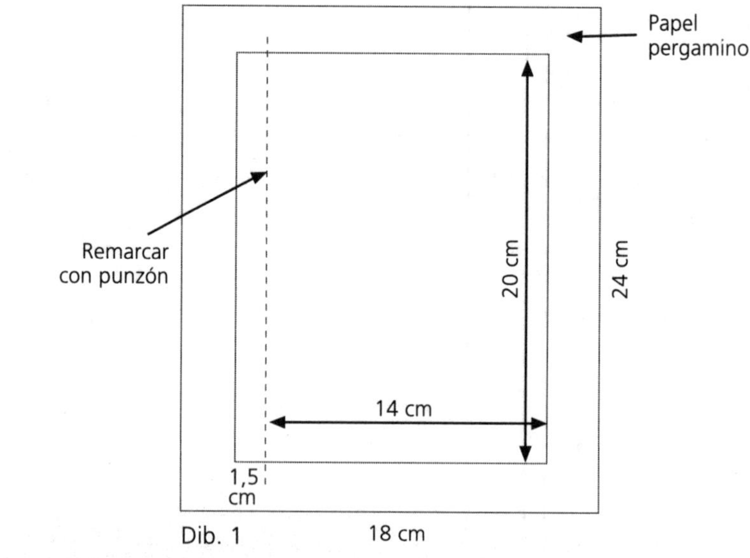

Dib. 1

---

2 Con el papel carbónico pasar el Diseño tamaño natural (véase página 41) al papel pergamino. Repasarlo con el marcador o el bolígrafo de gel dorado. Realizar los recuadros.

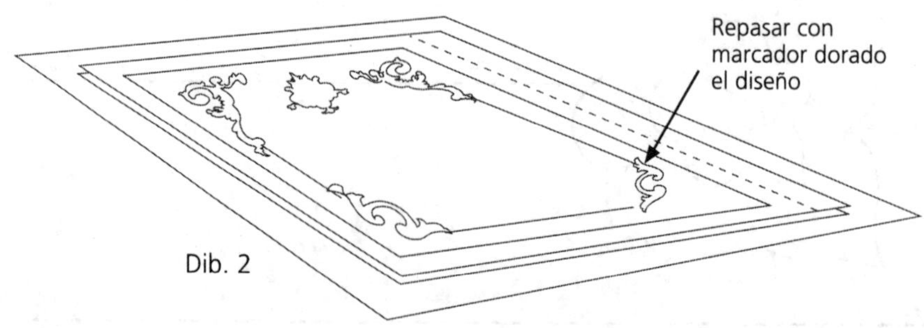

Dib. 2

3 Aplicar con pincel sobre todo el diseño (esquineros y florón central) el pegamento para dorar, respetando bien los bordes. Esperar a que el pegamento llegue a su punto mordiente y colocar sobre él las hojas de bronce. Asentar. Dejar secar bien, de 8 a 10 horas o de un día para otro. Retirar el exceso con un algodón.

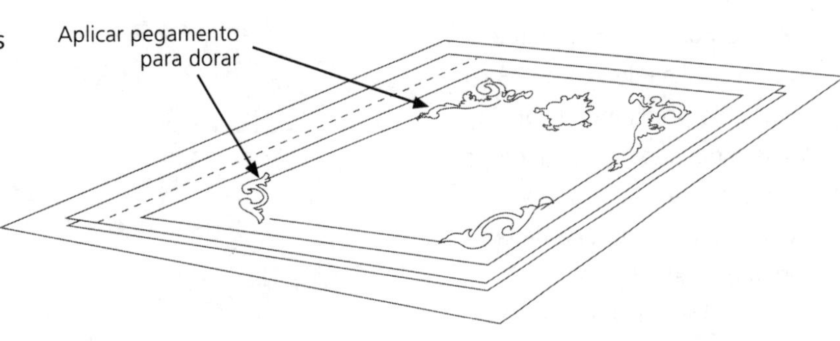

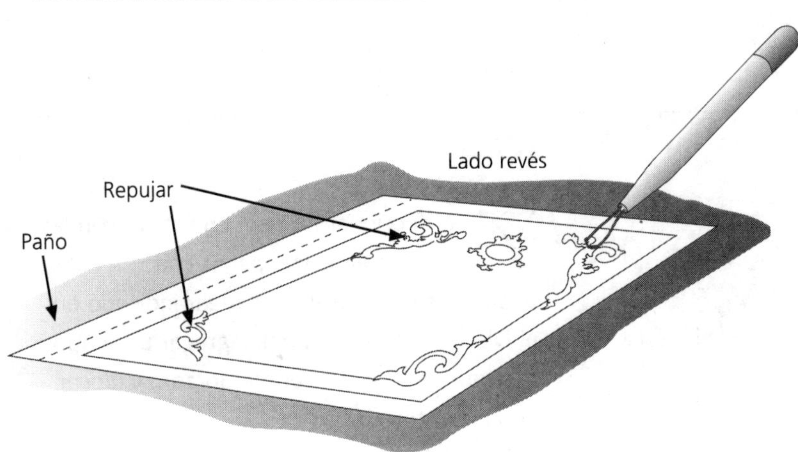

4 Del lado del revés y sobre un paño grueso, repujar todo el diseño con bolillo grande hasta obtener un relieve suave (el papel pergamino es translúcido).

---

5 Por el lado del derecho y sobre el paño grueso, repasar todo el borde del diseño repujado con el bolillo chico. Recortar con cúter el sobrante de papel pergamino teniendo cuidado con la aleta.

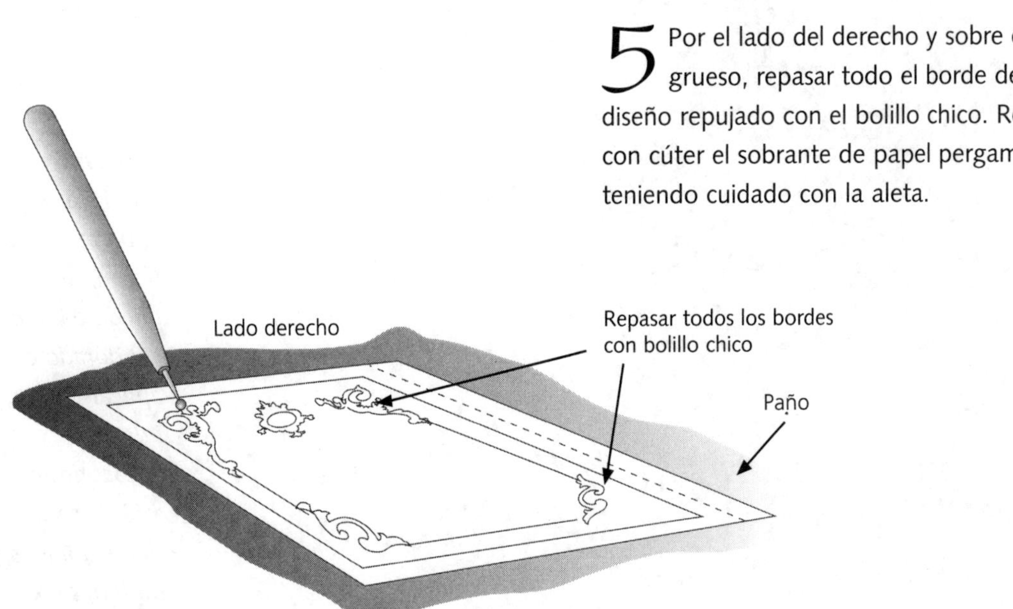

6 Cortar un rectángulo de cartulina de 20 por 28 cm y doblarlo por la mitad. Doblar la aleta del papel pergamino por donde se había marcado y pegarla a la contratapa de la tarjeta de cartulina con pegamento en barra.

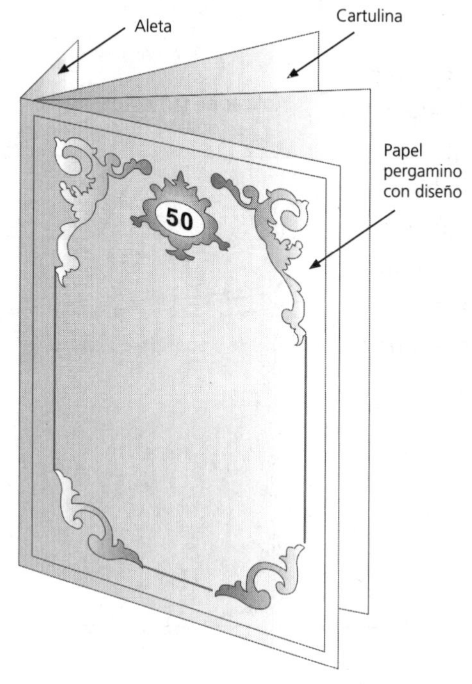

7 Confeccionar un pequeño ramo con las flores doradas y pegarlas con pegamento universal en el lugar indicado en el Diseño tamaño natural. Agregar un moño de cinta de gasa con borde dorado. Colocar el papel interior.

MODELO TERMINADO

NOTAS

- *Colocar el 50 en la parte central del florón, que se puede dibujar con gel dorado o aplicar con un número autoadhesivo.*
- *Si no se tiene flores doradas, pintarlas con aerosol dorado.*

Eje de doblado
ALETA SUPLEMENTARIA DE PAPEL PERGAMINO
Ubicación
del ramo

Tarjeta con rosa

TÉCNICA
Estampado con sellos de goma y relieve
(véase página 16)

MATERIALES

- *Cartulina satinada blanca*
- *Papeles o cartulinas en composé*
- *Papel fino (para el interior)*
- *Sello de goma con el diseño de una rosa*
- *Medio adhesivo para técnica de sellado con relieve*
- *Polvo de relieve dorado*
- *Fuente de calor*
- *Sobres*
- *Regla*
- *Cúter*
- *Tijera*
- *Cinta*
- *Etiquetas u hojas autoadhesivas*
- *Pegamento en barra o universal*
- *Marcadores al agua*
- *Pincel*
- *Punzón*

1 Cortar en cartulina satinada blanca un rectángulo de 22 por 17 cm. A los 10 cm del borde izquierdo trazar una línea vertical (por allí se doblará la tarjeta) y repasar con punzón.

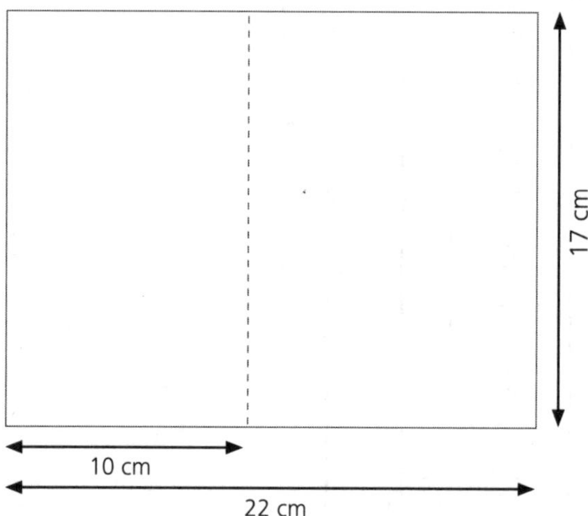

---

2 Cortar en cartulina a lunares una tira de 17 cm de largo por 3 cm de ancho y pegarla sobre el borde externo derecho de la cartulina blanca.

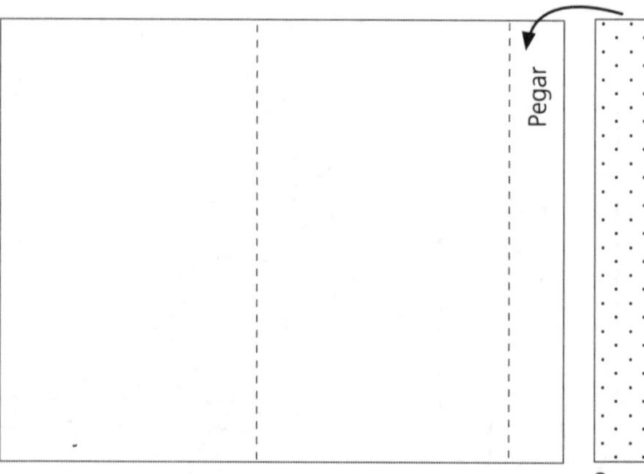

3 Realizar un marco de 1 cm de ancho en papel con otro diseño, en este caso con rayas, teniendo en cuenta que debe ocupar sólo tres lados del borde (véase dibujo). Doblar la tarjeta y sobre la tapa pegar el marco.

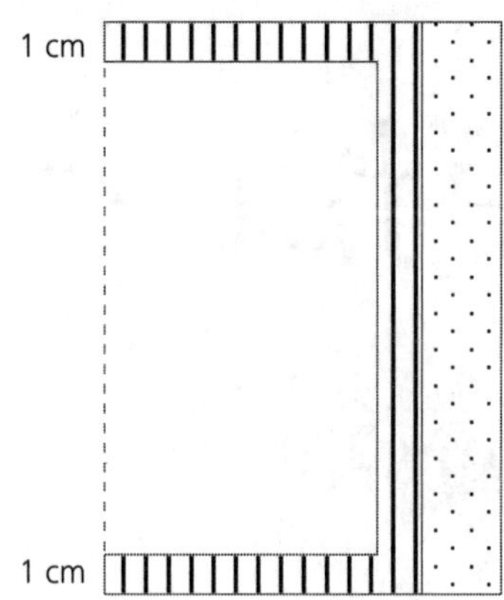

4 Sobre etiquetas o papel autoadhesivo, sellar la rosa. Pintar con marcador los bordes de los pétalos (de a uno por vez, porque se seca rápido) y con un pincel apenas humedecido esfumar hacia adentro. Ya confeccionado el sticker, recortarlo y colocarlo en el lugar elegido. Cortar el papel interior un poco más chico que la tarjeta, sostenerlo al lomo de la tarjeta con una cinta y rematar con un lazo.

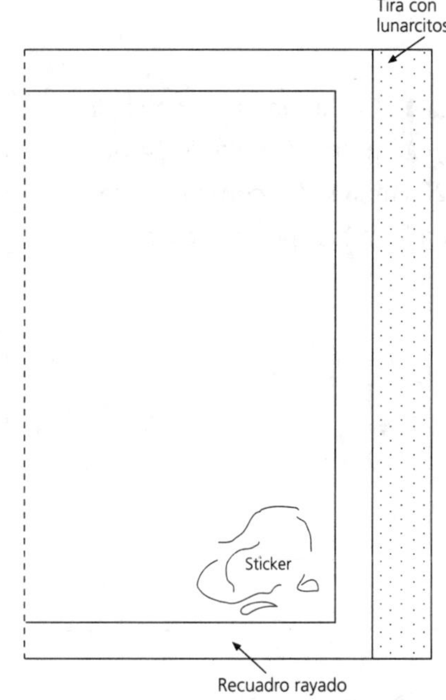

MODELO TERMINADO

NOTAS

- *Sobre la tapa de la tarjeta puede realizarse con marcador dorado una inscripción que aluda al acontecimiento.*
- *Para hacer los sobres se pueden utilizar los comunes, que se venden en librerías, y forrar la cara interior visible con las mismas cartulinas estampadas que se usaron en la tarjeta.*

Tarjeta con autos

TÉCNICA
Siluetas
(véase página 20)

MATERIALES

- *Papel entelado*
- *Papeles de colores (no muy gruesos), en la misma gama*
- *Papel de calcar*
- *Punzón o bolígrafo sin tinta*
- *Tijera*
- *Cúter*
- *Pegamento universal o en barra*
- *Cordón*
- *Llave*

1 Cortar en papel entelado un rectángulo de 24 por 20 cm. Marcar con un punzón, en la mitad, por ambos lados.

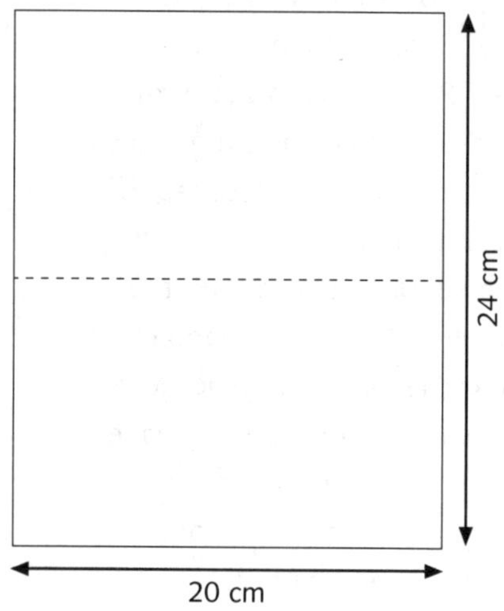

---

2 Calcar el Diseño tamaño natural (véase página 46) o copiar otro de una revista o foto. Apoyar sobre la tapa de la tarjeta y repasar los bordes con un punzón o bolígrafo sin tinta para marcar el lugar donde se ubicarán los autos.

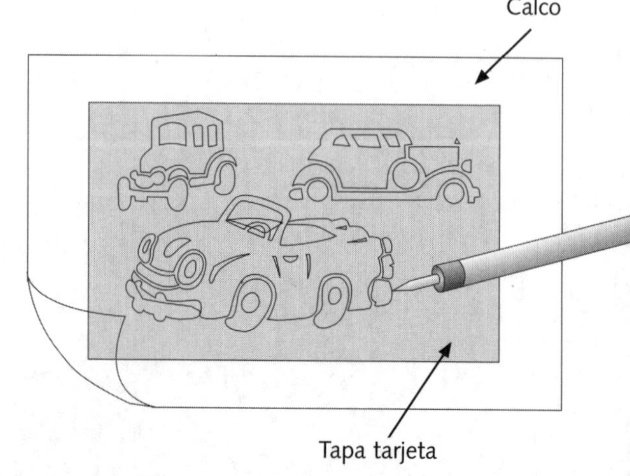

3 Transferir cada parte de las siluetas al papel que se eligió, recortarlas con tijera y calarlas con cúter, si fuera necesario.

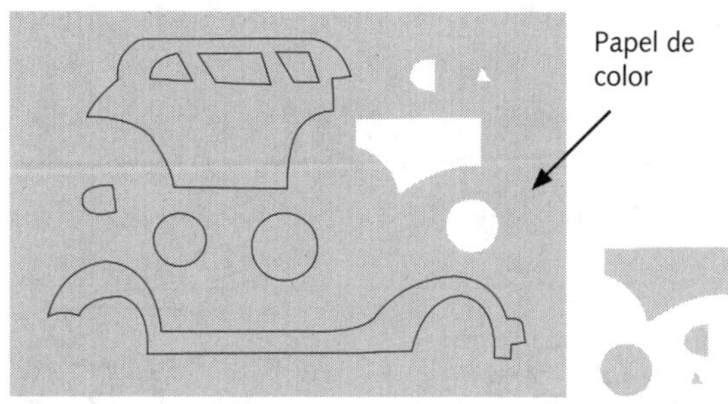

4 Aplicar cada parte del diseño con pegamento en barra sobre la tapa de la tarjeta, haciendo que coincida con los bordes previamente marcados.

5 Con puzón o sacabocados hacer una perforación donde se indica en el Diseño tamaño natural. Si se desea, colocar el papel interior. Por la perforación pasar el cordón del que se colgará la llave y con él se sostendrá el papel interior.

MODELO TERMINADO

DISEÑO TAMAÑO NATURAL

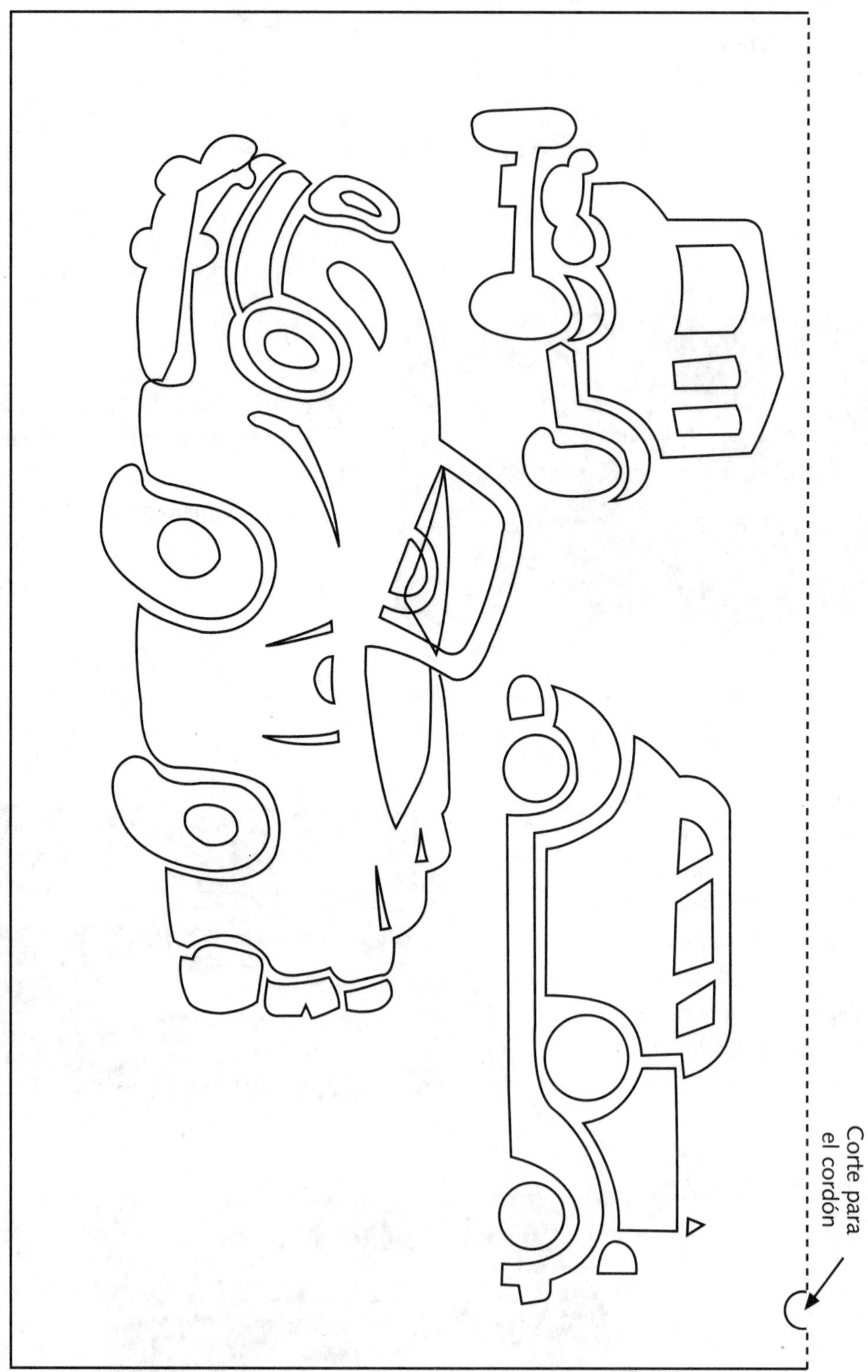

Tarjeta "diploma"

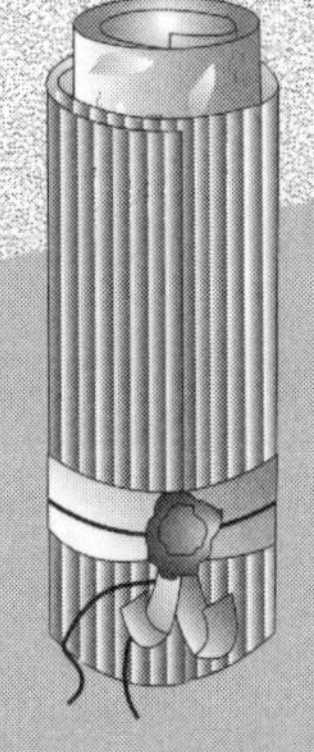

TÉCNICA

Estampado con sellos de goma y relieve

(véase página 16)

MATERIALES

- *Cartón microcorrugado color marrón*
- *Papel reciclado*
- *Papel blanco*
- *Regla*
- *Cinta de gró bordó ancha*
- *Cordón (cola de rata) color natural*
- *Cola vinílica o pegamento en barra*
- *Pegamento universal*
- *Lacre*
- *Sello de bronce*
- *Broches*
- *Rollo de cartón*

1 Cortar en cartón microcorrugado un rectángulo de 22 por 15 cm y enrollarlo hasta obtener un diámetro de 4,5 cm, aproximadamente. Para hacerlo más fácil, colocar en el interior un rollo de cartón (papel higiénico, papel de cocina, etcétera). Unir con pegamento universal en 2 ó 3 puntos para que mantenga la forma y facilite el trabajo. Sostener con broches hasta que se seque.

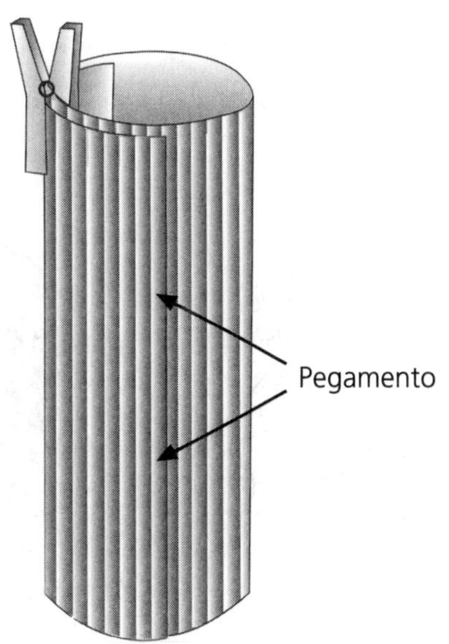

2 Cortar en papel reciclado un rectángulo de 15 por 18 cm. Para evitar que el corte quede desparejo, humedecer por donde se cortará, apoyar la regla, sosteniéndola fuerte para que no se mueva, y comenzar a desprender con cuidado y en forma pareja.

3 Recortar en papel blanco un rectángulo de 11 por 14 cm y pegarlo con cola vinílica o pegamento en barra sobre el papel reciclado en el lugar donde se escribirá el mensaje.

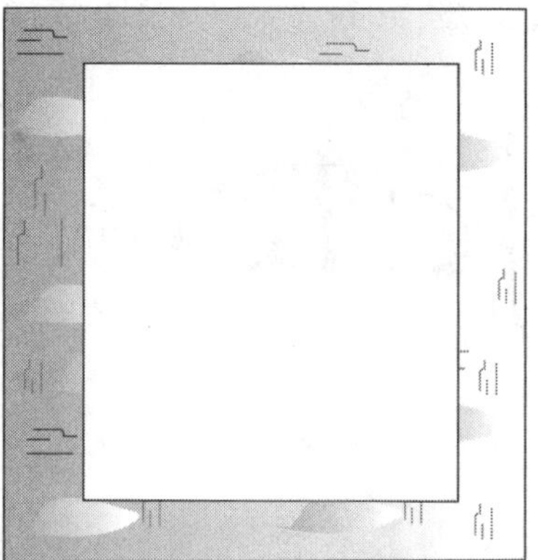

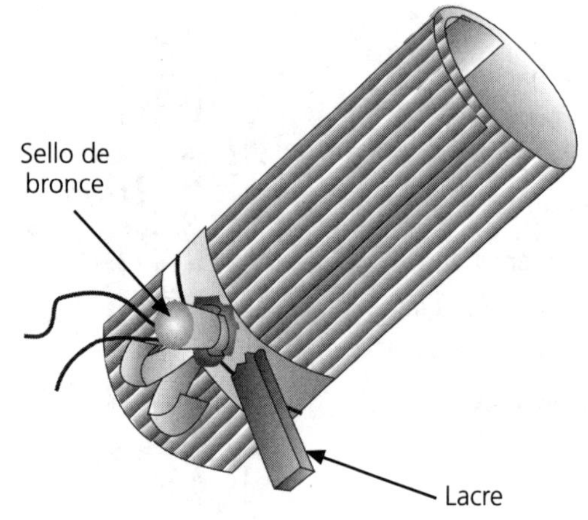

4 Atar el cartón microcorrugado con cinta de gró. Colocar el cordón natural sobre la cinta de gró y anudar. Derretir el lacre sobre el nudo y apoyar allí el sello de bronce, previamente humedecido en agua. Hacer cierta presión y retirar.

5 Enrollar el rectángulo de papel realizado en el paso 3 y colocarlo dentro del rollo de cartón microcorrugado decorado.

MODELO TERMINADO

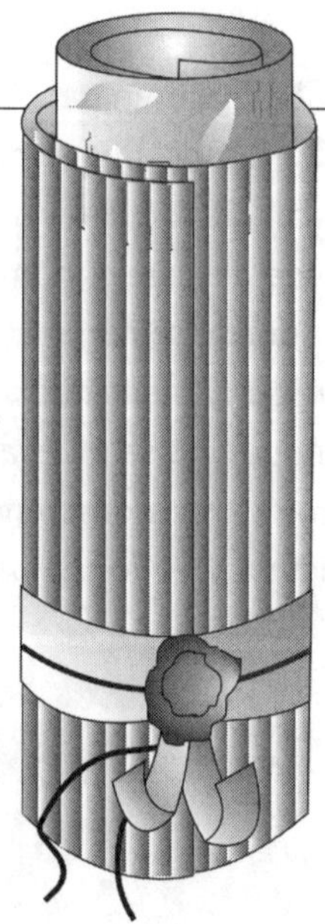

NOTA

Si se desea, se puede adornar el papel donde se escribirá el mensaje con un esquinero de cinta bebé al tono.

Tarjeta repujada y coloreada

TÉCNICA

Tarjetas españolas

(véase página 22)

MATERIALES

- *Papel vegetal de 145 g*
- *Tinta china blanca*
- *Pluma cucharita y portapluma*
- *Bolígrafo de gel dorado*
- *Bolillos chico y mediano*
- *Nevador*
- *Lápices policromos*
- *Cera en pasta incolora*
- *Hisopos de algodón*
- *Picador de 1 ó 2 agujas*
- *Tijera o cúter*
- *Paño oscuro*

1 Cortar en papel vegetal un rectángulo de 24 por 28 cm, teniendo en cuenta que en esta medida ya están calculados los 2 cm de excedente en cada lado, para facilitar el corte. Marcar la mitad del rectángulo por donde luego se doblará la tarjeta.
A los 8 cm del eje de doblado marcar una línea con lápiz. Calcar el Diseño tamaño natural en la tapa y en la contratapa (véase página 51) con tinta china blanca y pluma. Remarcar, por el lado del revés y sobre el panõ, todo el diseño.

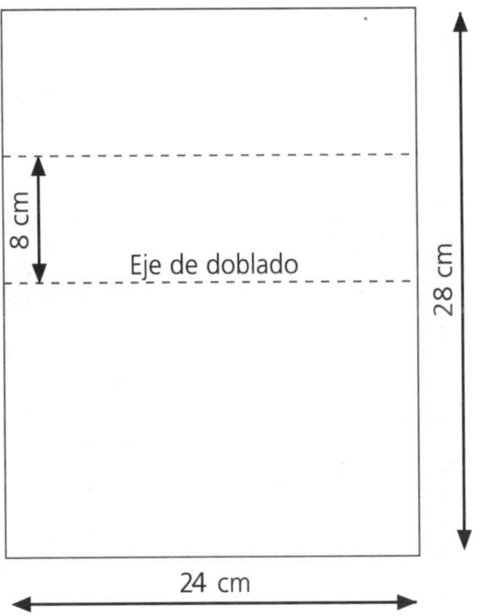

2 Con el nevador sombrear siguiendo la forma de los pétalos, creando zonas de luz y relieve. Repujar apenas los tallos, las hojas y los pétalos sueltos con el bolillo mediano, para darles una pequeña luz. La puntilla, como es muy pequeña, se rellena completamente con un bolillo chico.

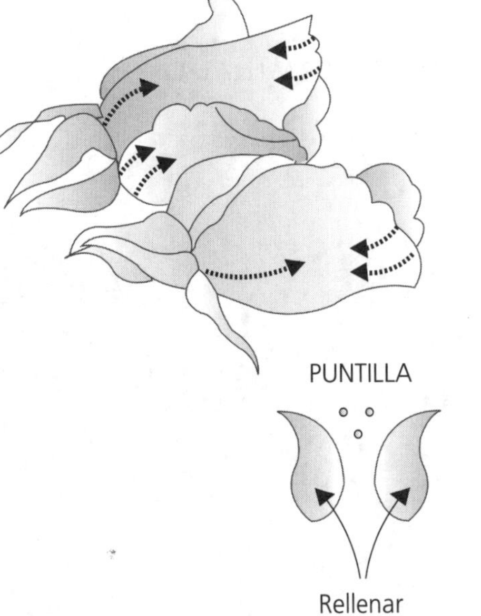

3 Con el bolígrafo de gel dorado realizar el recuadro en la tapa y en la contratapa. Colorear sobre una superficie dura, del lado del revés, con lápices policromos, los pétalos con color rosa y matizarlos con rojo. Con distintos tonos de verdes y marrones, colorear tallos y hojas. Esfumar con hisopos de algodón y cera. Reforzar las zonas más oscuras o de sombra por el lado derecho del diseño con lápices del mismo color.

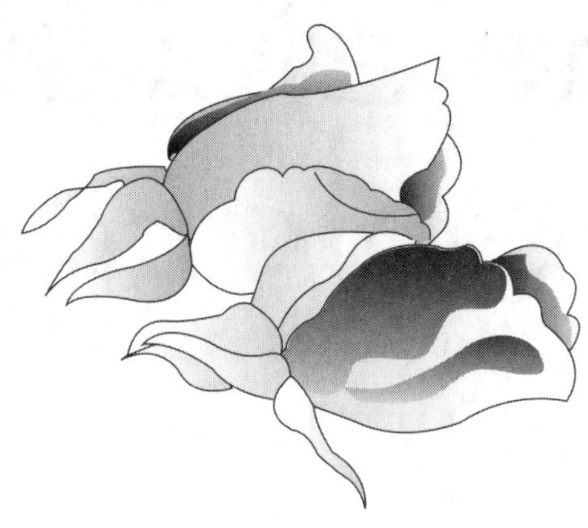

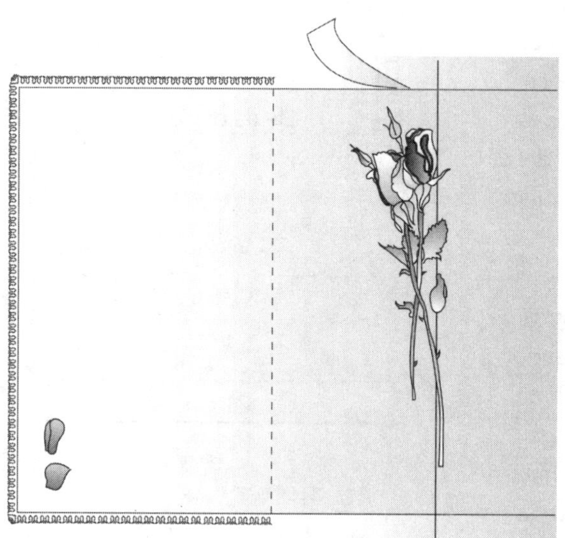

4 Recortar con tijera o cúter los bordes rectos pegados a la puntilla y al recuadro dorado, y con un picador de 1 ó 2 agujas las zonas curvas del diseño que sobresalen del recuadro.

MODELO TERMINADO

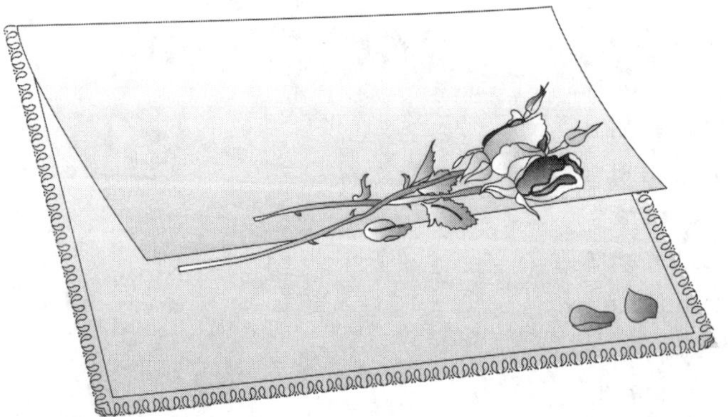

NOTA

Esta tarjeta puede no llevar papel interior, para que tenga mayor transparencia. Se puede escribir el texto directamente sobre el papel vegetal, con bolígrafo de gel dorado.

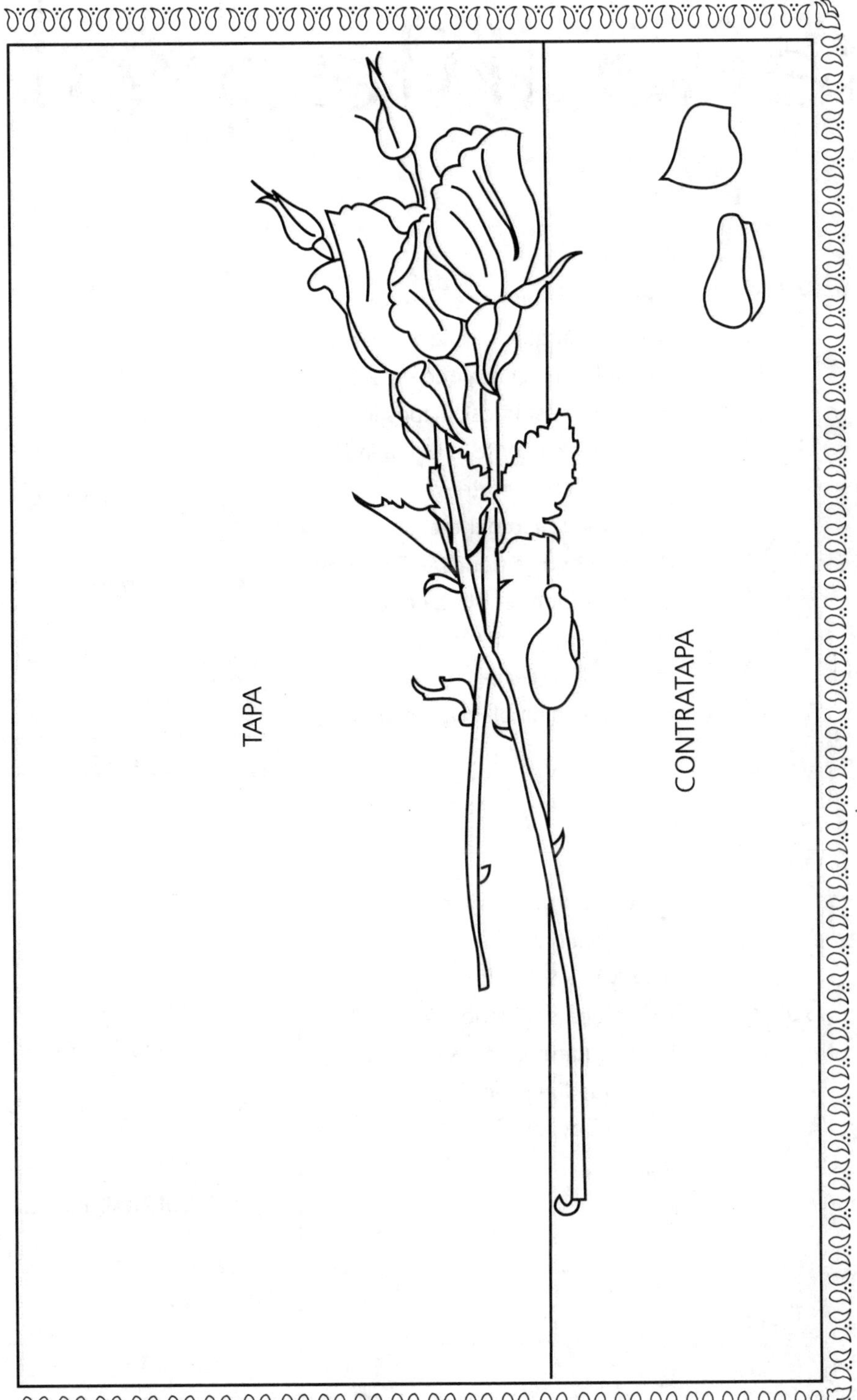
TAPA
CONTRATAPA

Tarjeta con diseño integral

TÉCNICA

Tarjetas españolas

(véase página 22)

MATERIALES

- *Papel vegetal de 145 g*
- *Tinta china blanca*
- *Pluma cucharita y portapluma*
- *Bolígrafo de gel dorado*
- *Papel vía aérea o papel para fotocopias blanco*
- *Óleos pastel: verde veronés, tinta carne y púrpura*
- *Cera en pasta incolora*
- *Hisopos de algodón*
- *Bolillos chico y mediano*
- *Nevador*
- *Picador de 1 ó 2 agujas*
- *Tijera o cúter*
- *Pegamento en barra*
- *Paño oscuro*

1 Cortar en papel vegetal un rectángulo de 22 por 28 cm, teniendo en cuenta que en esta medida ya están calculados los 2 cm de excedente en cada lado, para facilitar el corte.
Marcar la mitad del rectángulo por donde luego se doblará. Calcar en una cara, que será la tapa, el Diseño tamaño natural con campanillas (véase página 55) con tinta china blanca y pluma.

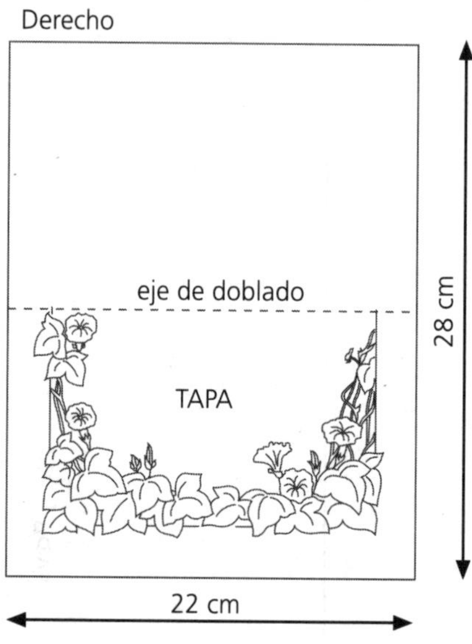

2 Dar vuelta la tarjeta y calcar del lado del revés y sobre la contratapa el Diseño tamaño natural de las hojas que luego se asomará debajo de la tapa.

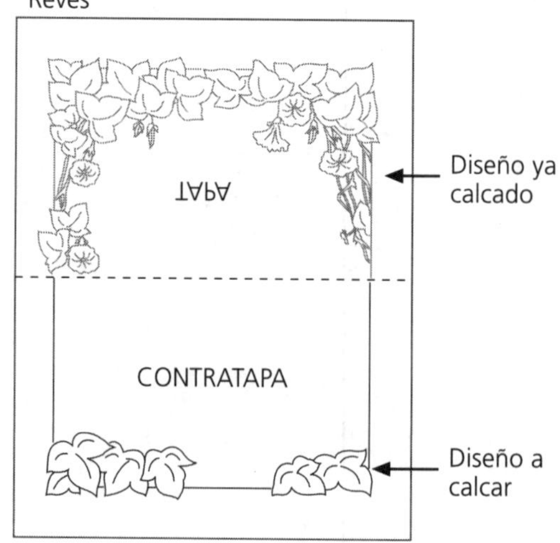

3 Ubicar la tarjeta abierta sobre el paño. El diseño calcado en tinta de la tapa va sobre el paño y con el lado revés hacia arriba. Repasar las líneas calcadas con el bolillo chico, teniendo en cuenta que los bordes exteriores se repasan con el bolillo mediano tres veces.

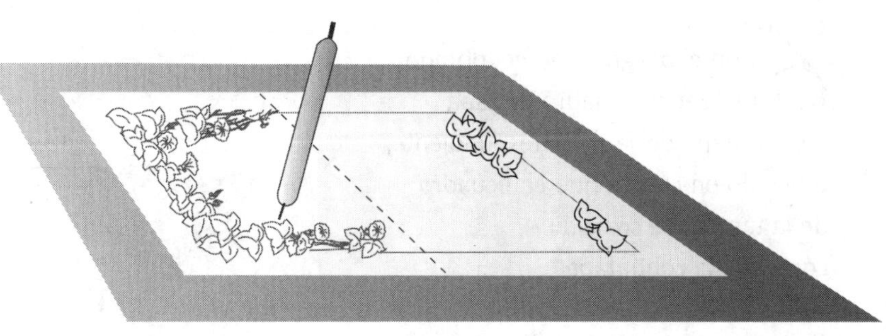

---

4 Siempre del lado del revés y con el nevador, desde el borde hacia el centro y siguiendo la forma de los pétalos, repujar las flores. Hacer lo mismo con las hojas pero desde la nervadura hacia el borde. Recordar que el repujado es la zona de mayor claridad. Del lado del derecho presionar con el bolillo mediano el centro de las flores para que se hundan.

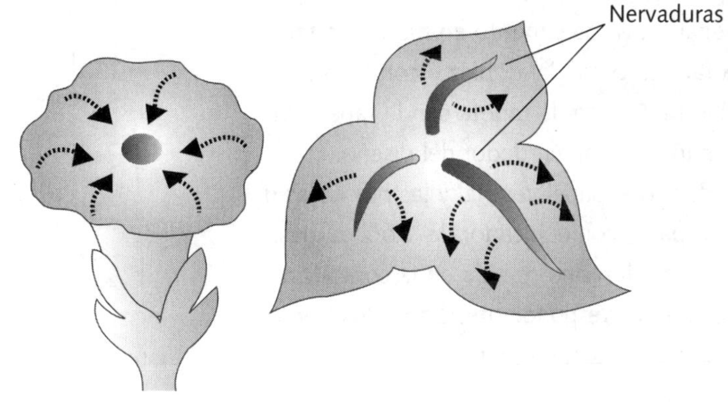

---

5 Sacar la tarjeta del paño y colorearla por el lado revés con los óleos pastel. El fondo se comienza a pintar con el verde veronés, en la zona de las hojas, siguiendo con el óleo tinta carne. Esfumar los dos colores hasta llegar al centro de la tapa. Luego, dar unos toques cerca de las flores con el color púrpura. Pintar las flores con púrpura y esfumar con hisopos de algodón. Por el lado del derecho, dar algunos toques color púrpura en el centro de las flores, para lograr zonas más oscuras.

6 Con el bolígrafo de gel dorado realizar el recuadro de tapa y contratapa del lado correspondiente, teniendo en cuenta que el recuadro de la tapa debe coincidir con el de la contratapa.

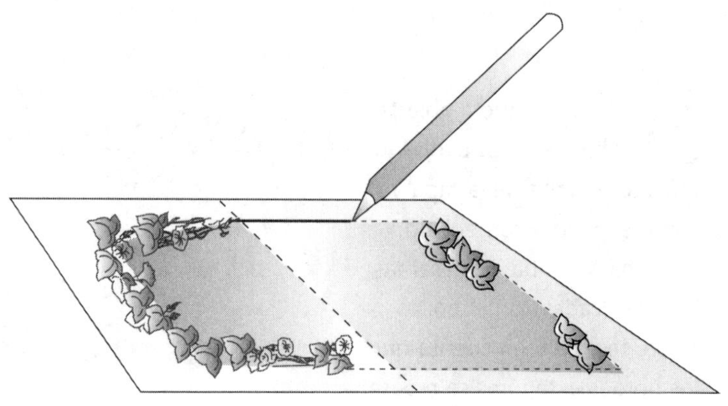

---

7 En el papel vía aérea o de fotocopia cortar un rectángulo de 22 por 28 cm (igual que la tarjeta). Doblarlo por la mitad y pegarlo con pegamento en barra a la tapa de la tarjeta, cerca del doblez y con la tarjeta abierta. Colocar la tarjeta con la tapa sobre el paño y picar alrededor del diseño, cortando el papel vegetal y las dos hojas del otro papel con el picador de 1 ó 2 agujas. Realizar el mismo trabajo en la contratapa, del lado correspondiente. Cortar los bordes rectos con tijera o cúter.

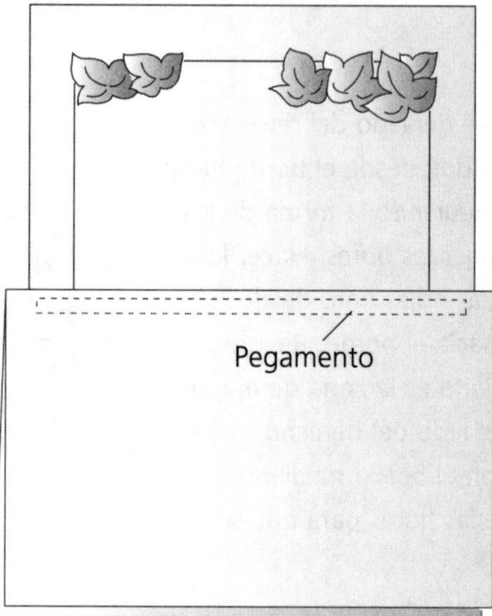

Papel interior

MODELO TERMINADO

NOTA

Esta tarjeta queda muy bien si se realiza con todas las flores y las hojas repujadas sin pintura y dándole color sólo al fondo.

DISEÑO REDUCIDO AL 90%

Tarjeta con guarda ancha

TÉCNICA

Tarjetas españolas

(véase página 22)

MATERIALES

- *Papel vegetal de 140 ó 145 g*
- *Tinta blanca*
- *Pluma y portapluma*
- *Papel opaco de color a elección*
- *Bolillos chico, mediano y grande*
- *Punzón de 1 aguja*
- *Punzón grueso*
- *Lápiz blanco*
- *Tijera de bordar*
- *Pegamento en barra*
- *Cúter*
- *Paño grueso*

1 Cortar en papel vegetal un rectángulo de 22 por 30 cm. Calcar el Diseño tamaño natural (véase página 59) con tinta blanca. Colocar el trabajo sobre el paño y por el lado del revés marcar todo el dibujo con bolillo chico, teniendo en cuenta que el diseño de la contratapa se marca por el lado inverso que el de la tapa.

---

2 Rellenar todos los dibujos dobles con el bolillo grande sin ejercer demasiada presión para evitar que se formen ondas. Pasar lápiz blanco para dar mayor nitidez. Rellenar con el bolillo mediano todos los pequeños círculos que bordean a los dibujos dobles. Realizar las flores más chicas con cinco círculos muy pequeños sin tinta y un punto central con tinta.

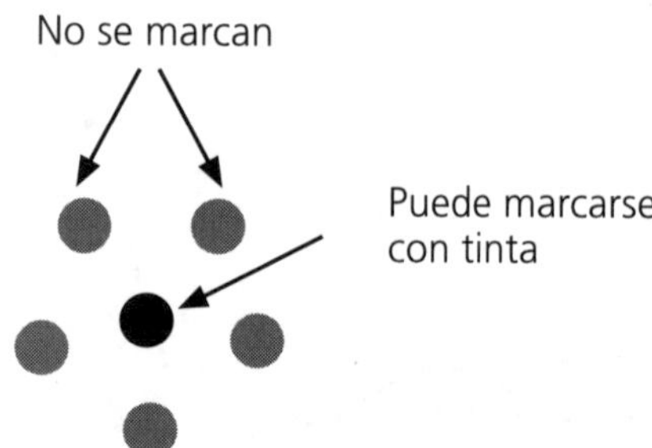

3 Repujar las flores centrales con bolillo grande desde el borde hacia el centro, esfumando el trazo.

---

4 Pinchar con el punzón de 1 aguja el borde de la puntilla, por el lado revés. Con el bolillo chico hacer los círculos que rodean las ondas bien pegados uno al otro, teniendo en cuenta que estos círculos no se dibujan con tinta.

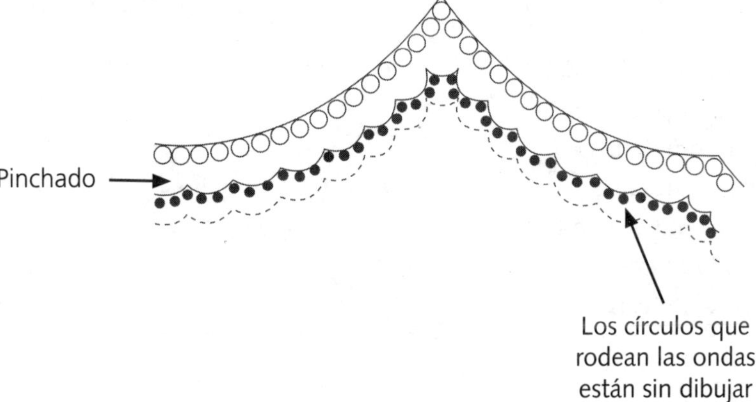

---

5 Dar vuelta la tarjeta y del lado del derecho, sobre el paño, con el punzón grande realizar las perforaciones de los anillos (véase página 26) y con el punzón de 1 aguja los calados de las flores y los rombos de los extremos. Proceder de la misma manera para la realización de la puntilla de la contratapa.

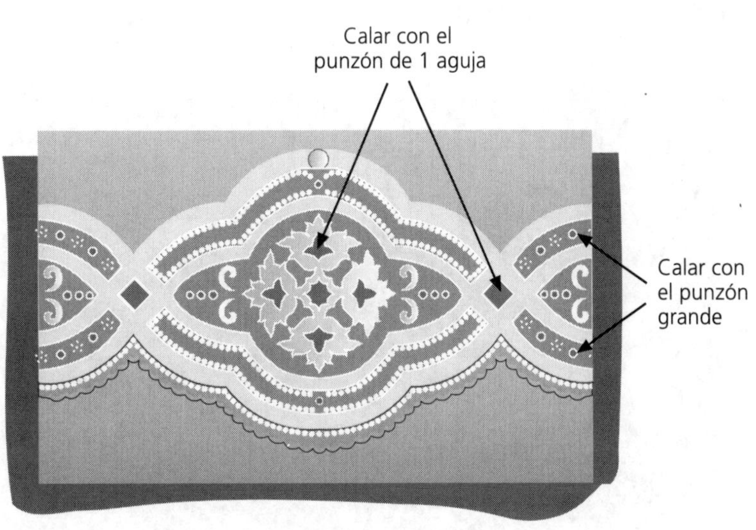

6 Troquelar el borde de las puntillas, en forma oblicua, con el punzón grande (también puede servir una aguja para coser lana) y con la tijera de bordar cortar de a dos, para formar un pico.

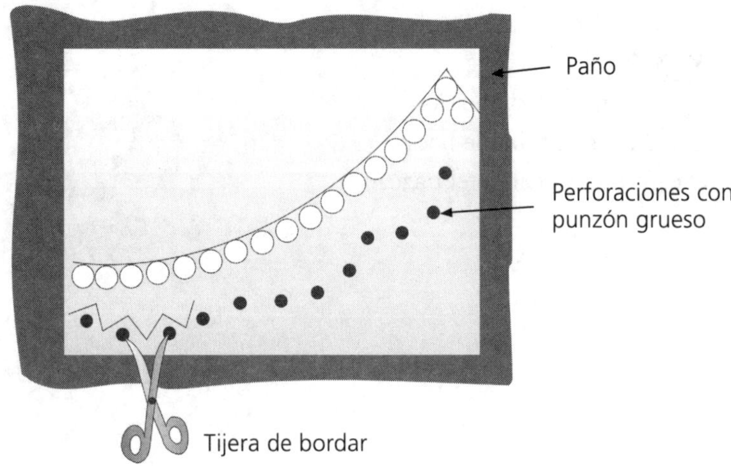

---

7 Recortar el papel opaco de color que se eligió a la medida y con las formas de la tapa y colocarlo dentro de la tarjeta con pegamento en barra. Cortar con cúter los bordes rectos, y con tijera, los curvos.

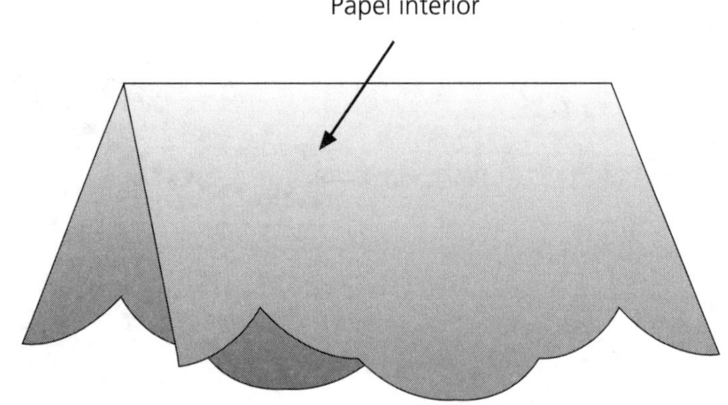

MODELO TERMINADO

NOTA

Esta tarjeta puede no llevar papel interior, para que tenga mayor transparencia. Se puede colocar directamente el texto sobre el papel vegetal escrito con bolígrafo de gel dorado.

Tarjeta con puntilla

TÉCNICA

Tarjetas españolas

(véase página 22)

MATERIALES

- *Papel entelado color natural*
- *Papel vegetal 140 ó 145 g*
- *Tinta blanca*
- *Pluma y portapluma*
- *Bolígrafo de gel dorado*
- *Bolillos chico, mediano y grande*
- *Punzón de 1 aguja*
- *Punzón grueso*
- *Pegamento en barra*
- *Cúter*
- *Paño grueso*

1 Para hacer la puntilla, cortar en papel vegetal un rectángulo de 15 por 24 cm. Calcar el Diseño tamaño natural (véase página 62) con tinta blanca. Marcar el recuadro y los círculos con bolígrafo de gel dorado.

---

2 Colocar el rectángulo de papel vegetal sobre el paño, y del lado revés, con el bolillo chico, repasar todas las líneas calcadas. Repujar los arabescos con el bolillo grueso, ejerciendo mayor presión sobre el rulo y esfumando hacia el centro. Con el bolillo mediano rellenar todos los arcos.

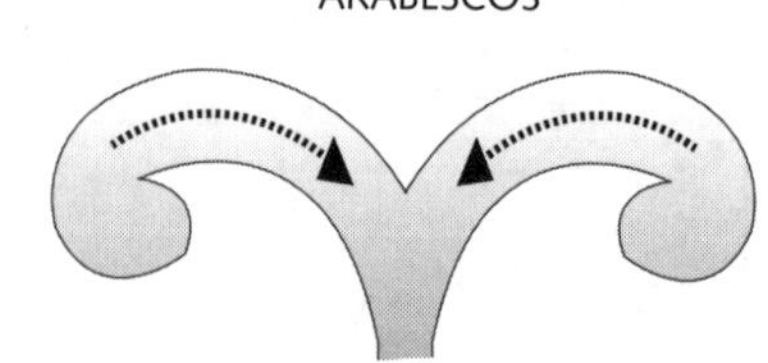

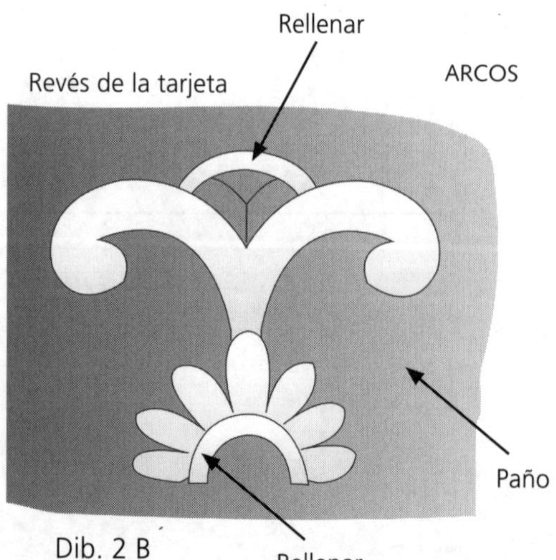

Dib. 2 B

3 Dar vuelta el trabajo sobre el paño y por el lado del derecho, con el bolillo mediano, repujar con suavidad los pétalos que rodean el arco, para que aparezcan como hundidos. Con el punzón grueso pinchar los anillos que se encuentran en la puntilla y en el recuadro dorado (véase página 26).

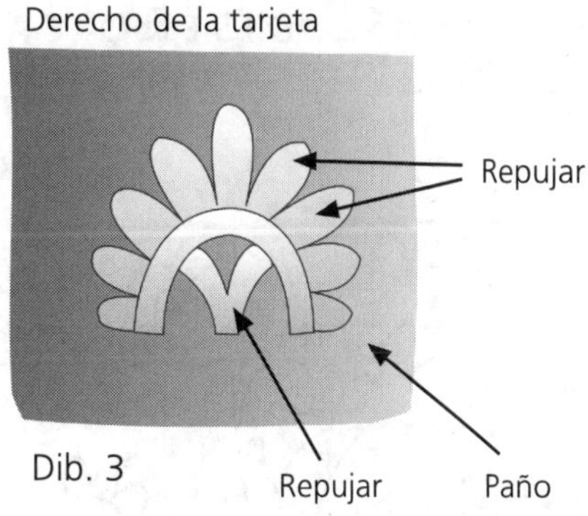

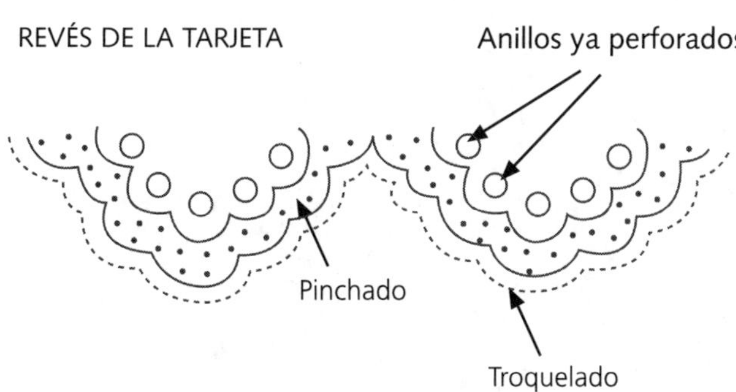

4 Dar vuelta el trabajo y por el lado del revés pinchar el borde de la puntilla con el punzón de 1 aguja y rellenar los círculos del recuadro que se pintaron de dorado. (Recordar que el trabajo no se debe mover durante este proceso.) Cortar con cúter los bordes rectos y con un punzón de 1 ó 2 agujas el borde de la puntilla.

5 Para hacer la tarjeta, cortar en papel entelado un rectángulo de 21 por 27 cm. Marcar por la mitad con un punzón y doblar. Colocar la puntilla sobre la tapa de la tarjeta, uniéndola con pequeños puntos de pegamento en barra. Realizar los recuadros dorados sobre el papel entelado con bolígrafo en gel. Completar con el papel interior donde se escribirá el mensaje.

MODELO TERMINADO

NOTA

En el rectángulo central de la tapa se puede escribir una frase alusiva al acontecimiento que se celebra.

DISEÑO TAMAÑO NATURAL

Capítulo 2

Días para recordar

- Tarjeta combinada
- Tarjeta con cintas
- Portaestampita y estampita
- Tarjeta con esténcil dorado
- Señalador
- Tarjeta con relieve
- Tarjeta invitación
- Tarjeta con flores gofradas
- Tarjeta con esquineros

Tarjeta combinada

TÉCNICAS

Estampado con sellos de goma y Tarjetas españolas

(véanse páginas 16 y 22)

MATERIALES

- *Cartulina satinada*
- *Cartulina estampada*
- *Papel vegetal verde*
- *Tinta blanca*
- *Bolillo chico*
- *Sello con cara, babero y manos de bebé*
- *Marcador al agua marrón*
- *Picador de 1 aguja*
- *Picador de 6 agujas (roseta)*
- *Cinta doble cero*
- *Lápices de colores*
- *Cúter*
- *Tijera*
- *Punzón*
- *Pegamento en barra*
- *Paño oscuro*

1 Cortar un rectángulo de 27,5 por 8,5 cm en cartulina estampada. Marcar, con punzón y regla, 11,5 cm desde el borde inferior y doblar.

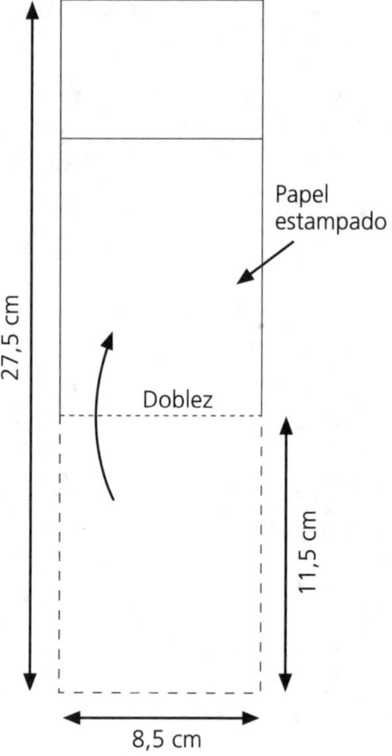

2 Para hacer la sábana, cortar una tira de 5 por 8,5 cm en papel vegetal. En uno de los bordes largos, dibujar con tinta blanca las ondas (véase Diseño tamaño natural en página 66) y, apoyadas sobre un paño, repasarlas por el revés. Dar vuelta y por el derecho hacer los picados con el picador de 6 agujas. Troquelar el borde y cortar con el picador de 1 aguja. Decorar con una cinta bebé doble cero y un moño pegados con pegamento en barra. Con el mismo pegamento, pegar la sábana sobre el borde del rectángulo de cartulina estampada.

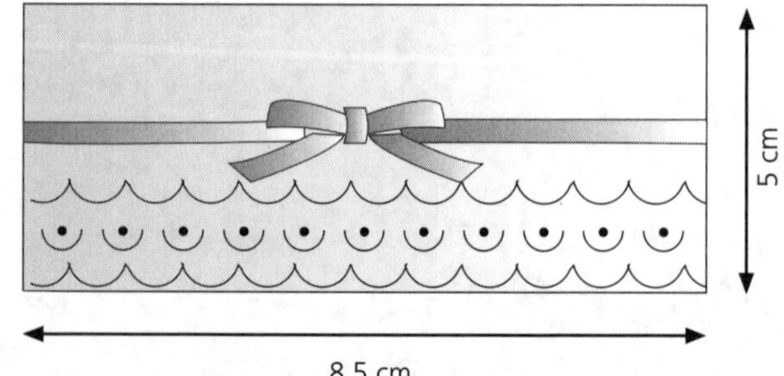

3 Para hacer la almohada, cortar una tira de 5 por 10 cm en papel vegetal y hacerla siguiendo las indicaciones del paso 2. Pegar con pegamento en barra donde se indica en el dibujo.

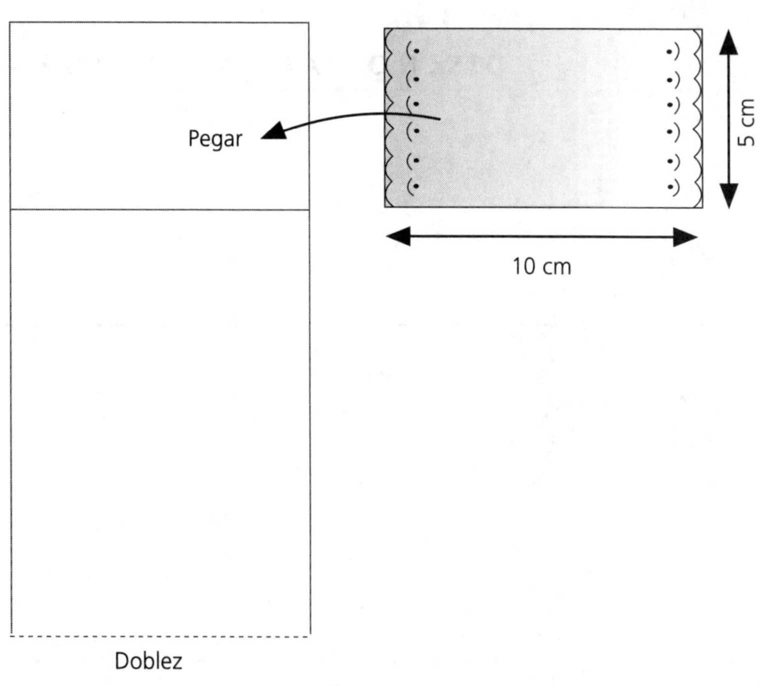

4 Pintar el sello con la cara, las manos y el babero del bebé con un marcador al agua marrón y estampar el sello sobre la cartulina satinada. Pintar la cara con lápices de colores y recortar. Pegarlo en el lugar indicado en el Diseño tamaño natural con pegamento en barra, dejando sin pegar las manos.

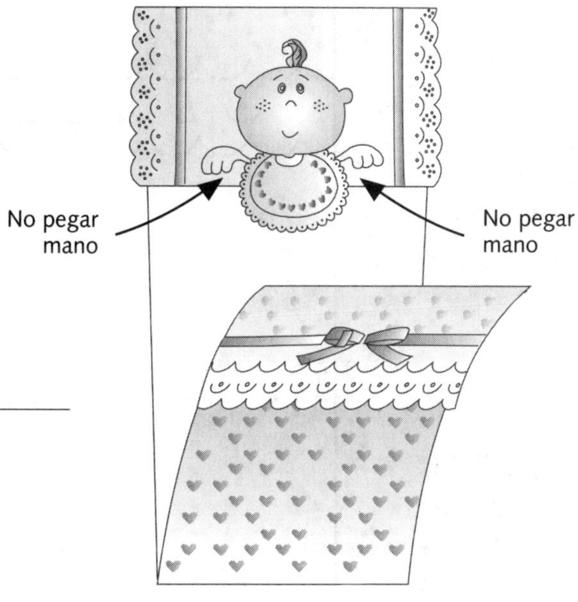

MODELO TERMINADO

DISEÑO TAMAÑO NATURAL

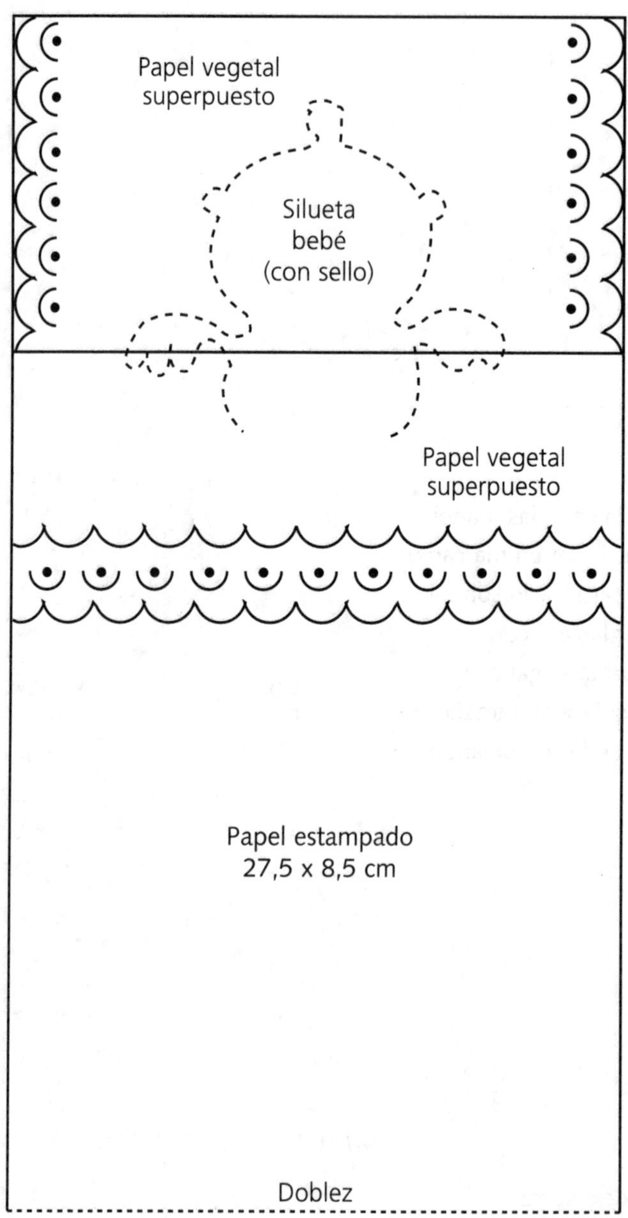

Tarjeta con cintas

TÉCNICA

Découpage

(véase página 12)

MATERIALES

- *Cartulina tipo canson rústico, color beige claro*
- *Papel vegetal o de calco texturado*
- *Figura de papel a elección, en colores claros*
- *Cinta de raso doble cero*
- *Flores secas*
- *Tijera de formas*
- *Cúter*
- *Regla metálica*
- *Pegamento universal*
- *Pegamento en barra*
- *Punzón*

1 Cortar en cartulina un rectángulo de 16 por 13 cm. Marcar con el punzón por la mitad y doblar. Calar en la cartulina, con cúter y regla metálica, una ventana de las medidas que se indican en el dibujo.

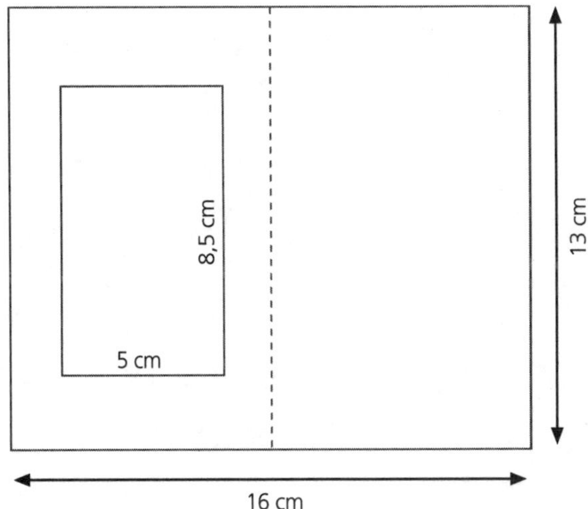

---

2 Cortar en papel vegetal texturado un rectángulo de 16 por 13 cm. Recortar con tijera de formas y colocar con pegamento en barra en el interior de la cartulina, teniendo en cuenta que la primera cara de papel vegetal debe quedar pegada a la parte de atrás de la tapa de la tarjeta, y la segunda cara, suelta.

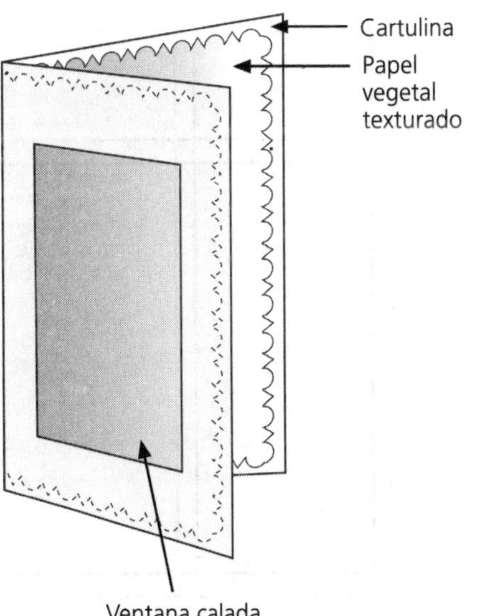

3 Pegar las cintas alrededor de la ventana, siguiendo el Diseño tamaño natural, con pegamento universal.

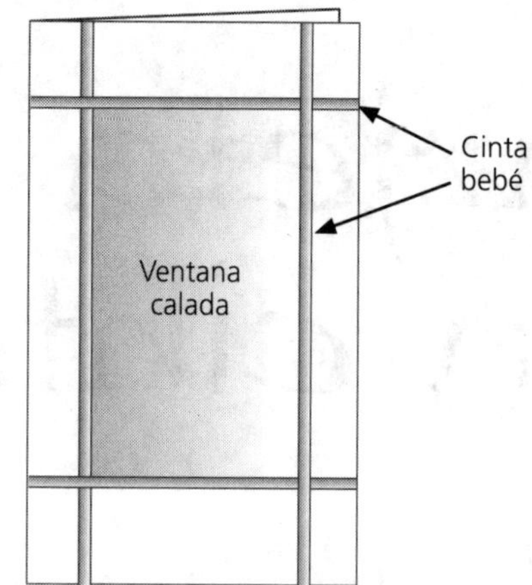

4 Colocar la figura de papel que se eligió con pegamento en barra sobre el papel vegetal que asoma por la ventana de la tapa. Armar un pequeño ramo con las flores secas y ubicarlo en el ángulo inferior con pegamento universal.

MODELO TERMINADO

DISEÑO TAMAÑO NATURAL

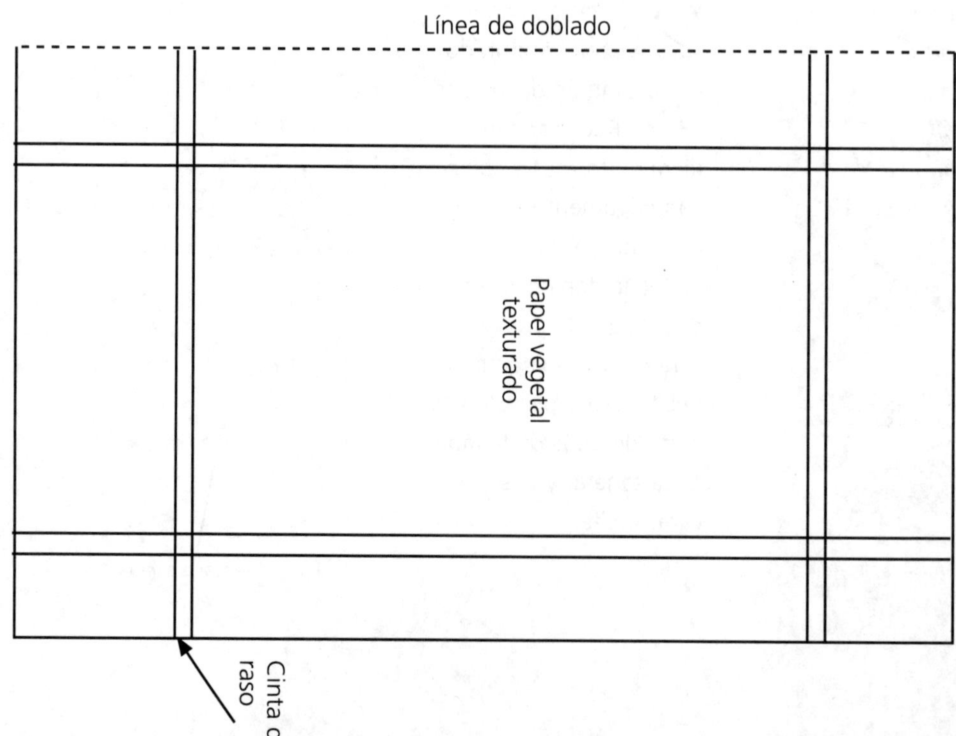

Portaestampita y estampita

TÉCNICA

Estampado con sellos de goma

(véase página 16)

MATERIALES

- *Cartulina rústica color natural, beige o amarillo claro*
- *Papel para el interior*
- *Sellos de goma con motivos alusivos*
- *Marcador al agua color marrón*
- *Lápices de colores*
- *Cintas de raso doble cero*
- *Broderie o puntilla*
- *Marcador dorado*
- *Pegamento en barra*
- *Tijera*
- *Cúter*
- *Tijera de formas*
- *Punzón*
- *Regla*

PORTAESTAMPITA

1 Cortar en cartulina un rectángulo de 30 por 24 cm. Marcar el centro, a lo largo, con punzón, y doblar. Cortar el lado más largo con la tijera de formas.

2 Abrir la tarjeta y marcar con punzón una línea horizontal para poder doblarla hacia arriba. En los 13 cm que restan marcar un triángulo que una a y c y b y c.

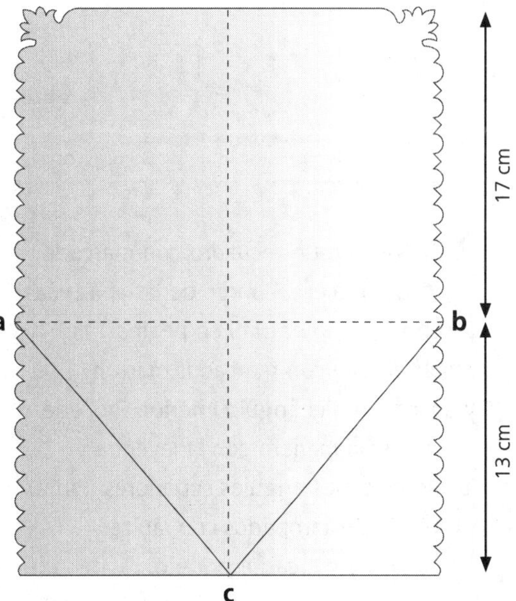

3 Recortar el triángulo con la tijera de formas y doblar hacia arriba (dibujo a). El doblado queda como se muestra en el dibujo b.

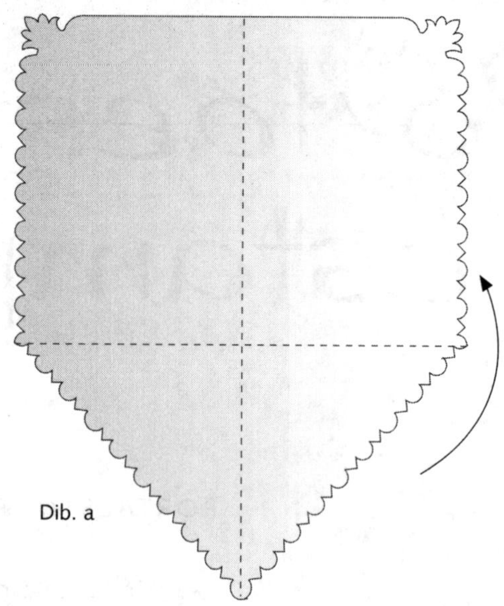

Dib. a

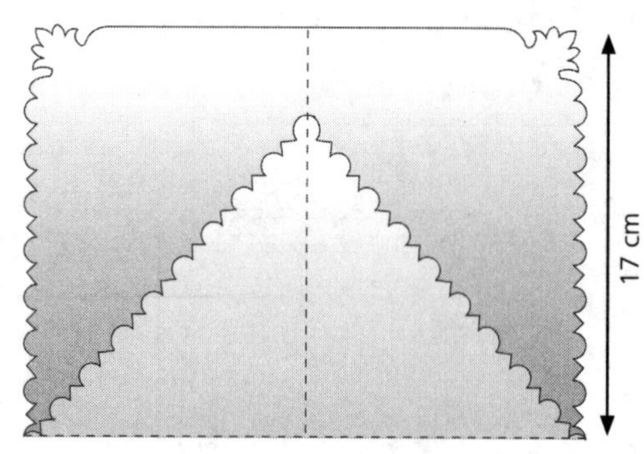

Dib. b

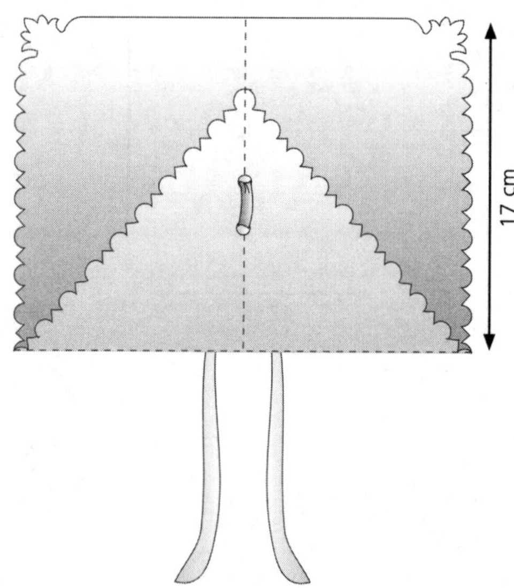

4 Cortar dos pequeños orificios en el doblez central y pasar de adentro hacia fuera la cinta que unirá el triángulo a las tapas y ajustar con un lazo doble.

5 Realizar un recuadro con marcador dorado en el borde de la tapa (véase Diseño tamaño natural en página 71). Pintar el sello con marcador marrón y aplicarlo en el ángulo inferior. Proceder de la misma manera con la leyenda y las flores de los ángulos superiores. Pintar los diseños estampados con lápices de colores y marcador dorado.

MODELO TERMINADO

Abierto

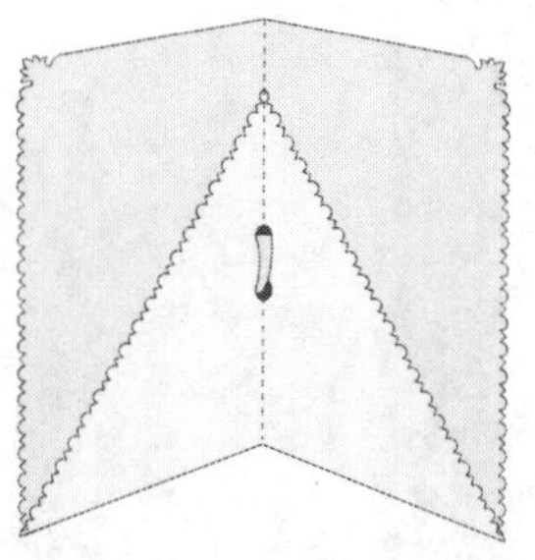

Cerrado

Portaestampita

ESTAMPITA

1 Cortar en cartulina rústica un rectángulo de 20 por 12 cm. Marcar por la mitad con punzón y regla y doblar.

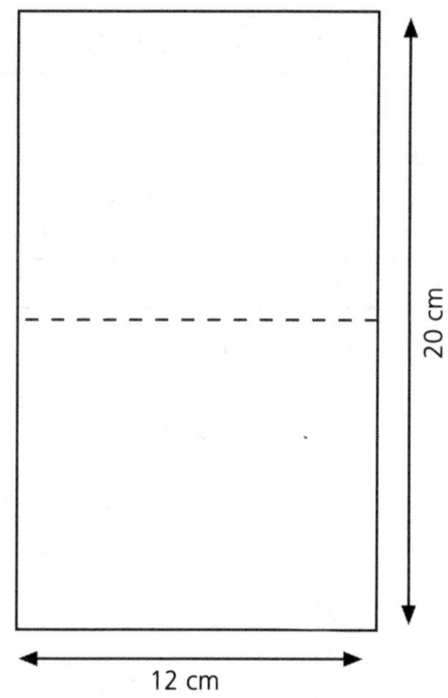

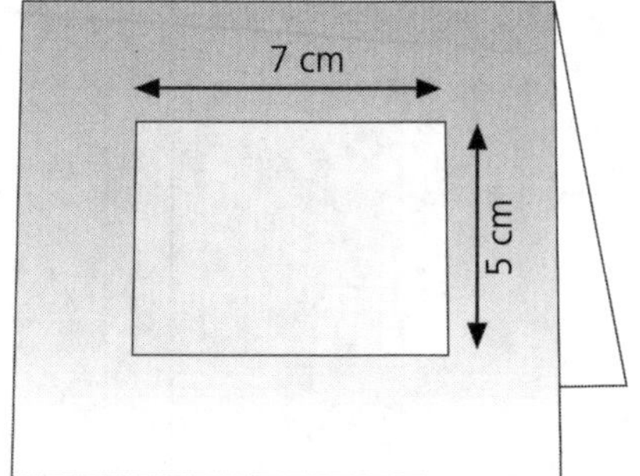

2 Calar con cúter una ventana de 7 por 5 cm en la tapa.

3 Cortar en cartulina, con la tijera de formas, 4 tiras de 8 por 1 cm y pintarlas con marcador dorado. Adherirlas con pegamento en barra, por el lado del revés, con el dorado hacia fuera, en el marco de la ventana.

4 Recortar en cartulina, en un color más claro que la tarjeta, un rectángulo de 9 por 7 cm. Aplicar sobre éste el sello que se eligió previamente pintado con marcador marrón. Colocarlo del lado del revés para que el motivo se vea por la ventana.

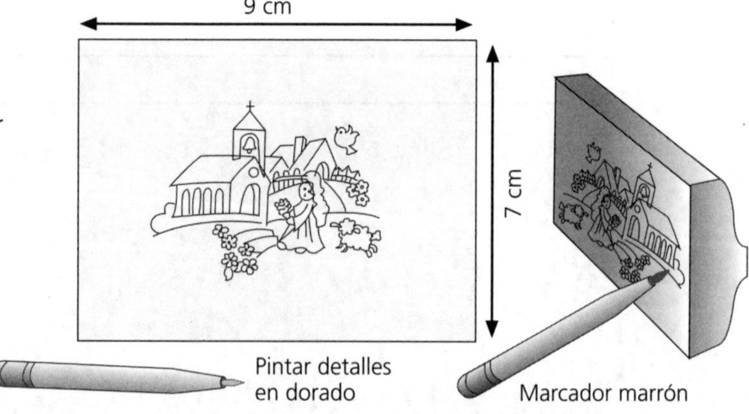

5 Pasar marcador dorado en los recuadros, alrededor de la ventana y en el borde de la estampa.

6 Colocar puntilla o broderie, con pegamento universal, por el lado del revés, a los costados de la estampa. Aplicar con pegamento en barra el papel interior, donde se hará la inscripción que se haya elegido, en las dos caras de la estampa.

MODELO TERMINADO

DISEÑO TAMAÑO NATURAL

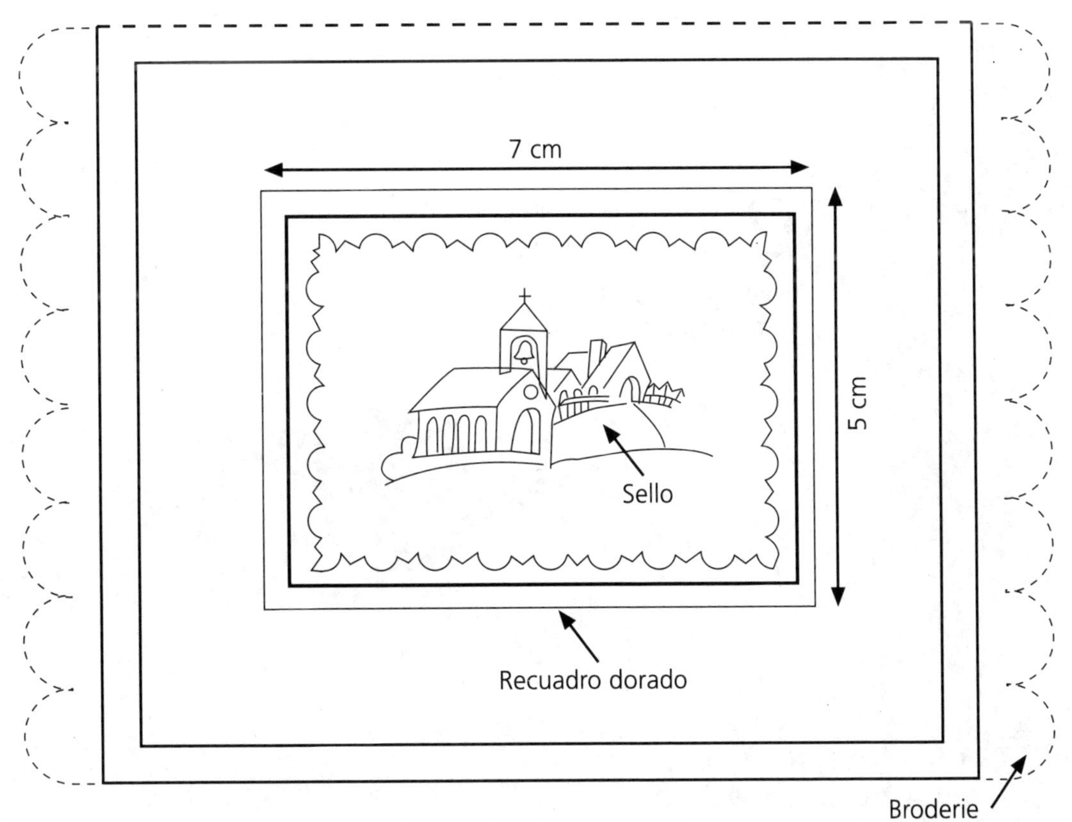

Tarjeta con esténcil dorado

TÉCNICA
Esténcil o plantilla
(véase página 15)

MATERIALES
- *Cartulina ilustración o acetato*
- *Papel para pintar con acuarelas (bien grueso) o papel marmolado marrón*
- *Marcador dorado*
- *Acrílico dorado*
- *Esponja común*
- *Tiras o recuadro autoadhesivo dorado*
- *Punzón*
- *Cúter*

1 Cortar en papel marmolado un rectángulo de 13 por 19 cm. Marcar por la mitad con punzón y doblarlo con la ayuda de un cúter.

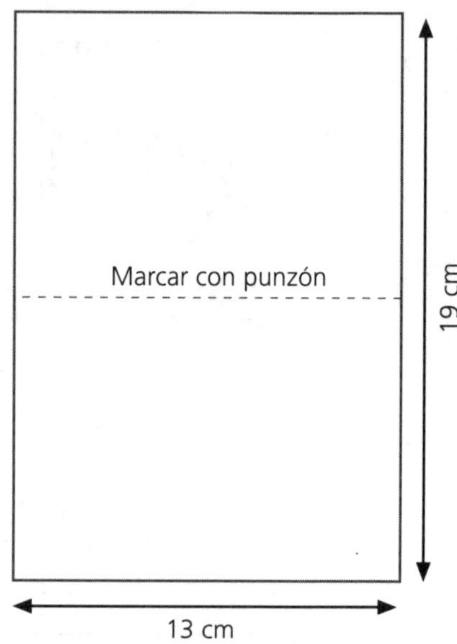

2 Realizar una plantilla, según el Diseño tamaño natural (véase página 75), con la cartulina o el acetato.

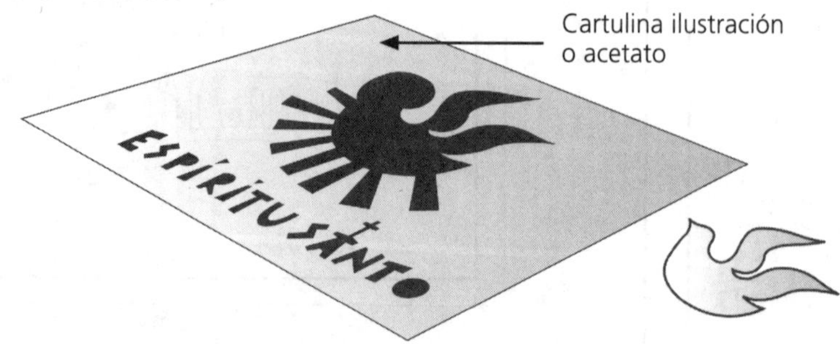

3 Colocar la plantilla sobre la tapa de la tarjeta y con la esponja apenas humedecida en el acrílico, poncear encima. Retirar la plantilla y con el excedente de pintura estirar los rayos dorados. Repasar la paloma con el marcador.

4 Pintar el recuadro con marcador dorado o aplicar tiras autoadhesivas.

MODELO TERMINADO

DISEÑO TAMAÑO NATURAL

Señalador

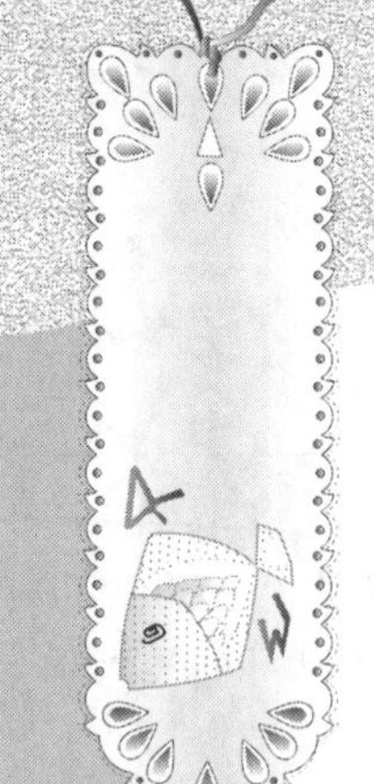

TÉCNICA

Tarjetas españolas (filtirée)

(véase página 27)

MATERIALES

- *Papel vegetal 140-145 g*
- *Bolillo chico y mediano*
- *Tinta blanca*
- *Pluma*
- *Portapluma*
- *Marcador de gel dorado*
- *Plancha de telgopor*
- *Malla de alambre para filtirée*
- *Punzón punta diamante, según el tamaño de paso del alambre*
- *Punzón de 1 aguja*
- *Calador de forma circular o especial de 10 agujas de forma circular*
- *Cinta dorada*
- *Paño grueso*

1 Cortar en papel vegetal un rectángulo de 26 por 12 cm. Calcar el Diseño tamaño natural (véase página 78) con tinta blanca. Colocar el señalador sobre el paño y del revés repasar todas las líneas con bolillo chico.
Repasar el borde tres veces con bolillo mediano.

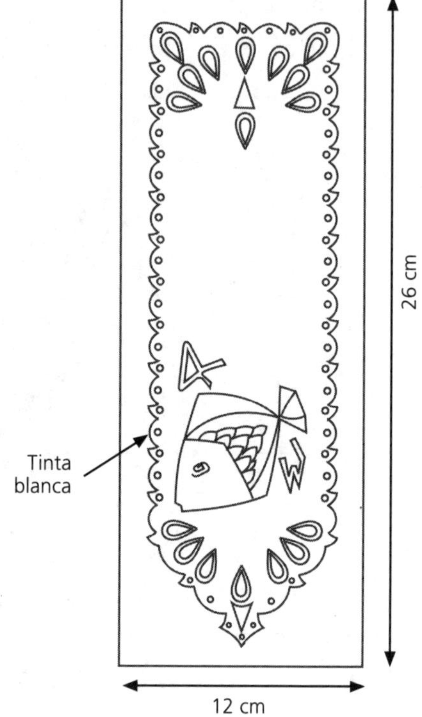

---

2 Apoyar el trabajo sobre una superficie dura y pintar todos los detalles del diseño que van en dorado con marcador de gel.

Marcador de gel dorado

3 Apoyar sobre un paño grueso y con bolillo chico rellenar las gotas y realizar el repujado de las escamas del pez. Rellenar las letras griegas y los círculos que se pintaron de dorado.

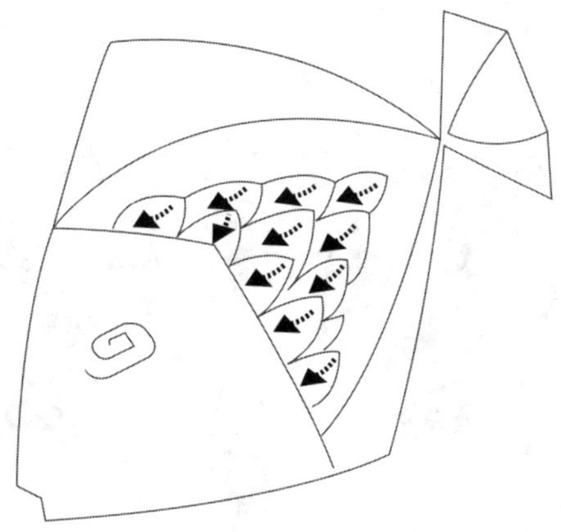

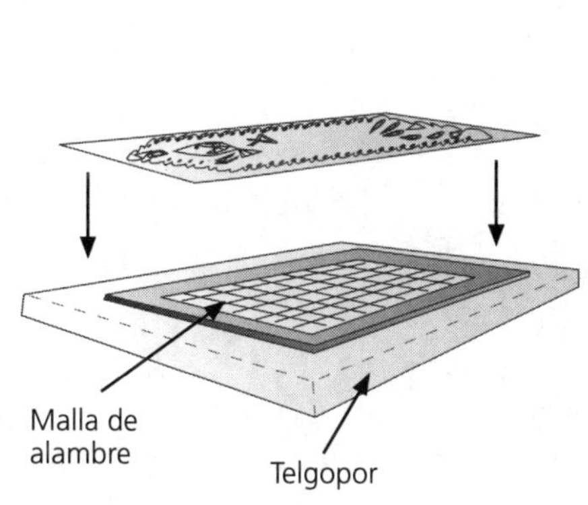

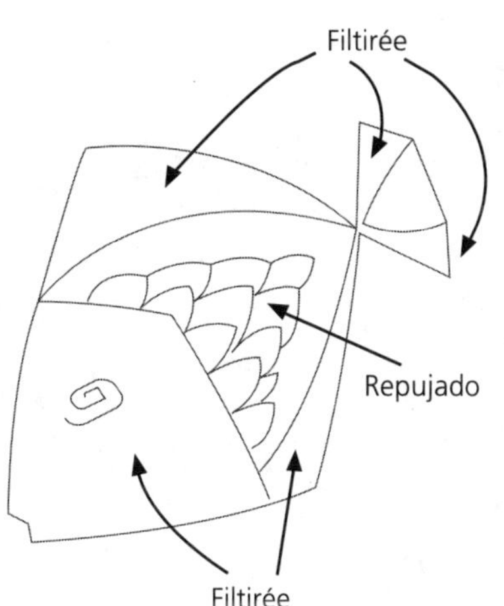

4 Colocar sobre la plancha de telgopor la malla de alambre para filtirée y sobre ésta la tarjeta con el lado derecho hacia arriba. Picar con el punzón punta diamante las aletas, la cola y la cabeza del pez.

5 Sobre el paño y del lado derecho calar las gotas con el punzón de 1 aguja. Sobre el telgopor, con el calador de forma circular (picador circular de 10 agujas), calar los círculos del borde. Troquelar el borde con el punzón de 1 aguja. Pasar una cinta dorada por la gota central del borde superior y anudar.

MODELO TERMINADO

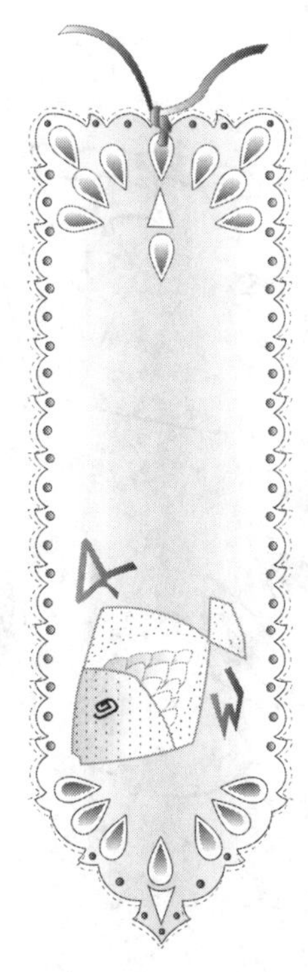

NOTA

Por el reverso se puede colocar, adherido con pegamento en barra, un papel de color.

DISEÑO TAMAÑO NATURAL

Tarjeta con relieve

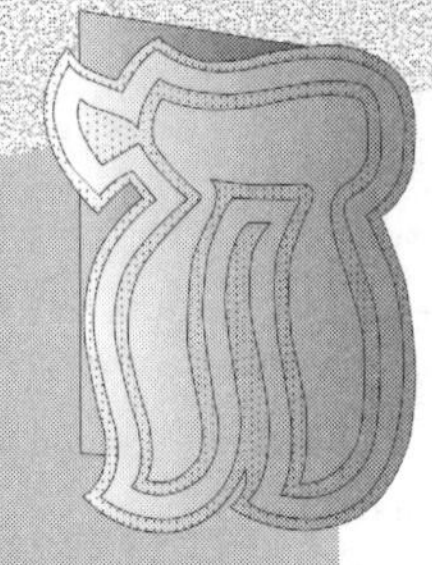

TÉCNICA

Tarjetas españolas

(véase página 22)

MATERIALES

- *Cartulina dorada (tipo Cromolux, de imprenta)*
- *Papel de calcar*
- *Bolillo mediano*
- *Malla de alambre para filtirée*
- *Punzón*
- *Tijera*
- *Cúter*
- *Paño grueso*

1 Recortar en la cartulina dorada un rectángulo de 23 por 17 cm. Marcar el centro, por ambos lados, con el punzón sin hacer demasiada presión debido a que este material es muy delicado. Recordar que al doblar se deberá hacer en forma contraria a la tradicional ya que el alfabeto judío se lee de derecha a izquierda.

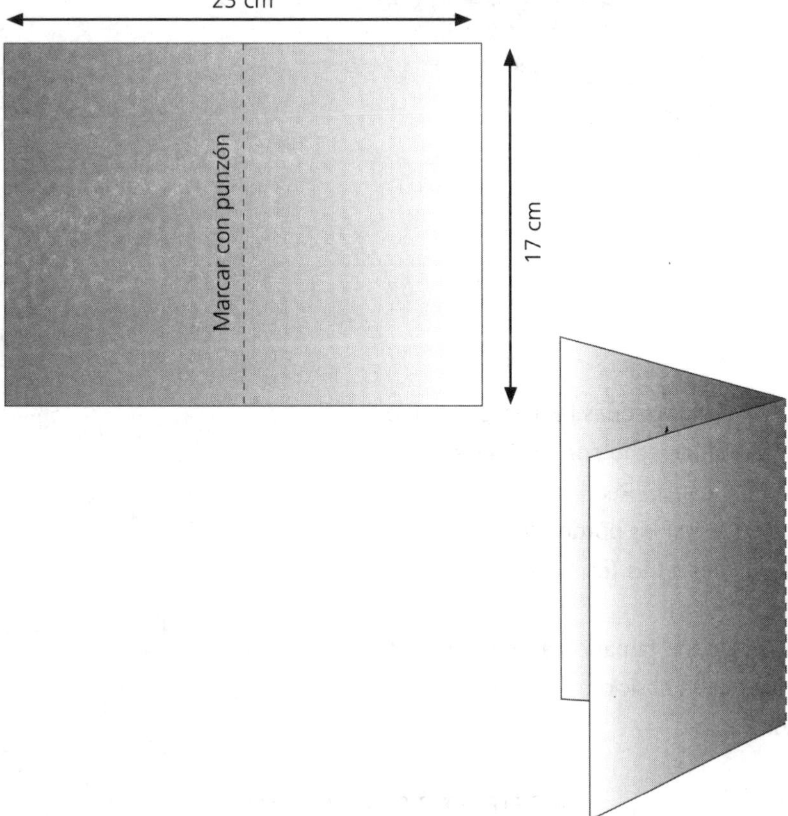

2 Transferir el Diseño tamaño natural (véase página 81) a una hoja de papel de calcar y con bolillo chico pasarlo a la cartulina, del lado del derecho (véase detalles de realización en Tarjeta portarretrato, paso 3, página 35).

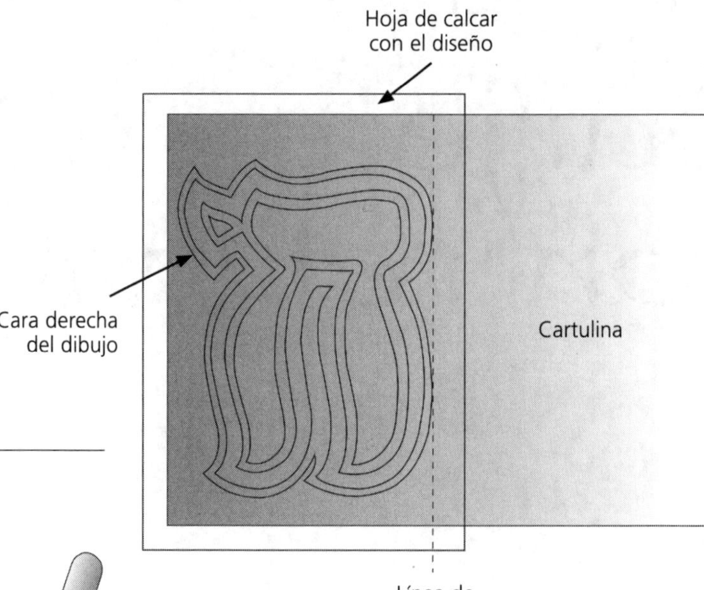

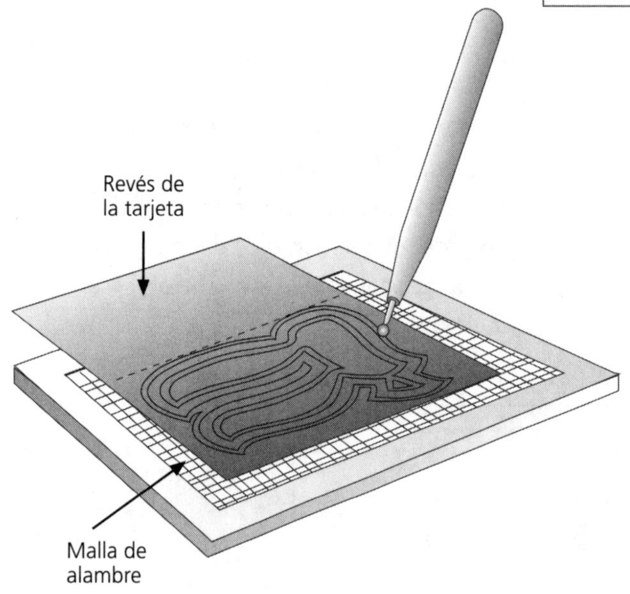

3 Retirar el papel de calcar, dar vuelta el trabajo, apoyarlo sobre la malla de alambre y con lado revés hacia arriba pasar el bolillo mediano por todas las líneas dobles. Del lado opuesto quedará una textura tipo filtirée.

4 Repasar todas las líneas del lado del derecho con bolillo mediano y trazo parejo. Recortar con tijera y cúter, según los bordes, las formas de las dos letras (en hebreo quieren decir "vida").
En el Diseño tamaño natural se puede observar la posición y el corte de la contratapa.

MODELO TERMINADO

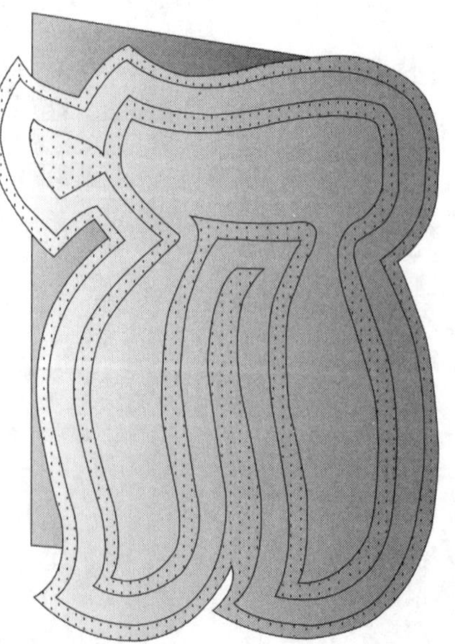

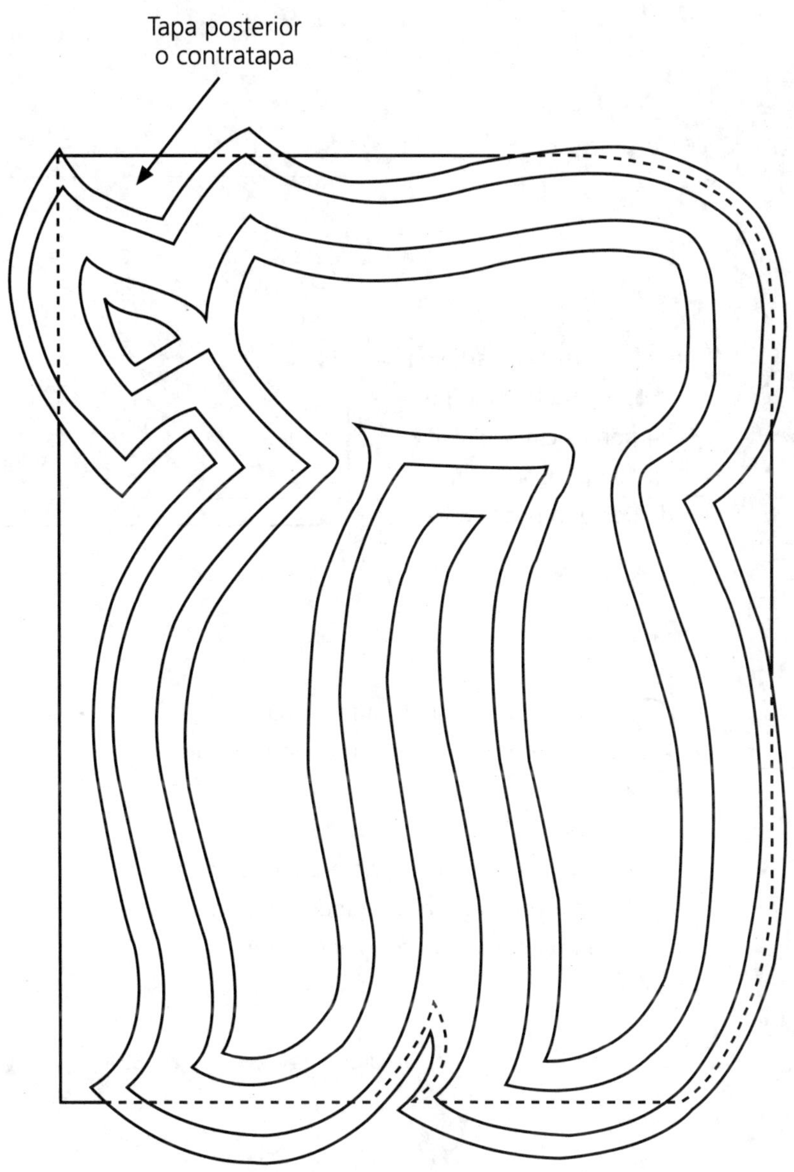
Tapa posterior
o contratapa

Tarjeta invitación

TÉCNICA
Pinchado
(véase página 14)

MATERIALES
- *Cartulina fantasía nacarada*
- *Papel vegetal*
- *Papel blanco para el interior*
- *Cintas*
- *Pegamento en barra*
- *Pegamento universal*
- *Punzón grande*
- *Figura de papel de un ramo de rosas, recortado*
- *Fotocopias de los Diseños tamaño natural del corazón grande y de la guarda*
- *Papel de color*
- *Azulejo o vidrio*
- *Cúter*
- *Tijera de formas*
- *Paño grueso*

1 Cortar en cartulina un rectángulo de 24 por 15 cm. Marcar con un punzón la línea de doblado por la mitad.

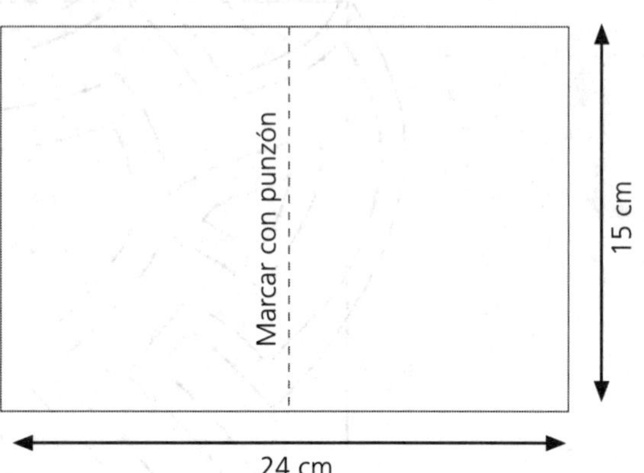

2 Colocar la cartulina sobre un paño y por el lado del revés, haciendo coincidir la línea de doblado, ubicar la fotocopia del Diseño tamaño natural del corazón grande (véase página 84). Punzar sobre las líneas de la fotocopia con el punzón grande, en forma regular, hasta completar todo el corazón central.

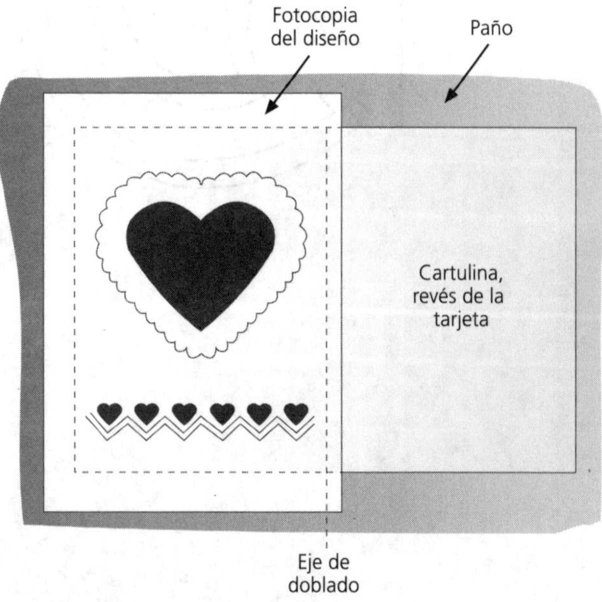

3 Colocar la fotocopia del Diseño tamaño natural de la guarda sobre el derecho de la cartulina haciendo coincidir el eje de doblado. Con el punzón grande, pinchar toda la guarda que rodea a los corazones.

Derecho de la tarjeta

4 Sobre un vidrio o azulejo calar con cúter a 2 ó 3 milímetros de la línea pinchada las zonas de los diseños que figuran en negro (véase Diseño tamaño natural).

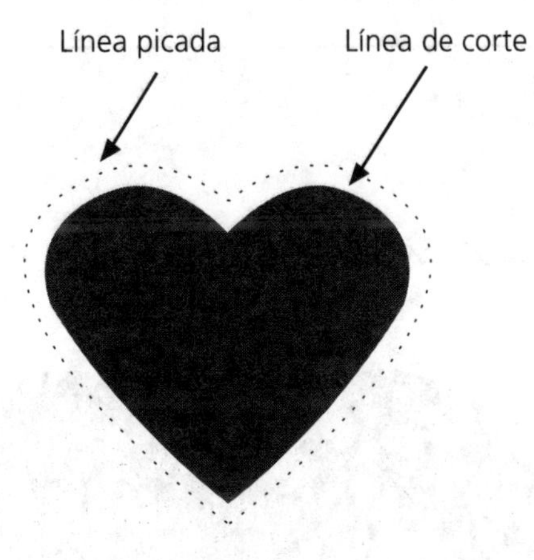

NOTAS

- *En lugar de aplicar un diseño recortado, éste se puede dibujar y pintar con lápices policromos.*
- *Los corazones de esta tarjeta pueden realizarse con troqueladores que se consiguen en las librerías artísticas.*

5 Colocar el papel vegetal con pegamento en barra sobre la tapa de la tarjeta, del lado del revés. Poner el papel blanco interior en el que se redactará la invitación.

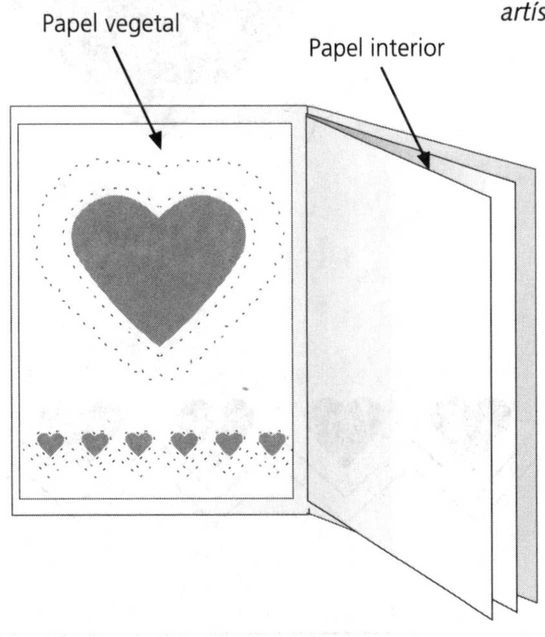

6 Cortar los bordes con la tijera de formas. Aplicar con pegamento en barra el ramo de rosas recortado sobre el papel vegetal, en el centro del corazón.

MODELO TERMINADO

DISEÑO TAMAÑO NATURAL

Tarjeta y sobre con flores gofradas

TÉCNICA

Gofrado

(véase página 11)

MATERIALES

- *Sobre y tarjeta para pintar con acuarelas, con borde verde*
- *Esténcil común o plantilla de chapa con diseño a gusto*
- *Caja de luz*
- *Bolillo chico o mediano (según el tamaño del diseño)*
- *Cinta*

1 Colocar el esténcil o la plantilla elegida sobre la caja de luz y encima del esténcil ubicar la tarjeta con el lado derecho apoyado en la plantilla, teniendo en cuenta que sobre este tipo de papel se puede hacer una presión mediana con el bolillo, para marcar el relieve. Hacer el mismo trabajo en la solapa del sobre.

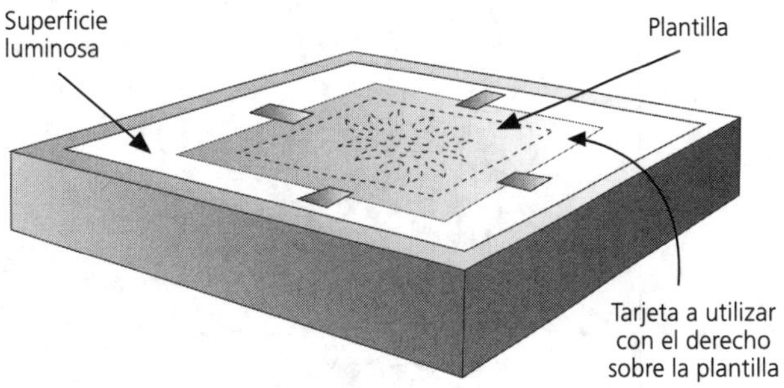

2 Esta tarjeta también se puede realizar con cartulina gruesa para gofrar color natural. Para hacer el borde hay dos opciones: a) Marcar con lápiz una línea de 5 mm de ancho en todo el borde exterior de la tarjeta y luego pintarla con acrílico, témpera o marcador. b) Adherir con pegamento en barra una cinta de papel de 5 mm de ancho en todo el borde de la tarjeta. En ambos casos hay que respetar bien el borde.

3 El borde de la solapa del sobre puede decorarse con cintas al tono.

MODELOS TERMINADOS

NOTAS

- *Los sobres y tarjetas para pintar con acuarelas se venden como un conjunto en las librerías artísticas. Los bordes pueden ser azules, rojos, rosa, etcétera.*
- *Si hay poco tiempo o se deben hacer muchas tarjetas, se recomienda utilizar las tarjetas y los sobres comprados.*

DISEÑO TAMAÑO NATURAL DE LA TARJETA

DISEÑO TAMAÑO NATURAL DEL SOBRE

Tarjeta con esquineros

TÉCNICA

Arte florentino

(véase página 13)

MATERIALES

- *Papel de calcar*
- *Papel tipo cartulina color marfil, ocre claro o amarillo suave*
- *Lápiz blando*
- *Regla*
- *Escuadra*
- *Lápices de colores*
- *Tijera o cúter*
- *Bolígrafo sin tinta*
- *Bolígrafo de gel dorado fino o mediano (puede reemplazarse por pluma y tinta dorada)*
- *Diseños*
- *Punzón*

1 Cortar en cartulina un rectángulo de 19 por 27 cm. Calcar los Diseños tamaño natural (véase página 90) en las esquinas. La transferencia del diseño puede hacerse de dos maneras:
a) pasando un lápiz negro blando muy suavemente por el revés del papel de calcar y luego repasar con el punzón;
o b) colocándolo sobre un vidrio iluminado (ventana o caja de luz).
Repasar el diseño con el bolígrafo de gel mediano. Si se usa el lápiz, pasar el bolígrafo de gel dorado y cuando está seco, retirar con una goma de borrar los trazos visibles de lápiz.
Se debe tener mucho cuidado con los detalles, ya que hasta el más pequeño de éstos debe ser repasado en dorado.

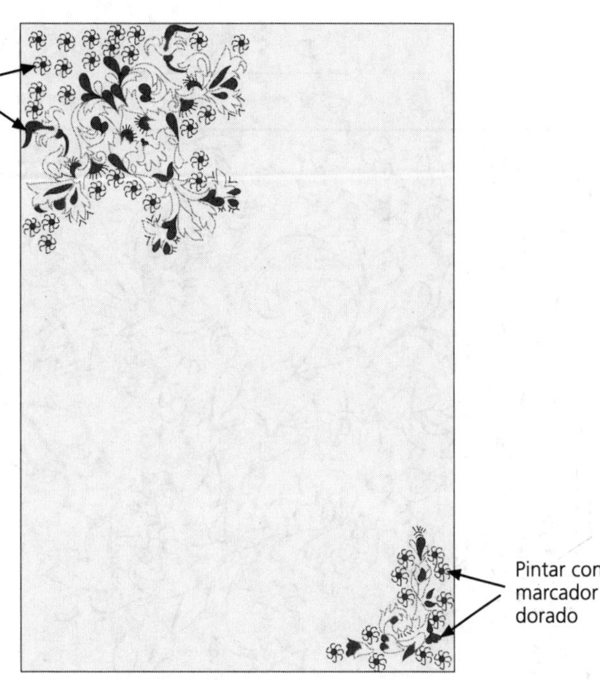

2 Pintar con dorado todo lo que indica el dibujo. Las líneas más finas realizarlas con el bolígrafo fino de gel o con pluma y tinta.

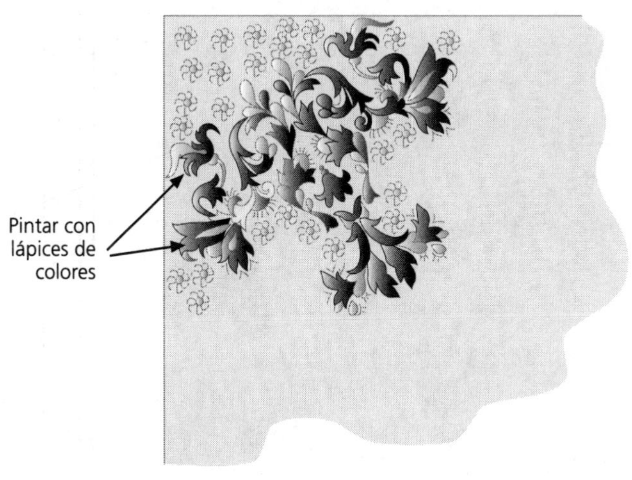

3 Pintar las hojas y las flores con lápices de colores, primero en forma plana y luego reforzando con sombras del mismo color.

4 Hacer el recuadro y las inscripciones de la tarjeta con marcador dorado o con pluma y tinta.

DISEÑO REDUCIDO AL 90%

Capítulo 3

Motivos infantiles

- Tarjeta con velita
- Tarjeta "El circo"
- Tarjeta con plano
- Tarjeta de vacaciones
- Tarjeta con fotos
- Tarjeta con caritas traviesas
- Tarjeta bolsillero para boletín
- Tarjeta plegada
- Tarjeta con siluetas

Tarjeta con velita

TÉCNICA
Collage
(véase página 20)

MATERIALES

- *Cartulina blanca*
- *Papeles de colores*
- *Blonda de papel*
- *Lápiz*
- *Regla*
- *Pegamento en barra*
- *Cúter*
- *Tijera*
- *Tijera de formas*
- *Punzón*
- *Troqueladores*
- *Papel carbónico*

1 Cortar en cartulina blanca un rectángulo de 32 por 17 cm. Marcar la mitad con regla y punzón.

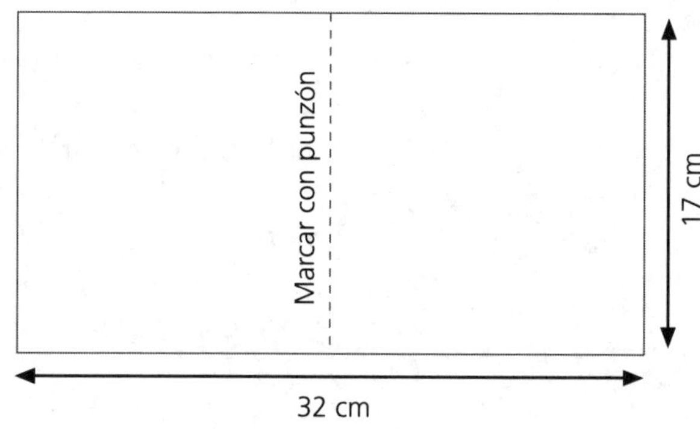

---

2 En la tapa de la tarjeta transferir con papel carbónico el Diseño tamaño natural de la torta (véase página 94) y recortar el contorno de la misma. Siguiendo el Diseño tamaño natural cortar en papel de colores los diferentes motivos para decorar la torta y pegarlos con pegamento en barra.

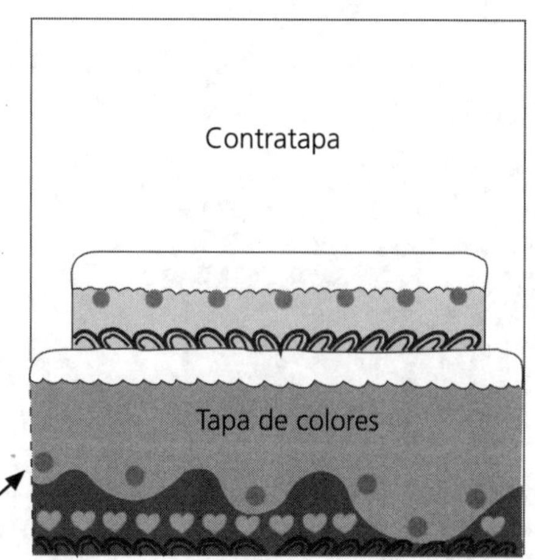

3 En la contratapa de la tarjeta marcar los contornos de la torta, las letras y la vela. Transferir el Diseño tamaño natural de las letras y la vela sobre papel verde, cortarlas y aplicarlas con pegamento en barra por encima de la torta y sobre la cartulina blanca. Recortar por el borde para desprender el resto de cartulina blanca.

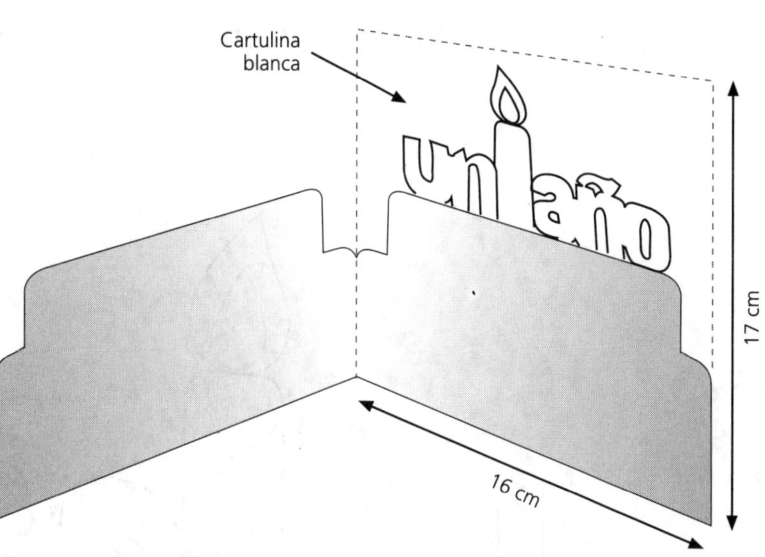

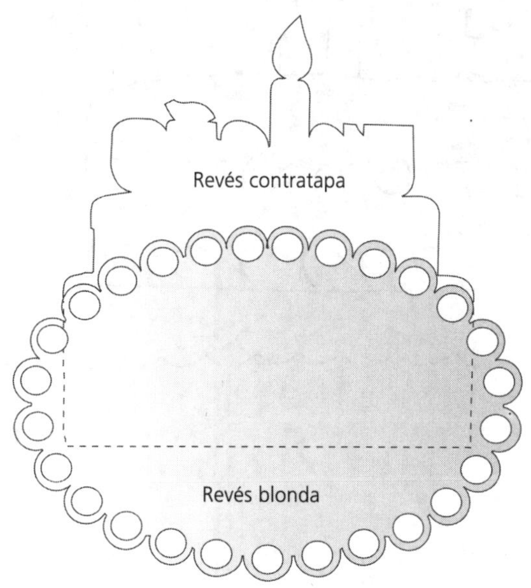

4 Colocar en la parte inferior trasera de la tarjeta una blonda de papel (blanca o dorada), utilizando pegamento en barra.

MODELO TERMINADO

DISEÑO REDUCIDO AL 90%

Tarjeta "El circo"

TÉCNICAS

Tarjetas con movimiento y Siluetas

(véanse páginas 19 y 20)

MATERIALES

- *Cartulina ilustración amarilla*
- *Papeles de diferentes colores*
- *Flecos de pasamanería*
- *Stickers (pequeñas estrellas metalizadas)*
- *Papel carbónico*
- *Punzón*
- *Troqueladores*
- *Cúter*
- *Tijera*
- *Tijera de formas*
- *Lápices de colores*
- *Pegamento en barra*

PIEZA EXTERIOR DE LA TARJETA

1 Cortar en cartulina ilustración amarilla un rectángulo de 30 por 21 cm. Marcar en ambas caras la línea de doblado con punzón y regla. Doblar, teniendo en cuenta que esta tarjeta se abre al revés que todas las apaisadas.

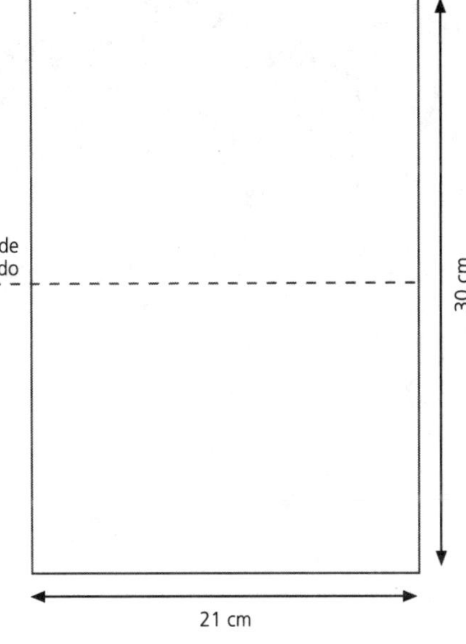

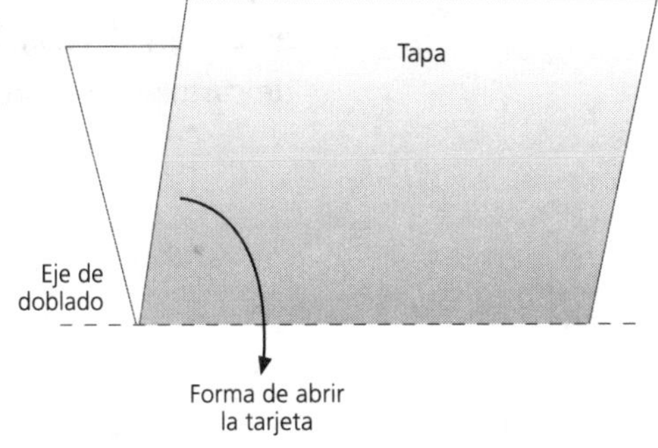

---

2 Con el rectángulo de cartulina doblado, transferir con punzón el Diseño tamaño natural de la carpa (véase página 98) sobre la tapa de la tarjeta. Recortar ese contorno en la tapa y la contratapa.

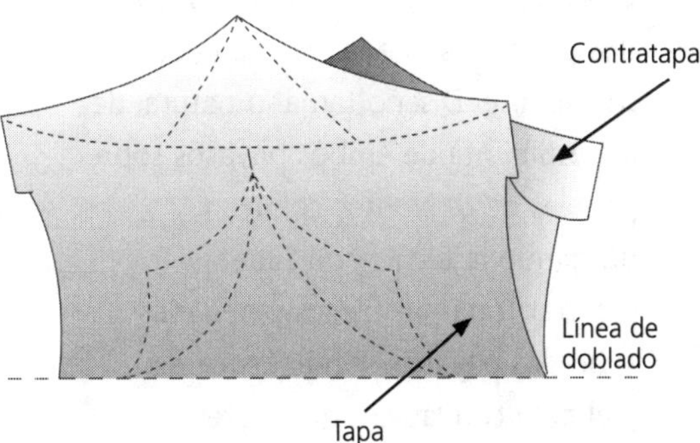

3 Siguiendo el Diseño tamaño natural recortar en los papeles de diferentes colores los triángulos del techo, las cortinas y el fondo de las mismas. Recortar dos globos de papel. Pegar todo con pegamento en barra. Aplicar con el mismo pegamento un trozo de pasamanería.

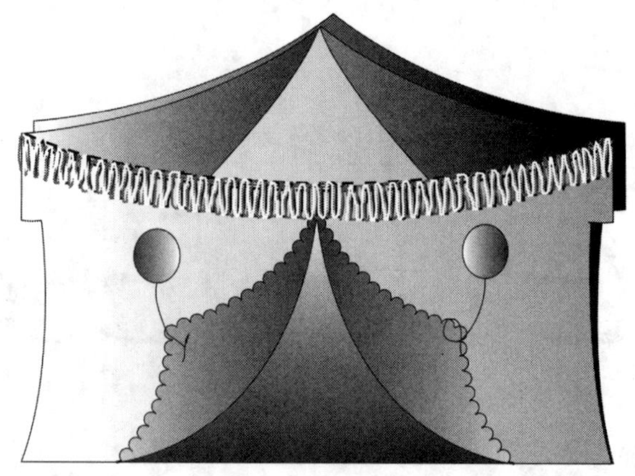

MODELO TERMINADO CERRADO

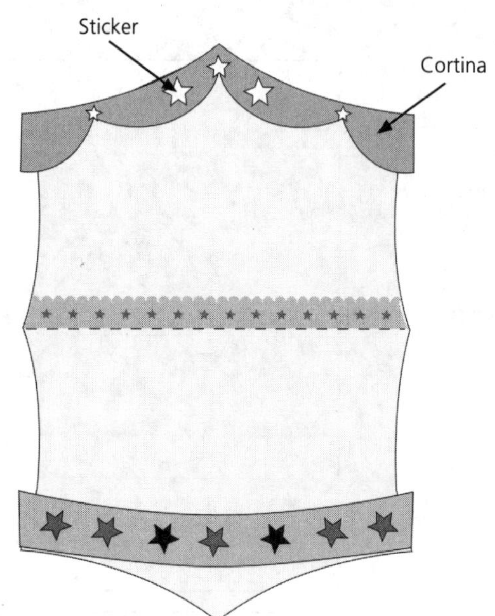

PIEZA INTERIOR DE LA TARJETA

4 Siguiendo el Diseño tamaño natural (véase página 99) recortar con tijera de formas en papeles de color el borde ondeado superior y las dos tiras que forman la pista. Adherirlas con pegamento en barra y decorarlas con pequeñas estrellas de cartulina o stickers.

5 Con papel carbónico, transferir el Diseño tamaño natural del torso, la cara y los sombreros de los dos payasos sobre la tarjeta. Luego transferir el Diseño tamaño natural de la vestimenta de ambos payasos sobre papeles de diferentes colores y, utilizando la técnica de Siluetas, recortar todas las piezas y pegarlas sobre los payasos. Pintar las caras y el pelo con lápices de colores.

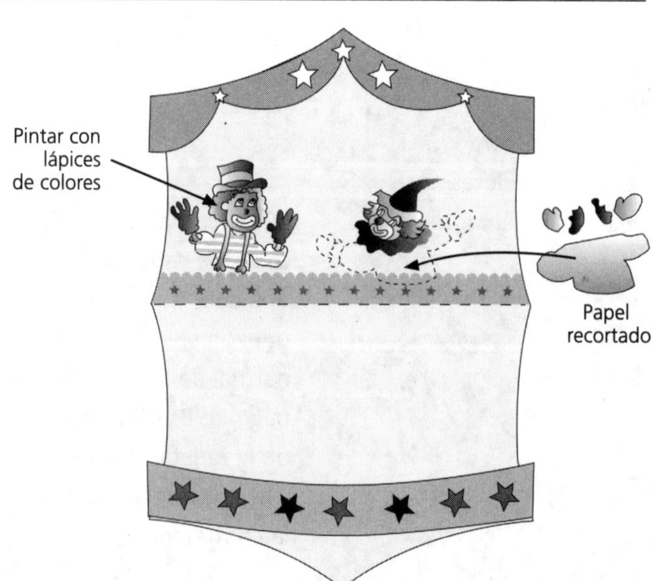

6 Para formar los acordeones que simulan la parte inferior del traje de los payasos cortar en papel fucsia una tira de 12 cm de largo por 3 cm de ancho y otra en papel turquesa de 14 cm de largo por 4 cm de ancho. Plegar ambas tiras en forma de acordeón cada 1cm.

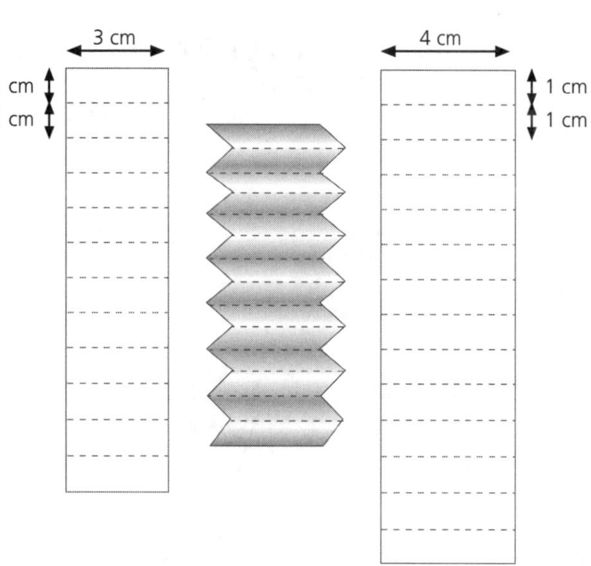

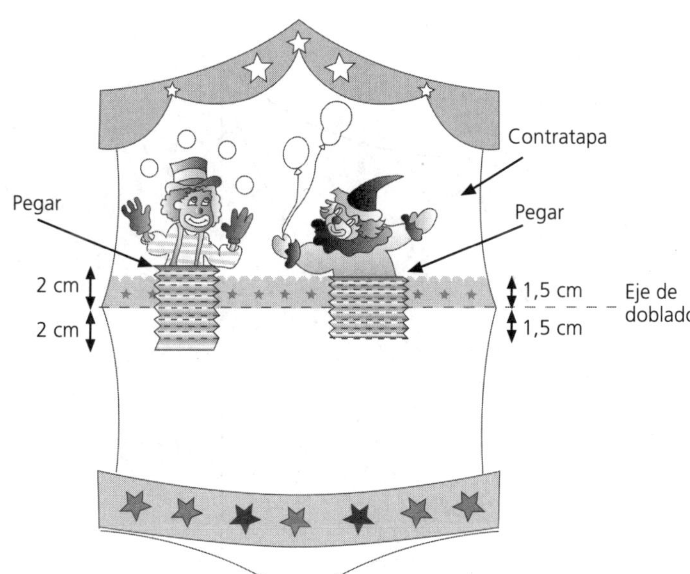

7 Pegar el acordeón fucsia debajo del torso del payaso de la izquierda, a 2 cm del eje de doblado. Pegar el acordeón turquesa debajo del torso del otro payaso, pero a 1,5 cm del eje de doblado.

8 Transferir los Diseños tamaño natural de las piernas y del cubo sobre papeles de diferentes colores y recortar. Pegar los pies a 2 cm del eje de doblado y el cubo a 1,5 cm. Luego, adherir con pegamento en barra el borde de los acordeones que habían quedado sueltos en el borde superior de las piernas y del cubo.
Verificar que cuando se abre y cierra la tarjeta los plegados hayan quedado bien colocados.
Decorar a gusto (en este caso se hicieron pelotas y globos de papel).

MODELO TERMINADO ABIERTO

DISEÑO TAMAÑO NATURAL

Pieza exterior de la tarjeta

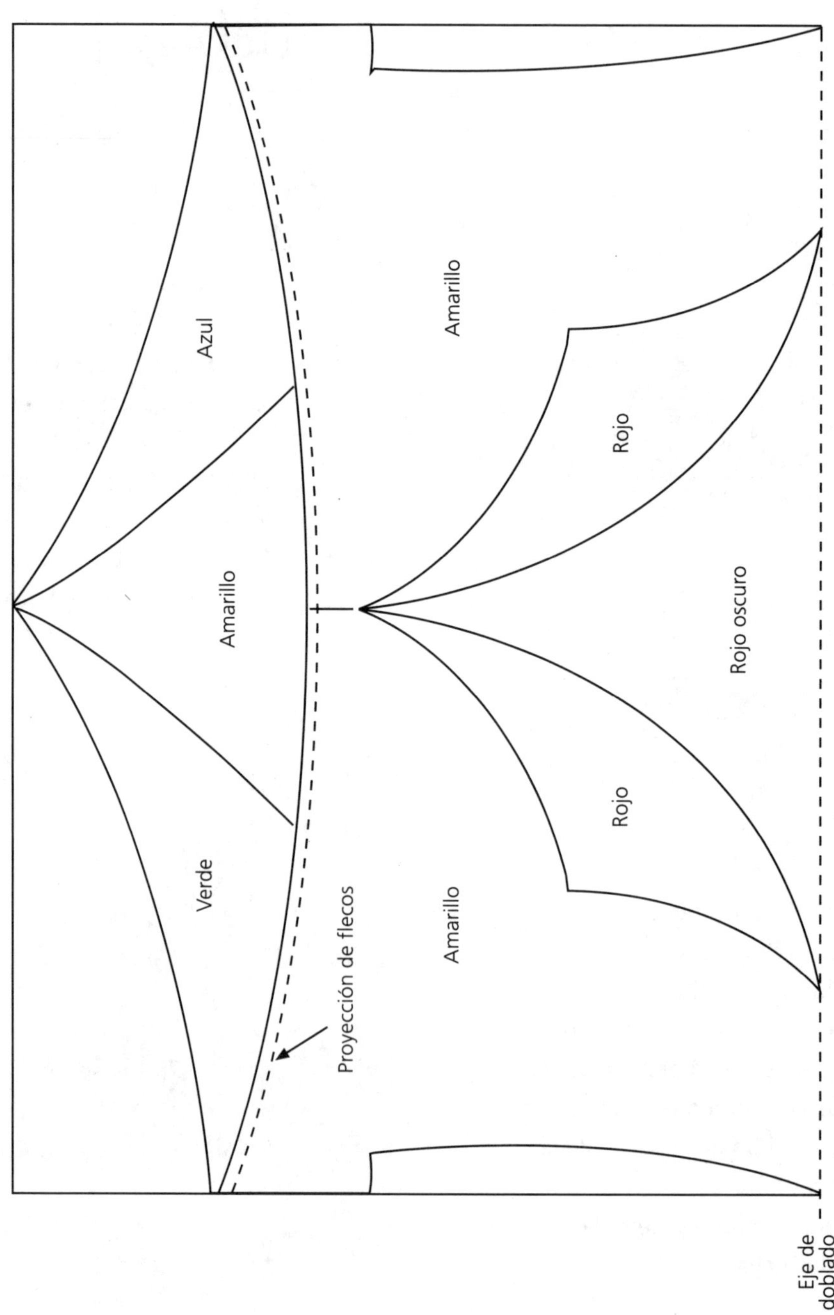

DISEÑO REDUCIDO AL 75%

Pieza interior de la tarjeta

Tarjeta con plano

TÉCNICAS

Tarjetas con movimiento y Estampado con sellos de goma

(véanse páginas 19 y 16)

MATERIALES

- *Cartulina azul*
- *Cartulina ilustración celeste*
- *Papeles de colores*
- *Fotocopia del plano (de la medida indicada en la explicación)*
- *Cúter*
- *Tijera*
- *Tijera de formas*
- *Punzón*
- *Sello de goma con la silueta de un micro*
- *Marcadores al agua de colores*
- *Pegamento en barra*

1 Cortar un rectángulo de 24 por 17,5 cm en cartulina ilustración celeste. Marcar con un punzón el doblez central en ambos lados. Siguiendo el Diseño tamaño natural (véase página 102) recortar las siluetas de los edificios y la calle. Pegarlos con pegamento en barra sobre la tapa de la tarjeta.

---

2 Pintar con el marcador azul el sello de goma con la silueta del micro y sellar sobre un trozo de cartulina blanca. Pintar los detalles con marcadores, recortar y ubicar sobre la tapa.

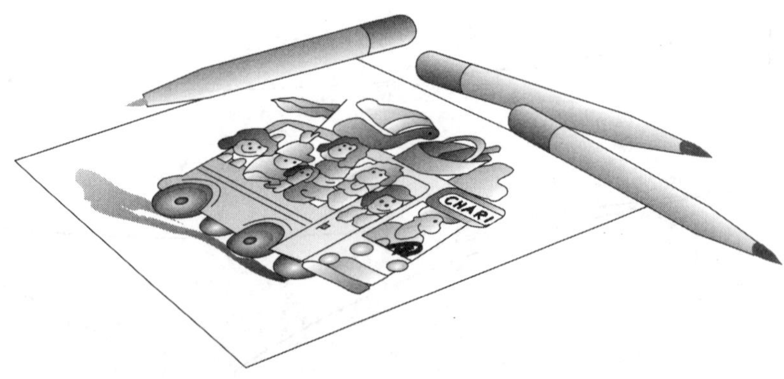

3 Sobre un papel de color, hacer una fotocopia de 21 por 21 cm del plano donde se realizará la fiesta. Plegar la fotocopia de la siguiente manera:

a) Marcar las diagonales.

b) Marcar la línea media vertical.

c) Colocar hacia adentro los triángulos laterales a la línea vertical.

d) Plegar las cuatro esquinas (las del frente y las de atrás, de a una por vez, hacia el centro, haciendo coincidir la base de cada triángulo pequeño con la base del triángulo grande.

e) Plegar los triángulos hacia adentro para formar una especie de casita.

f) Detalle de las líneas de plegado

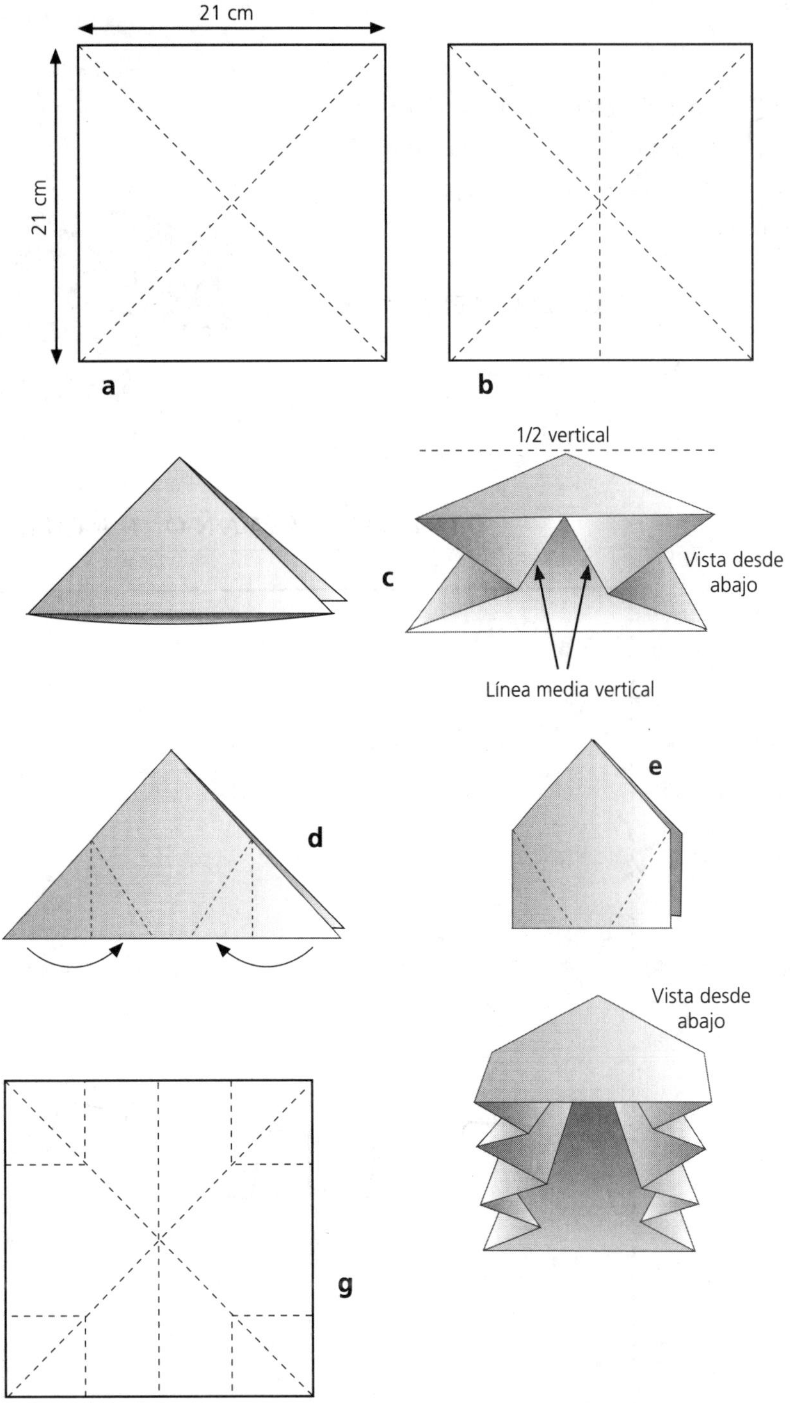

21 cm

21 cm

a

b

1/2 vertical

c

Vista desde abajo

Línea media vertical

d

e

Vista desde abajo

g

---

4 Cortar con tijera de formas un rectángulo de cartulina azul apenas más chico que la tarjeta. Colocar el pegamento en barra sobre las dos caras del plano plegado que tienen forma de casita y pegarlas sobre las caras interiores del rectángulo de cartulina azul, apoyando el vértice del plegado en el doblez central.

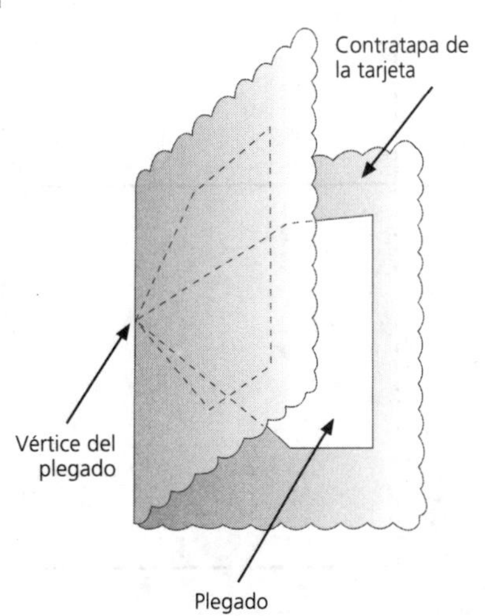

5 Pegar el rectángulo de cartulina azul con el plano pegado en la parte interior de la tapa y la contratapa de la tarjeta.

MODELO TERMINADO

DISEÑO TAMAÑO NATURAL

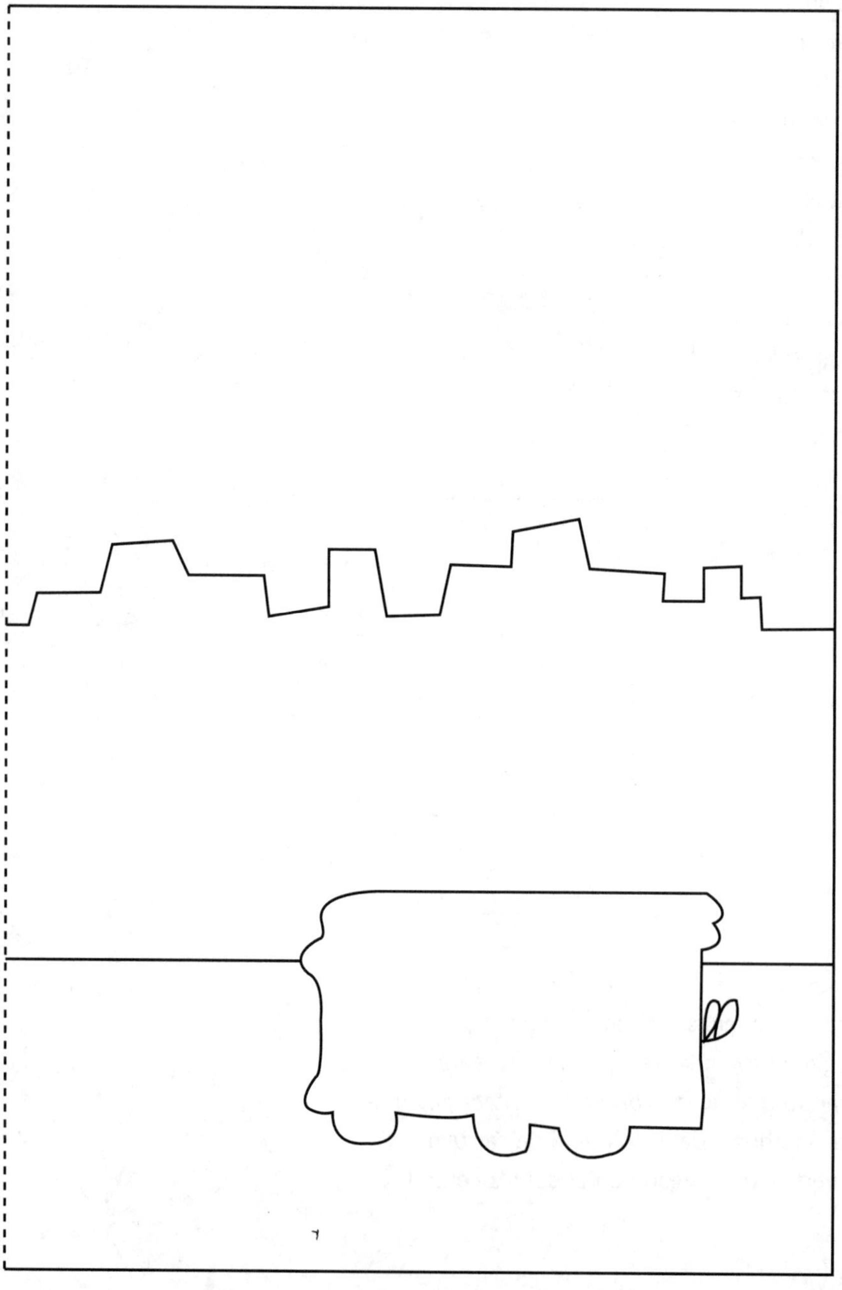

PLANO REDUCIDO AL 90%

Modelo tipo (reemplazar por el plano que corresponde)

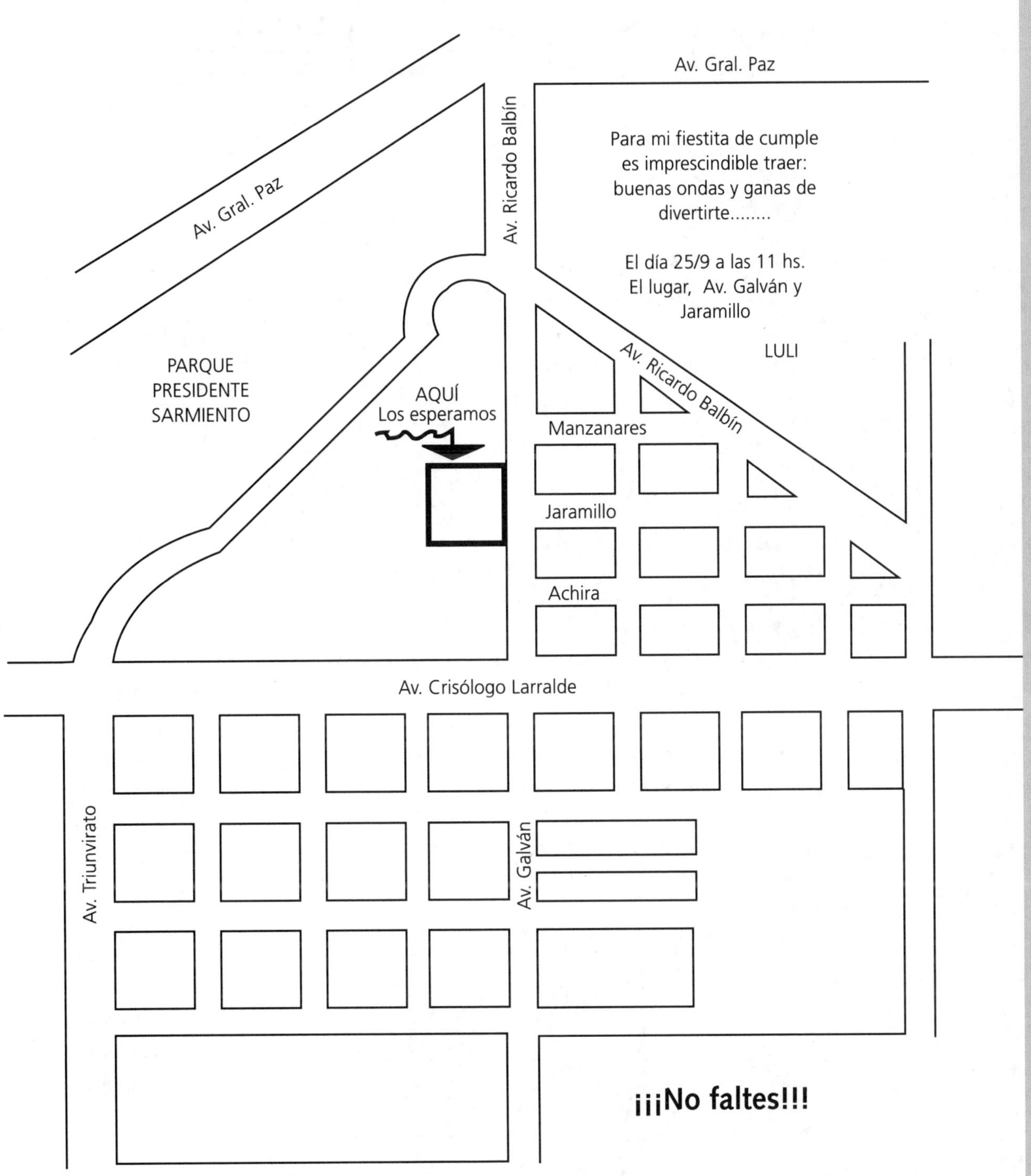

Tarjeta de vacaciones

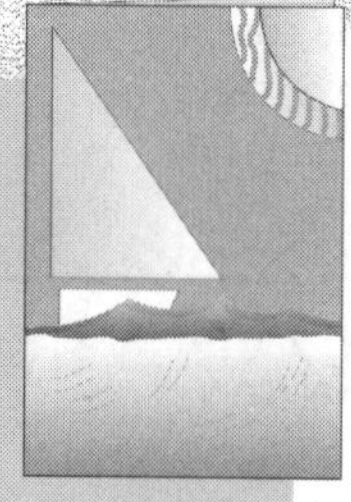

TÉCNICA
Collage
(véase página 20)

MATERIALES
- *Cartulina celeste*
- *Papel reciclado de distintos colores y texturas*
- *Trozos de cartulina ilustración de distintos colores*
- *Trozos de cartón microcorrugado*
- *Trozos de papel de calco*
- *Tijera*
- *Punzón*
- *Pegamento en barra*
- *Pistola encoladora*

1 Cortar un rectángulo de 25 por 18 cm en cartulina celeste. Marcar el medio con un punzón para poder doblar la tarjeta.

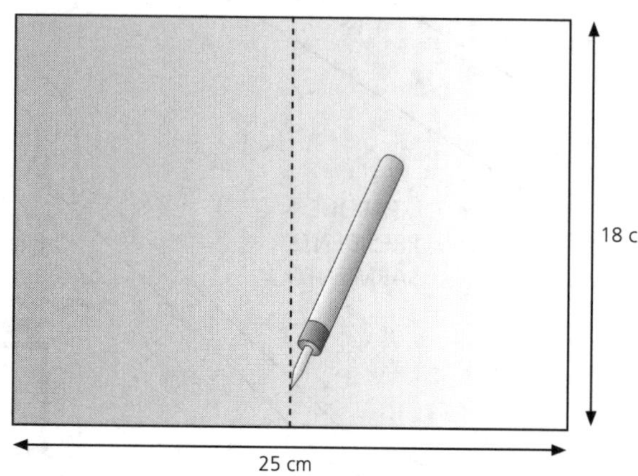

2 Calcar los motivos que figuran en el Diseño tamaño natural (véase página 105), transferirlos sobre los distintos papeles y recortarlos. Pegarlos sobre la tapa de la tarjeta con pegamento en barra.

MODELO TERMINADO

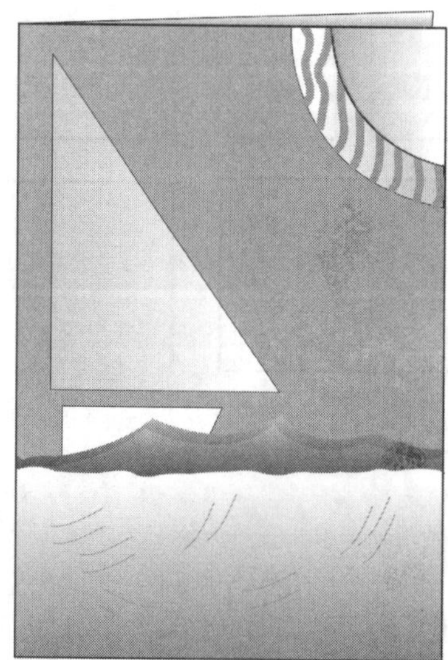

NOTAS
- *Sobre la tapa de la tarjeta se pueden pegar algunos caracoles con pistola encoladora.*
- *Los papeles reciclados hay que cortarlos con la mano, para asegurarse un efecto más artesanal.*

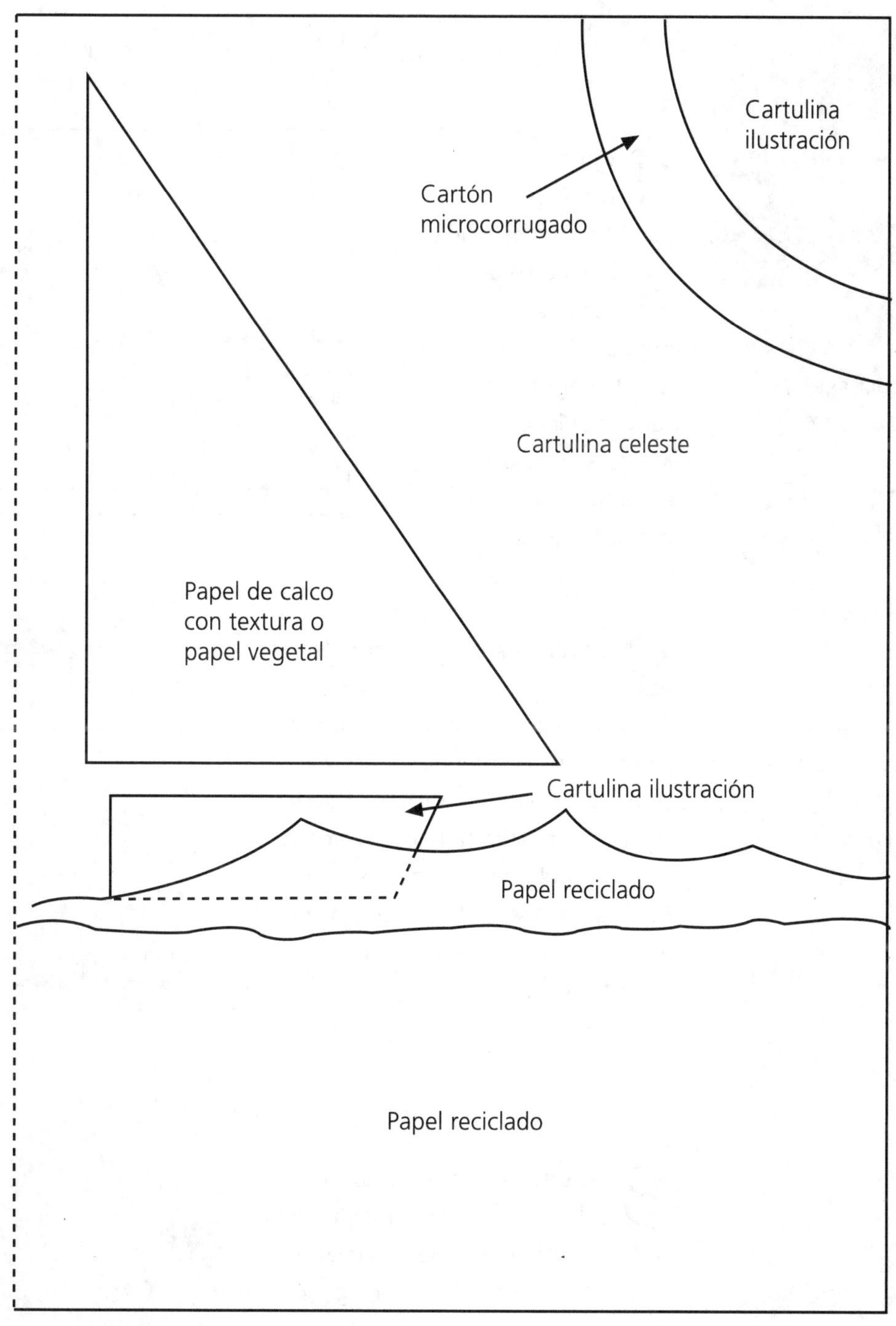
Cartulina
ilustración
Cartón
microcorrugado
Cartulina celeste
Papel de calco
con textura o
papel vegetal
Cartulina ilustración
Papel reciclado
Papel reciclado

Tarjeta con fotos

TÉCNICAS
Collage y Découpage
(véanse páginas 20 y 12)

MATERIALES
- *Cartulina rayada o estampada*
- *Cartulina celeste y marrón*
- *Recortes de revistas con imagen de pasto*
- *Fotos o fotocopias color*
- *Stickers pequeños*
- *Pegamento en barra*
- *Tijera*
- *Punzón*

1 Cortar un rectángulo de 29 por 22 cm en cartulina rayada. En caso de no poder conseguir cartulina rayada, utilizar un papel rayado pegado sobre una cartulina blanca. Marcar el medio con un punzón para poder doblar la tarjeta.

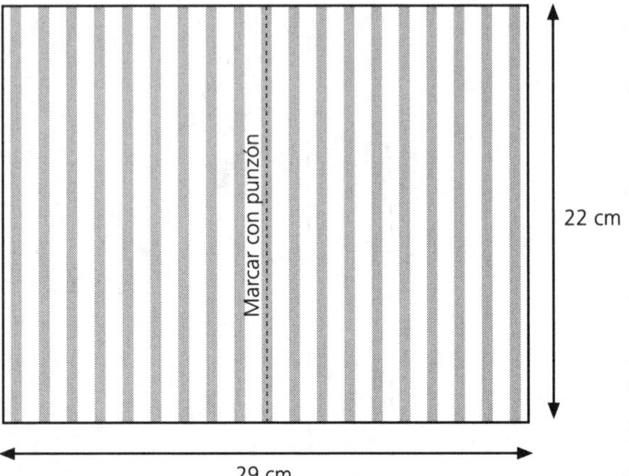

2 Calcar las gotas, el chorro de agua, la manguera y el pasto (véase Diseño tamaño natural en página 107). Transferir las gotas y el chorro de agua sobre cartulina celeste, la manguera sobre cartulina marrón y el pasto sobre un recorte de revista. Recortarlos y pegarlos con pegamento en barra sobre la tapa de la tarjeta de cartulina rayada.

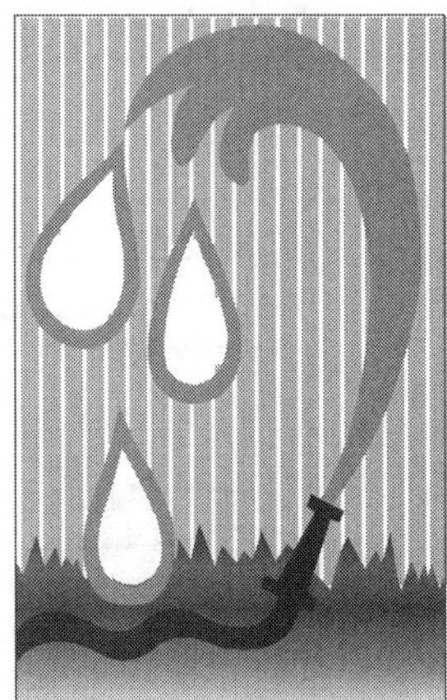

3 Recortar las fotos o fotocopias color de un tamaño menor que el de las gotas y pegarlas encima de éstas. Para decorar la tarjeta, agregar stickers a gusto.

MODELO TERMINADO

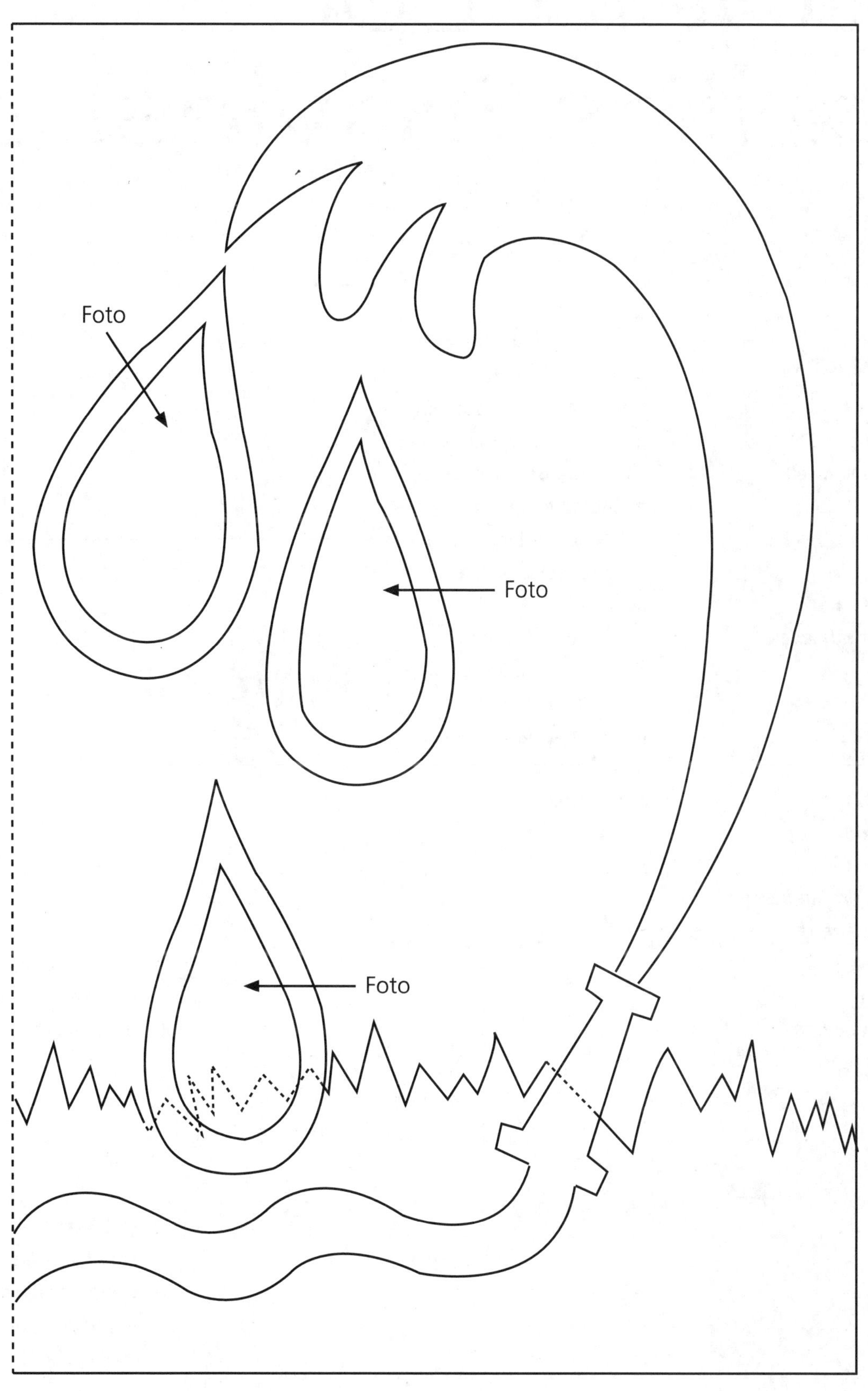
Foto
Foto
Foto

Tarjeta con caritas traviesas

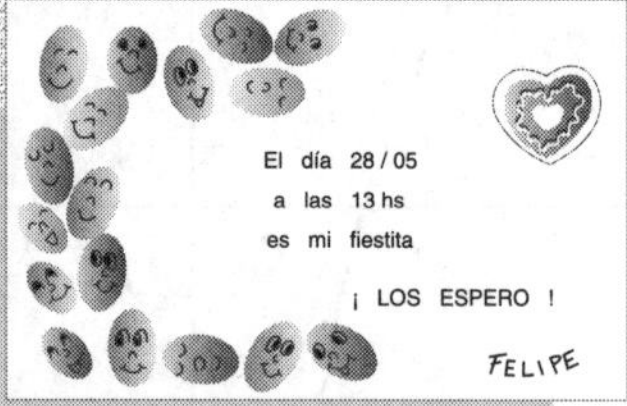

TÉCNICA
Estampado con sellos de goma
(véase página 16)

MATERIALES
- *Cartulina satinada blanca*
- *Sello de goma con forma de estampilla*
- *Sticker con forma de corazón*
- *Tinta para sellos o marcadores indelebles azul, verde, rosa y amarillo*
- *Marcador microfibra negro*
- *Tijera o cúter*

1 Cortar un rectángulo de 16 por 10 cm en cartulina blanca. Mojar el sello con forma de estampilla en la tinta para sellos azul o pintarlo con marcador indeleble y estamparlo en la parte superior derecha de la tarjeta. Pegar encima el sticker con forma de corazón. El sello se puede reemplazar por una estampilla verdadera o por una confeccionada por los chicos.

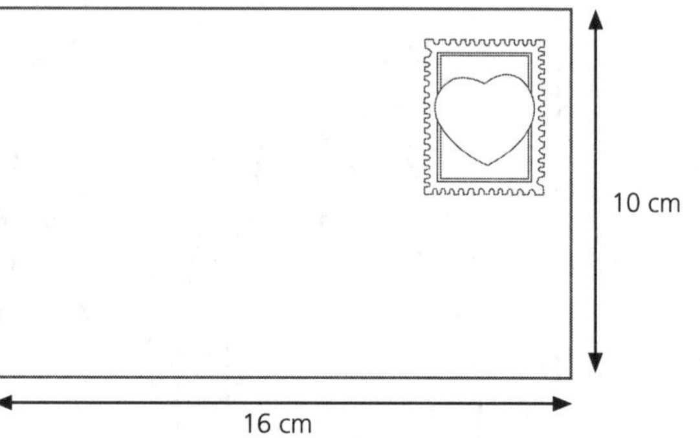

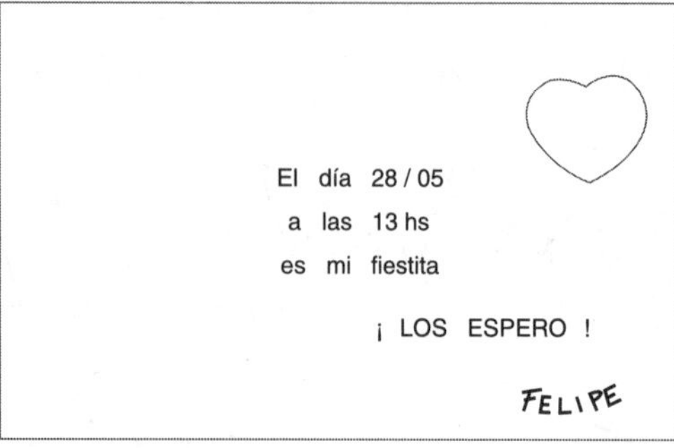

2 Sellar o escribir el mensaje en la parte central de la tarjeta.

NOTA
Para hacer las caritas también se pueden utilizar acrílicos o témperas.

3 Para hacer las caritas traviesas, entintar los dedos de un chico con tinta para sellos o marcadores indelebles de diferentes colores y apoyarlos sobre la tarjeta en distintas posiciones. Realizar las caritas con el marcador microfibra negro.

MODELO TERMINADO

El día 28 / 05
a las 13 hs
es mi fiestita

¡ LOS ESPERO !

FELIPE

DISEÑO TAMAÑO NATURAL

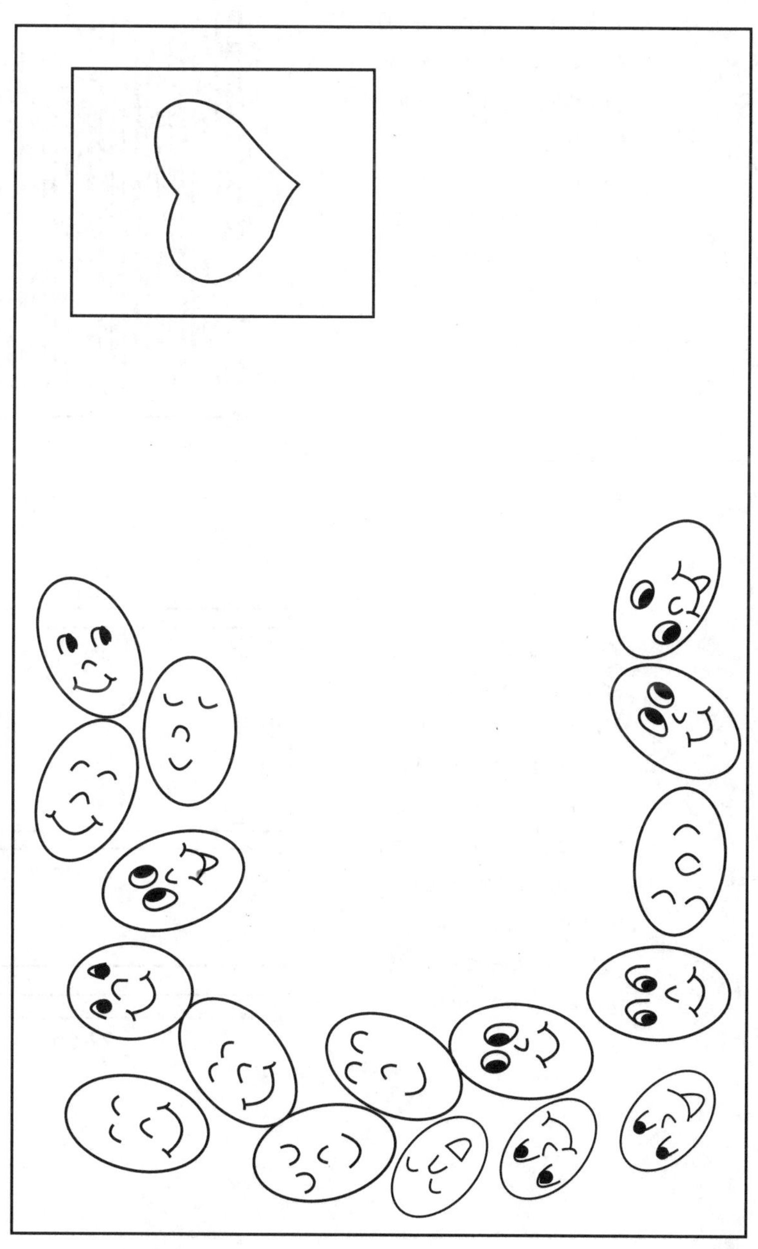

Tarjeta bolsillero para boletín

TÉCNICA

Esténcil o plantilla

(véase página 15)

MATERIALES

- *Cartón microcorrugado*
- *Cartulina blanca*
- *Esténciles a gusto (en este trabajo se usaron mariposas y guardas)*
- *Marcadores al agua de distintos colores*
- *Esponjas sintéticas comunes*
- *Pegamento universal o cinta doble faz*
- *Punzón*
- *Cúter*
- *Tijera*

1 Cortar con cúter un rectángulo de 30 por 21 cm en el cartón microcorrugado, teniendo en cuenta que las canaletas del cartón deben estar ubicadas en sentido vertical.

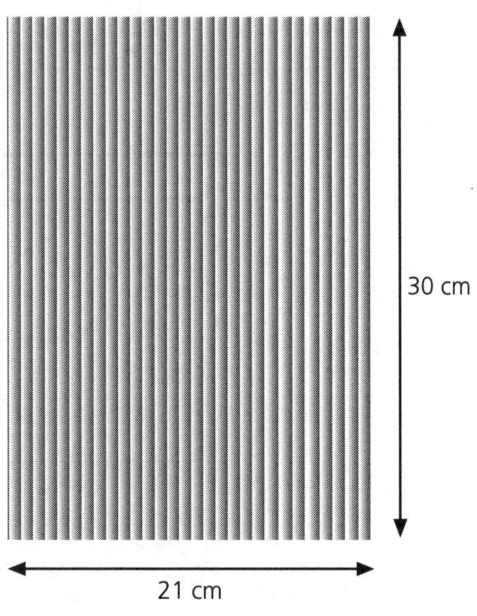

2 Cortar con cúter un rectángulo de 26 por 14,5 cm en cartulina blanca. Marcar las aletas siguiendo las medidas del dibujo, para facilitar el doblado. Cortar una tira de cartulina blanca de 26 por 2 cm de ancho.

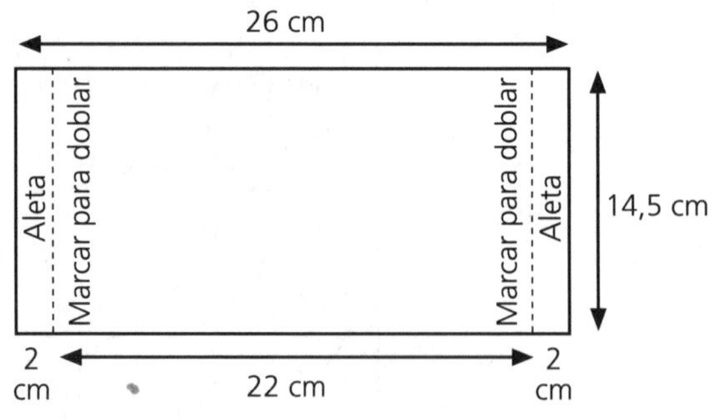

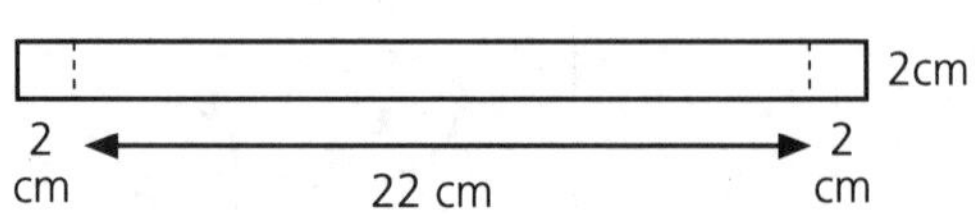

3 Apoyar la plantilla seleccionada sobre el rectángulo de cartulina blanca. Cortar pequeños trozos de esponja (uno para cada color) como se indica en el dibujo, pintar con marcador la punta y poncear sobre la plantilla. Matizar los diseños con distintos tonos de marcadores y sobre la misma plantilla. De la misma forma hacer las guardas sobre el rectángulo de la tira de cartulina. Retirar las plantillas.

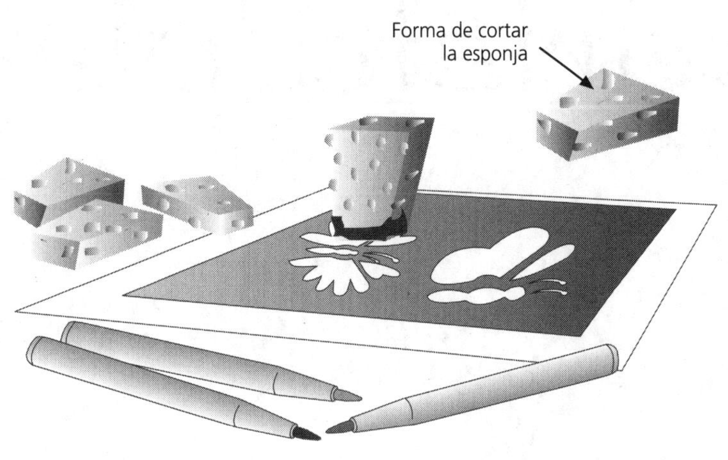

4 Para armar el bolsillero, pegar con cinta doble faz el rectángulo de cartulina pintado sobre el rectángulo de cartón microcorrugado; para ello, colocar la cinta doble faz sobre la cartulina, sacar el papel protector y adherirla al cartón. Proceder de la misma forma con las aletas, que se pegan con cinta doble faz en la parte posterior del rectángulo de cartón microcorrugado.

---

5 Pegar la tira de cartulina pintada en la parte superior del rectángulo de cartón, utilizando cinta doble faz.

MODELO TERMINADO

NOTA

Recomiendo hacer esta técnica, usando marcadores al agua, porque se adapta muy bien para trabajar con los chicos.

Tarjeta plegada

TÉCNICA

Tarjetas plegadas

(véase página 21)

MATERIALES

- *Cartulina roja*
- *Trozos de papeles de colores*
- *Cintas*
- *Marcador negro*
- *Pegamento en barra o vinílico*
- *Punzón*
- *Tijera*

1 Cortar una tira de 63 cm de largo por 10 cm de ancho en cartulina roja.
Con punzón y regla, marcar sobre la tira cinco sectores de 12,5 cm cada uno y plegarla tipo acordeón, teniendo en cuenta que los 5 mm de diferencia se pierden en el plegado.

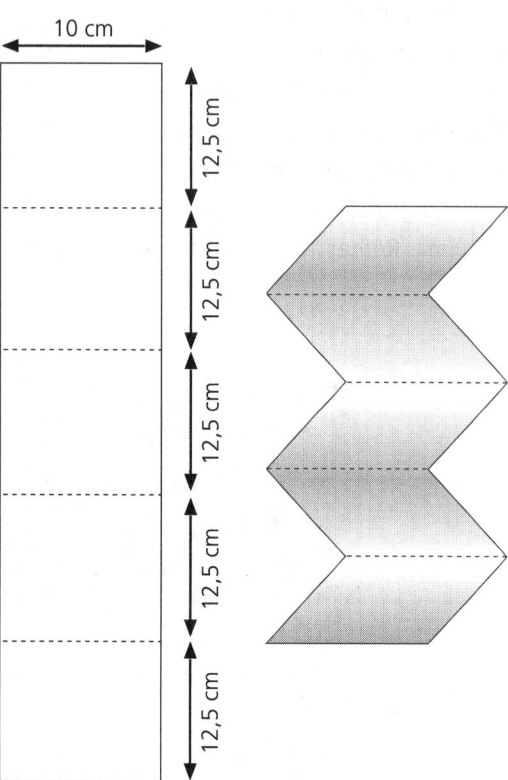

---

2 Con la tira plegada, transferir en el primer sector el Diseño tamaño natural de la bota (véase página 114) y recortar, respetando las zonas que no se deben cortar que están indicadas en el Diseño tamaño natural, para que las botas queden unidas entre sí.

3 Adornar cada bota a gusto, pegando trozos de papeles, cintas, etcétera. En cada bota, dejar un lugar libre para poder escribir las cartitas con marcador negro.

4 Realizar en la tapa un orificio y pasar por allí una cinta con un pequeño cartel de cartulina blanca y la inscripción "Papá Noel" escrita por los chicos con marcador negro.

MODELO TERMINADO ABIERTO

DISEÑO TAMAÑO NATURAL

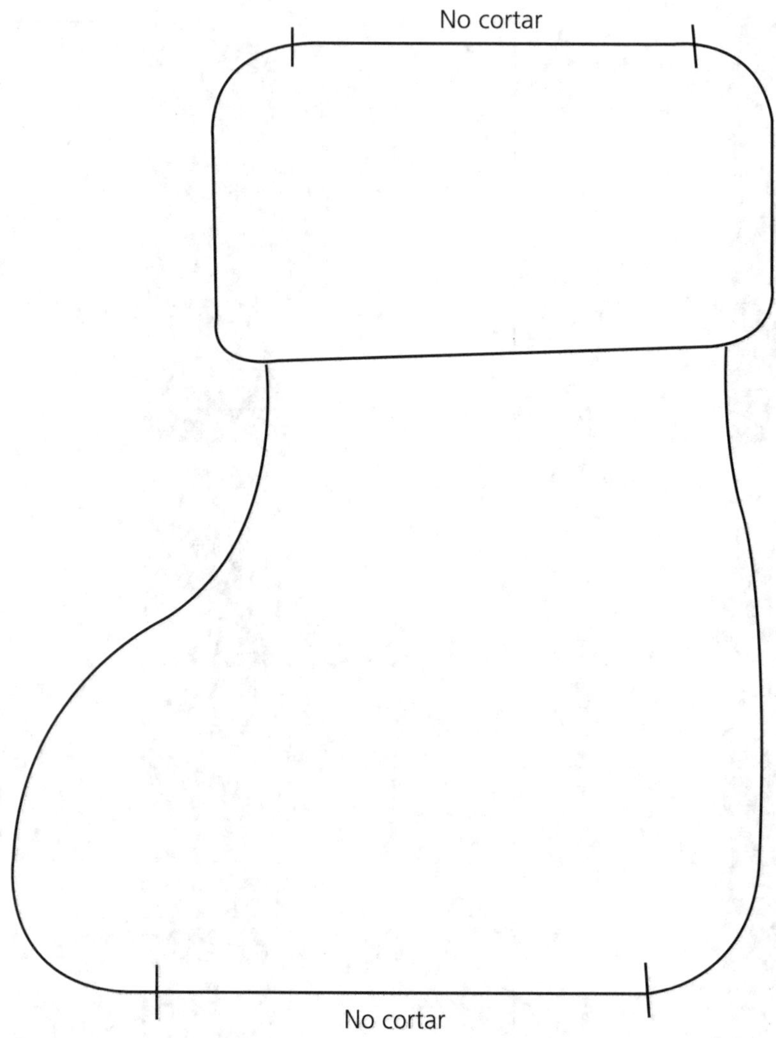

Tarjeta con siluetas

TÉCNICA

Siluetas

(véase página 20)

MATERIALES

- *Cartón microcorrugado azul fantasía (en este caso, con estrellas)*
- *Cartulina roja*
- *Cartulina o papel metalizado dorado*
- *Papel para el interior*
- *Tijera*
- *Cúter*
- *Punzón*
- *Pegamento universal o pistola encoladora*
- *Cordón dorado*

1 Cortar en cartón microcorrugado un rectángulo de 32 por 12 cm. Con un punzón, marcar una línea vertical a 14 cm del borde lateral izquierdo para doblar la tarjeta.

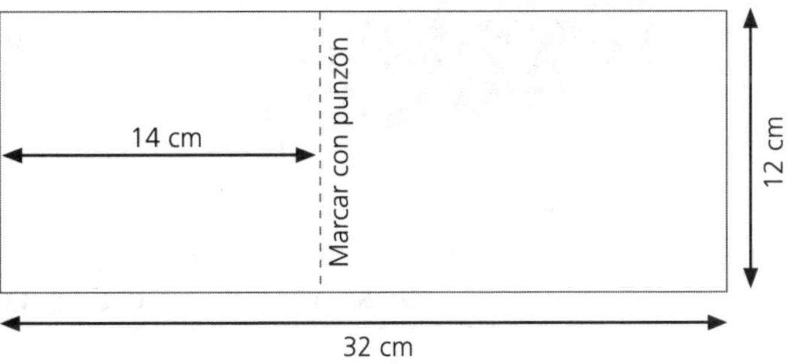

2 Calcar las siluetas de los tres Reyes Magos (véase Diseño tamaño natural en página 116) sobre la cartulina roja. Recortarlas con tijera. Pegarlas sobre la tapa de la tarjeta con pegamento universal o pistola encoladora, haciendo que la vestimenta de los Reyes sobresalga un poco del borde inferior.

3 Calcar la estrella (véase Diseño tamaño natural) sobre la cartulina dorada y pegarla con pegamento universal en el borde superior derecho de la tapa, haciéndola sobresalir un poco del borde.

4 Colocar el papel interior y sostenerlo con un cordón dorado.

MODELO TERMINADO

DISEÑO REDUCIDO AL 90%

Capítulo 4

Fiestas religiosas

- Tarjeta con velas
- Tarjeta con espigas
- Tarjeta tríptico
- Tarjeta conejo regalón

Tarjeta con velas

TÉCNICAS
Gofrado y
Calados en general
(véanse páginas 11 y 21)

MATERIALES
- *Cartulina amarilla y roja*
- *Cartulina o acetato para la plantilla*
- *Bolillo mediano*
- *Marcador de gel dorado*
- *Caja de luz*
- *Pegamento en barra*
- *Pegamento universal*
- *Cola vinílica*
- *Estrellitas doradas*
- *Givré*
- *Esmalte para uñas*
- *Cintas*
- *Papel blanco*
- *Tijera*
- *Tijera de formas*
- *Cúter*
- *Compás con cúter*
- *Punzón*

1 Hacer la plantilla con el Diseño tamaño natural (véase página 120). Cortar en cartulina color natural o amarilla un rectángulo de 14 por 13 cm.

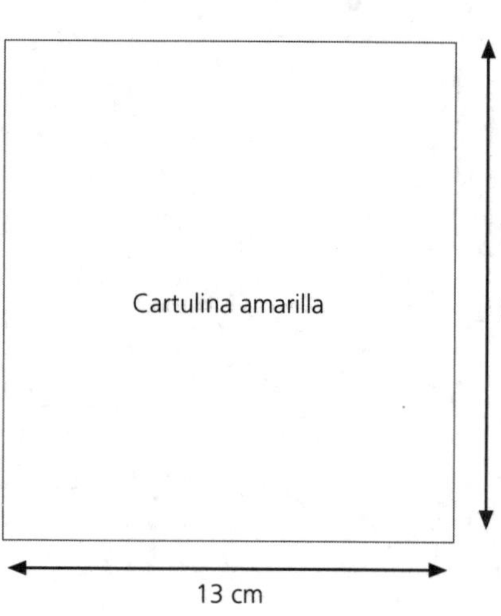

2 Apoyar sobre la caja de luz la plantilla y encima el rectángulo de cartulina amarilla que se va a gofrar. Realizar con el bolillo todo el trabajo de gofrado y calar con cúter la llama de las velas.

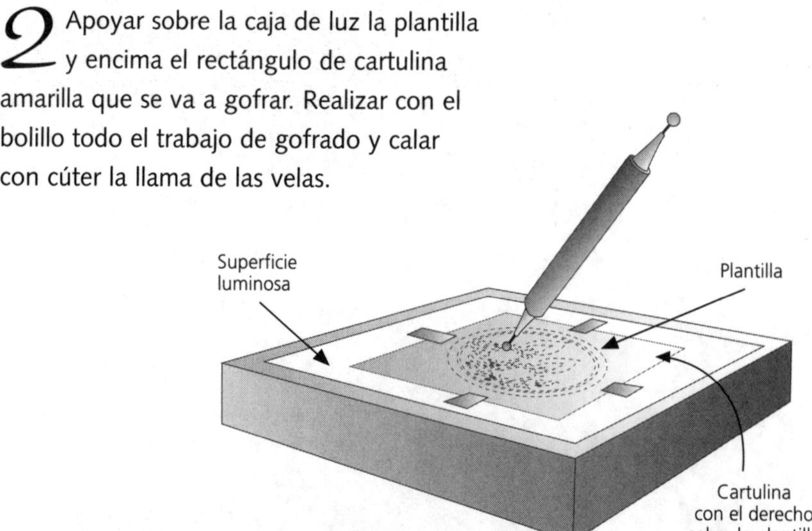

3 Cortar en cartulina roja un rectángulo de 30 por 19 cm. Marcar por la mitad la línea de doblez con el punzón. Trazar en el centro de la tapa de la tarjeta un círculo de 11,6 cm de diámetro (véase Molde tamaño natural en página 121) y recortarlo con tijera o con compás con cúter.

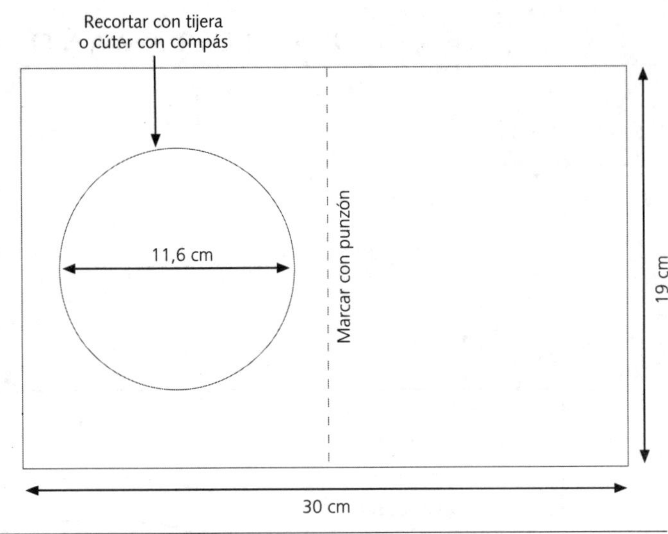

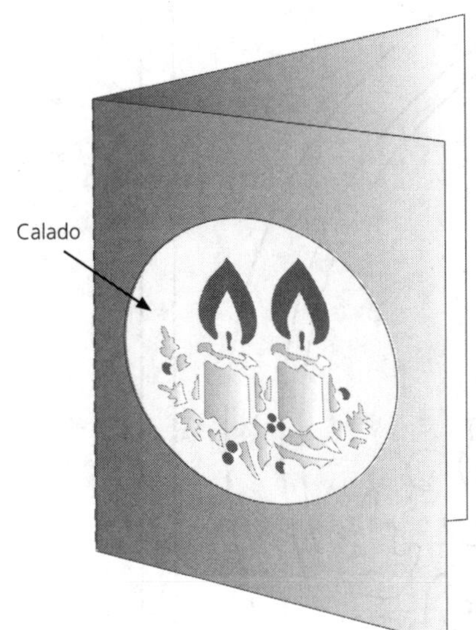

4 Adherir por el revés con pegamento en barra la cartulina amarilla ya gofrada y calada.

5 Recortar en cartulina roja un aro, a modo de marco, y aplicarlo sobre el círculo o bien dibujarlo directamente sobre la cartulina amarilla. Recortar el borde de la tarjeta con tijera de formas.

6 Realizar el recuadro de la tarjeta con marcador dorado en gel. Colocar con pegamento universal las estrellitas y el moño hecho con la cinta. Resaltar las llamas de las velas con givré dorado, que se adhiere con cola vinílica, o esmalte para uñas.

MODELO TERMINADO

DISEÑO TAMAÑO NATURAL

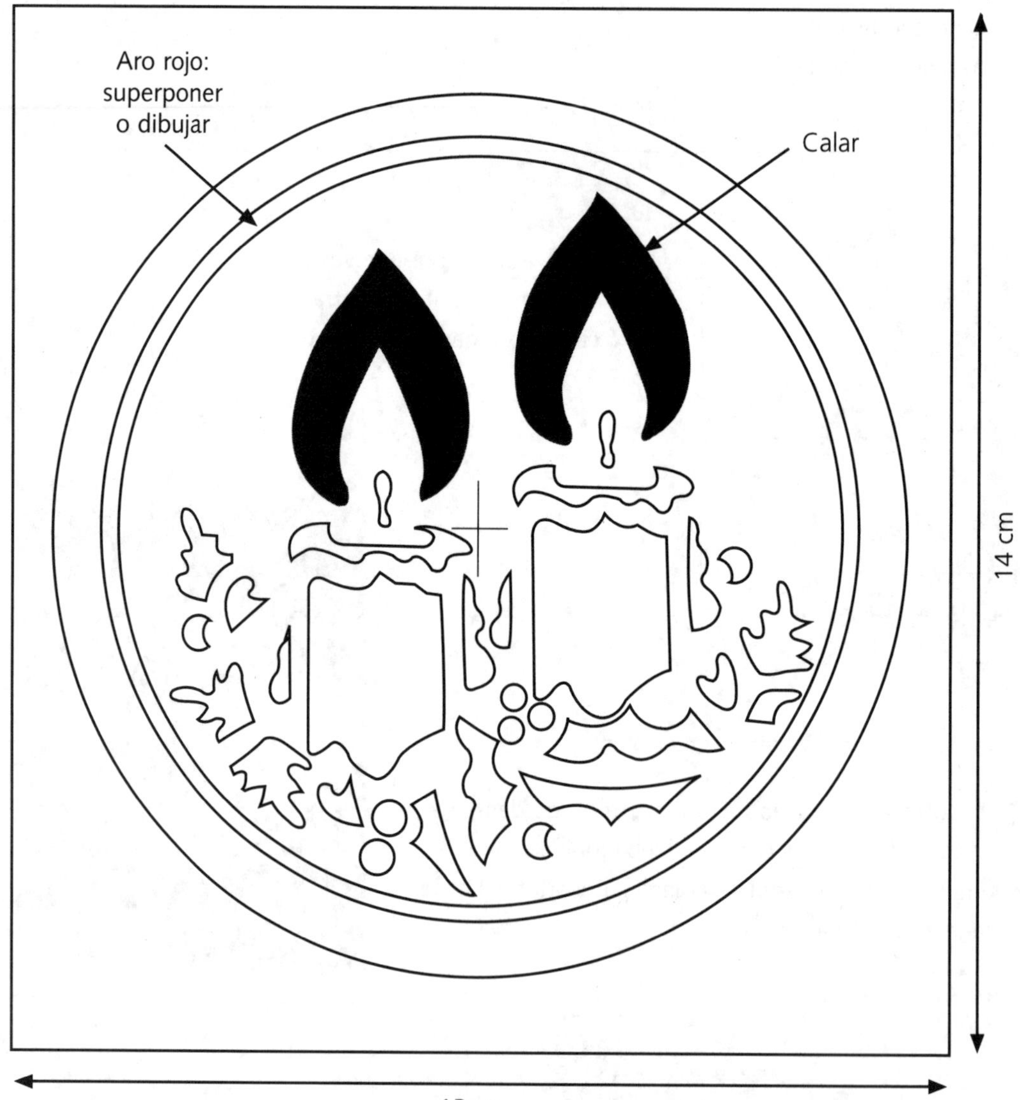

MOLDE TAMAÑO NATURAL

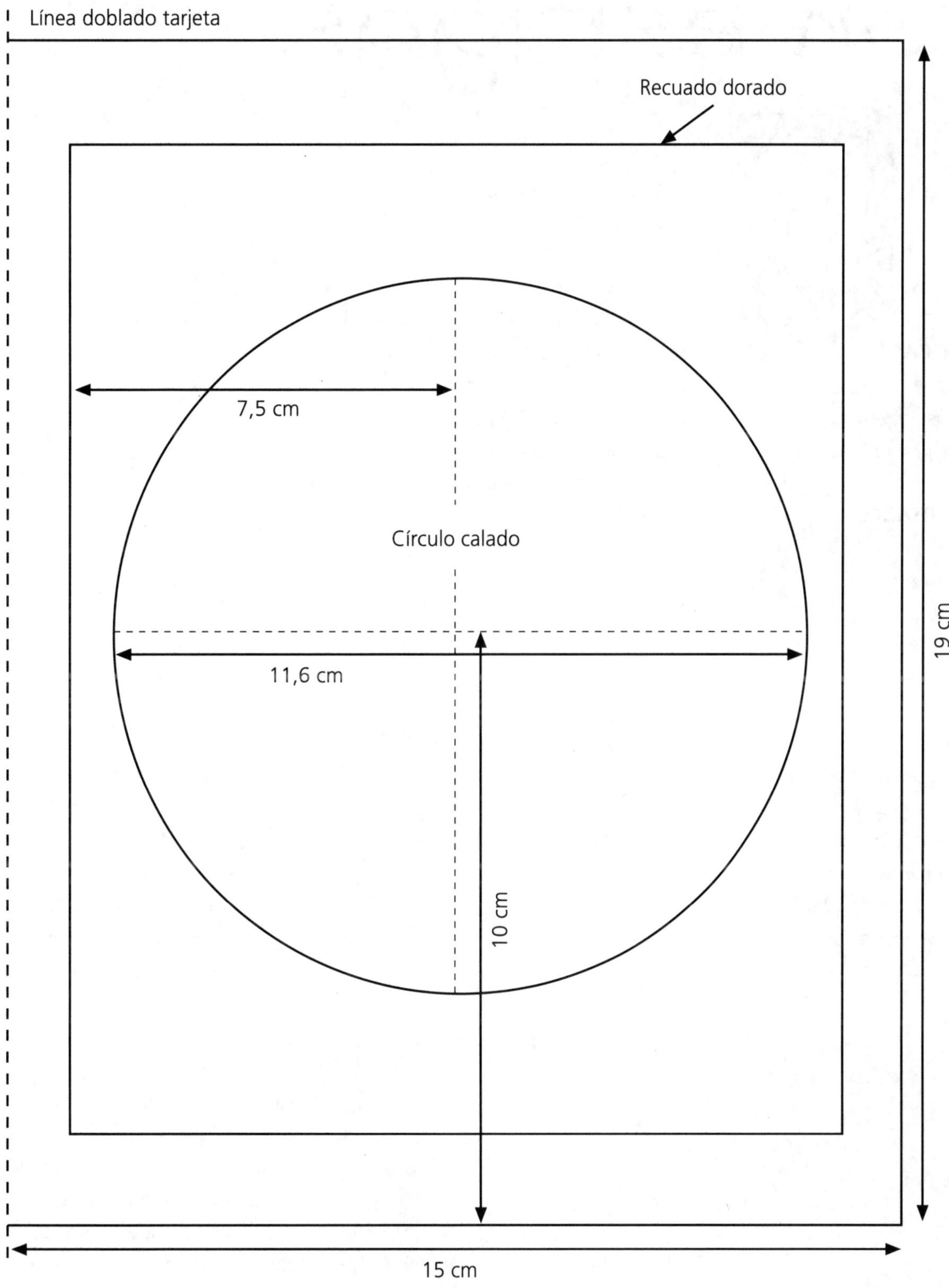

Tarjeta con espigas

TÉCNICAS

Collage y

Calados en general

(véanse páginas 20 y 21)

MATERIALES

- *Papel entelado color azul*
- *Papel blanco*
- *Cintas anchas de pasamanería caladas*
- *Cinta*
- *Flores secas azules*
- *Espigas naturales*
- *Cinta doble faz o pegamento universal*
- *Pegamento en barra*
- *Pistola encoladora*

1 Recortar en papel entelado un rectángulo de 30 por 19 cm. Marcar por la mitad la línea por donde se doblará la tarjeta. En el frente de ésta calar una ventana de 12,5 por 9 cm (esta medida varía según el ancho de la cinta que se haya elegido).

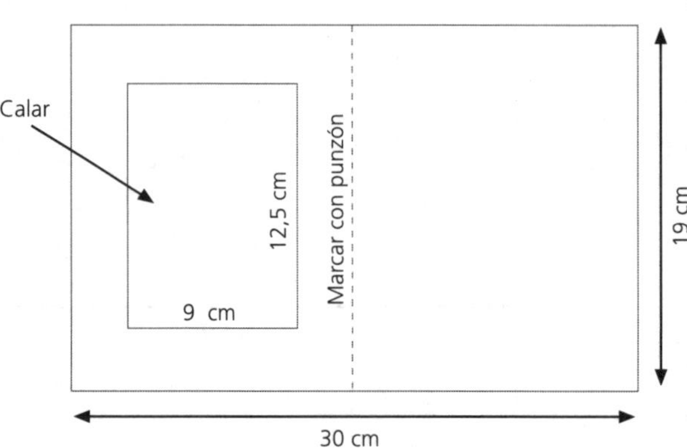

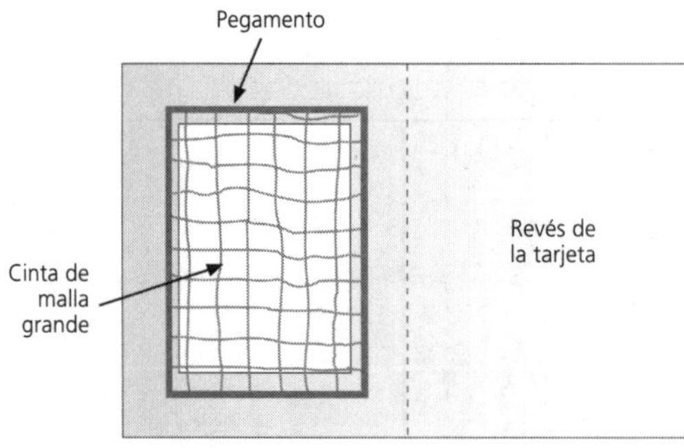

2 Colocar cinta doble faz o pegamento universal por el lado del revés de la ventana calada y pegar las cintas de pasamanería bien estiradas. En el caso de esta tarjeta se utilizaron de dos tipos: una de malla grande y otra de malla más fina, que se colocó encima de la primera.

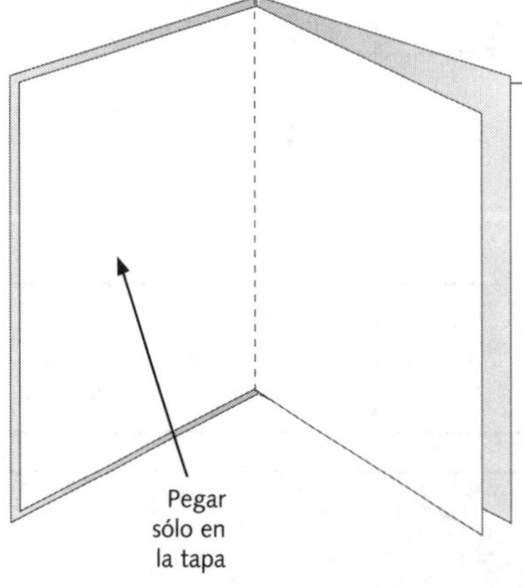

3 Cortar un rectángulo en papel blanco apenas más chico que la tarjeta y marcar el doblez. Adherirlo con pegamento en barra en el interior de la tarjeta, teniendo en cuenta que una de las caras del papel blanco se pega sobre la parte de atrás de la tapa y la otra cara debe quedar suelta.

4 Armar un ramo con dos o tres espigas naturales y flores secas de color azul atado con la cinta. Colocarlo en forma diagonal y fijarlo con pegamento universal o pistola encoladora en una de las esquinas de la ventana de la tapa.

MODELO TERMINADO

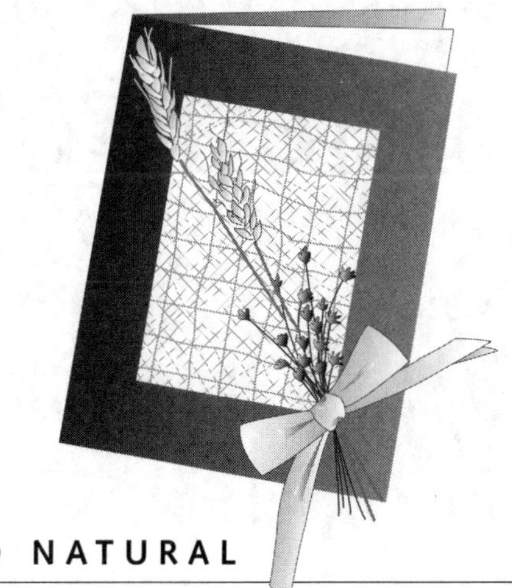

DISEÑO TAMAÑO NATURAL

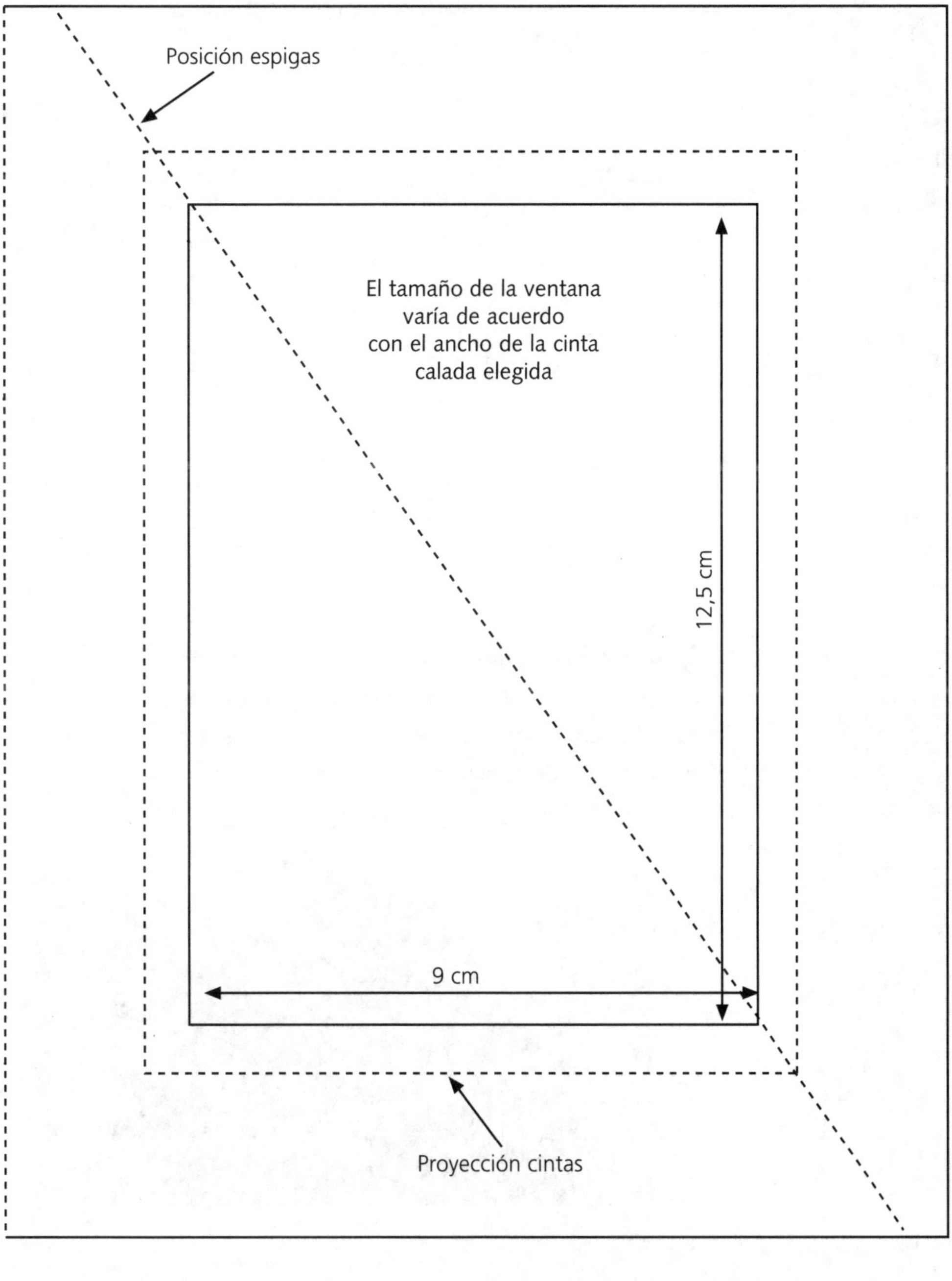

Posición espigas

El tamaño de la ventana varía de acuerdo con el ancho de la cinta calada elegida

12,5 cm

9 cm

Proyección cintas

Tarjeta tríptico

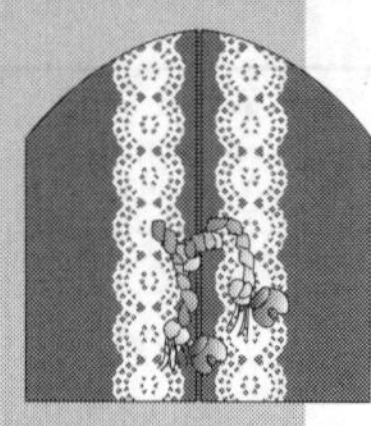

TÉCNICAS

Collage y

Calados en general

(véanse páginas 20 y 21)

MATERIALES

- *Papel entelado color azul*
- *Retazos de papel reciclado*
- *Puntilla de papel*
- *Cordón rústico*
- *Cascabeles*
- *Pétalos de flores secas*
- *Tijera*
- *Cúter*
- *Pegamento universal*
- *Pegamento en barra*
- *Punzón*
- *Regla*

1 Cortar en papel entelado un rectángulo de 33 por 18 cm. Marcar con punzón y regla, de ambos lados, las líneas de doblado, respetando las medidas que se indican en el dibujo.

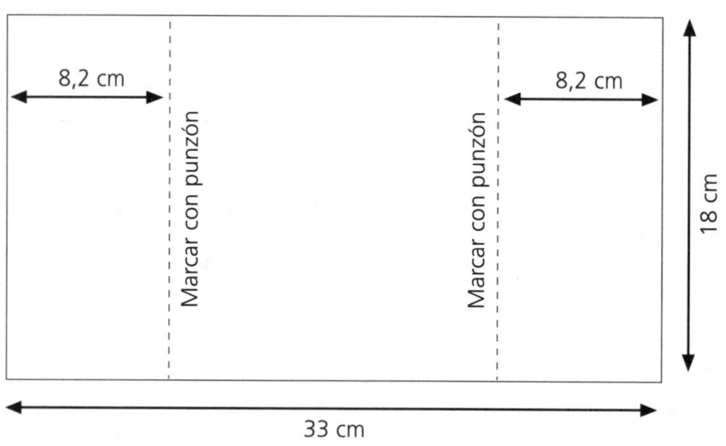

2 Recortar con cúter el tríptico, según el Diseño tamaño natural (véase página 126), y colocar las puntillas con pegamento en barra. Hacer los dos orificios por donde se pasará el cordón.

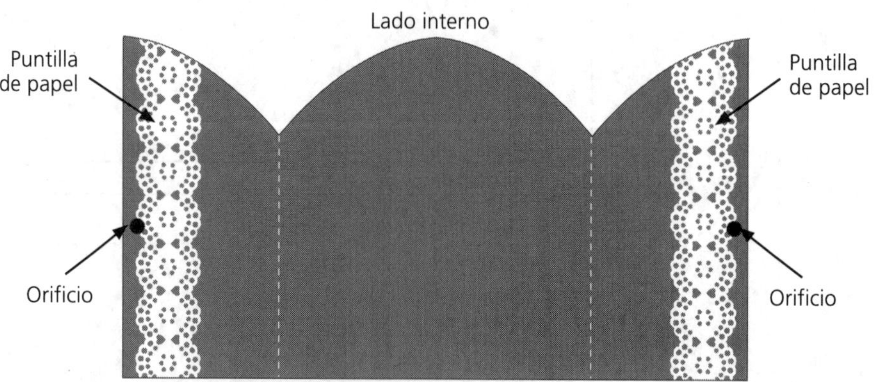

3 Recortar en diferentes papeles reciclados las figuras de los 3 reyes magos, según el Diseño tamaño natural. Calar con cúter las zonas en negro. Colocar con pegamento universal sobre el centro del tríptico. Pegar los pétalos de flores secas en forma de estrella.

MODELO TERMINADO ABIERTO

---

4 Forrar las dos caras del frente de la tarjeta (tríptico cerrado) con el mismo papel entelado azul, adhiriéndolo con pegamento en barra. Colocar la puntilla de papel con el mismo pegamento, siguiendo el Diseño tamaño natural. Pasar el cordón por los orificios ajustando con un nudo en el extremo y pegamento universal del lado del revés. En cada uno de los extremos libres del cordón que quedan al frente, sujetar un cascabel.

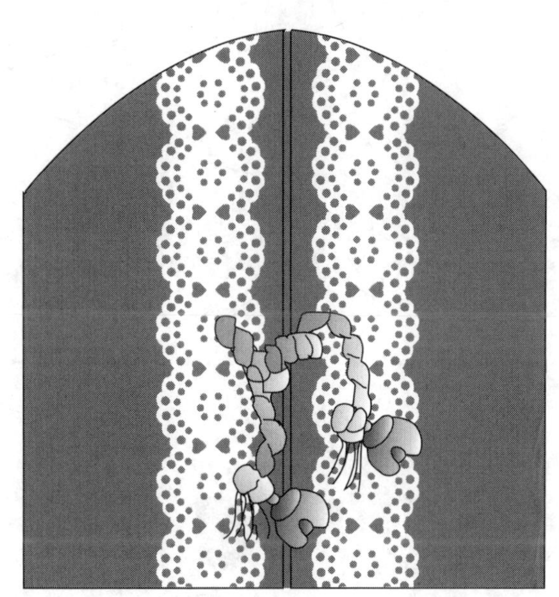

MODELO TERMINADO CERRADO

NOTAS

- *La ubicación de las puntillas del frente coinciden con las interiores.*
- *El cordón se puede reemplazar por una cinta.*

DISEÑO REDUCIDO AL 70%

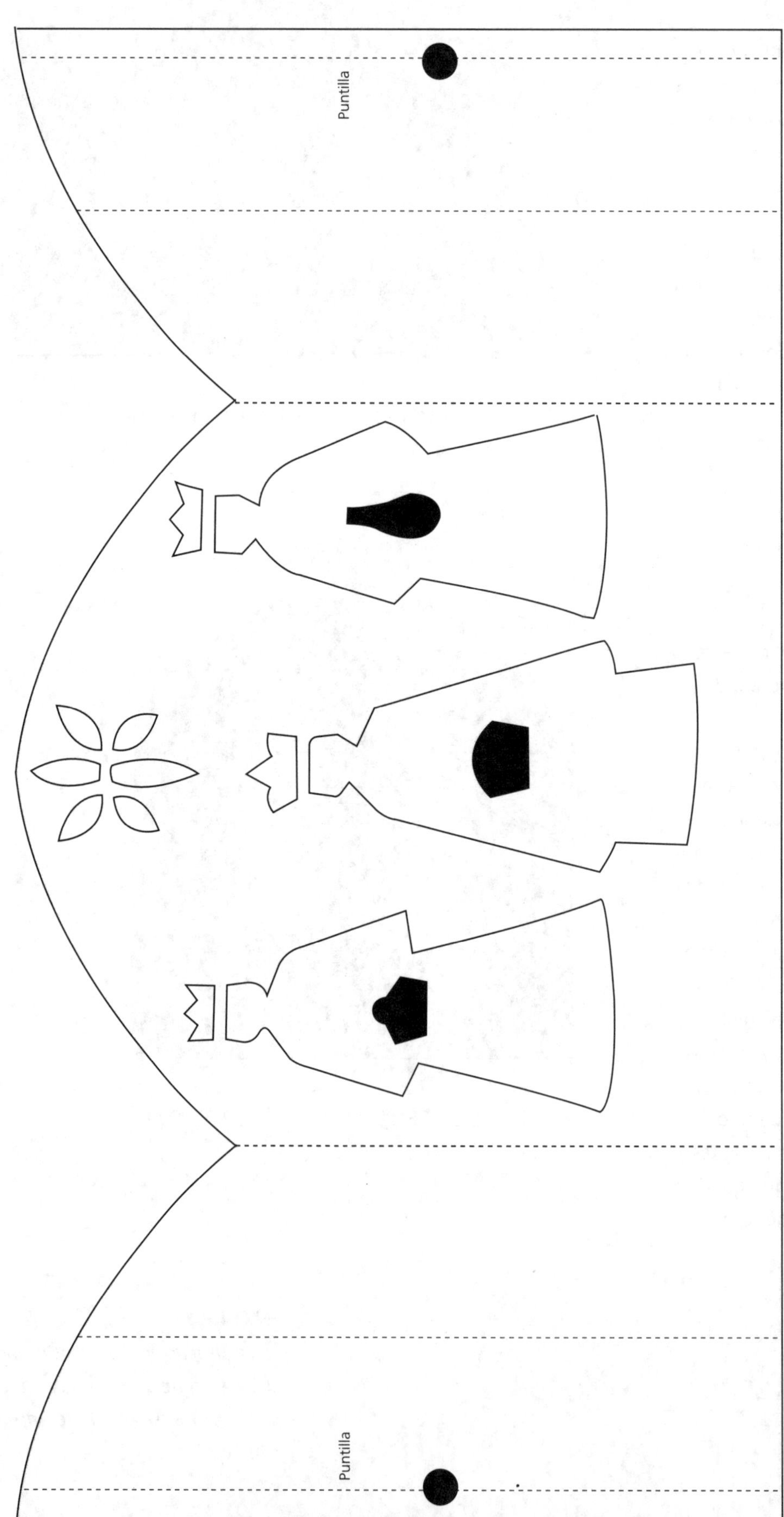

Tarjeta conejo regalón

TÉCNICAS

Collage y
Calados en general
(véanse páginas 20 y 21)

MATERIALES

- *Cartulina de color o estampada*
- *Papeles de colores*
- *Modelo de cartón para marcar*
- *Lápiz*
- *Tijera*
- *Cúter*
- *Pegamento en barra*
- *Punzón*
- *Marcadores de colores*

1 Cortar en cartón un óvalo con forma de huevo, según el Diseño tamaño natural (véase página 128). Transferir este molde a una cartulina de color o estampada; también puede ser una cartulina a la que se le pegó un papel estampado.

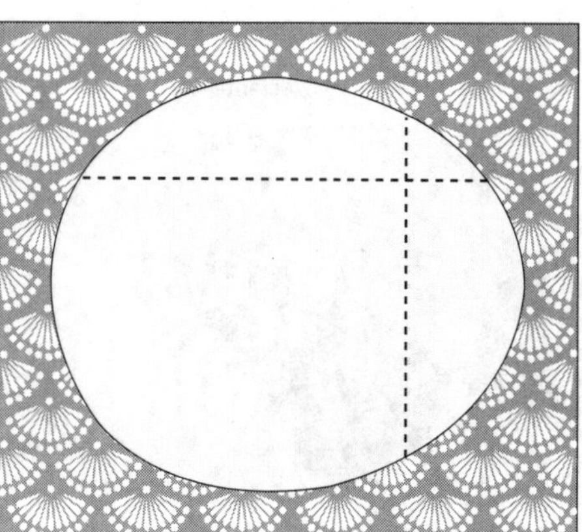

---

2 Marcar con regla y punzón las líneas punteadas que figuran en el Diseño tamaño natural, para poder doblar la pieza. Cortar la aleta, por donde indica el dibujo.

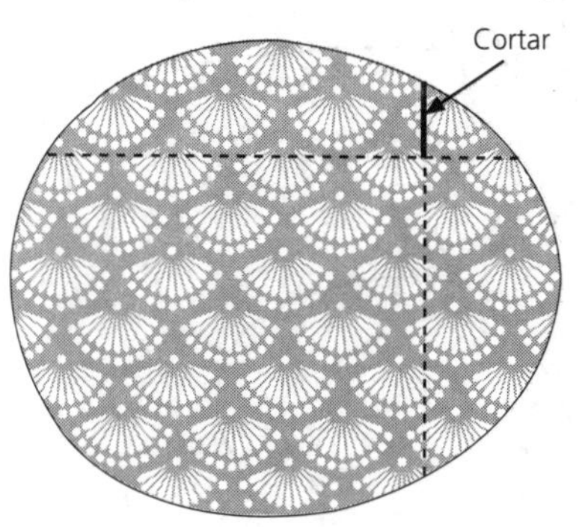

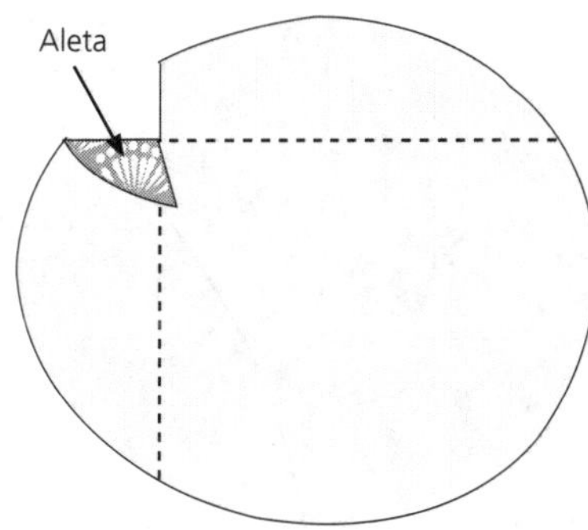

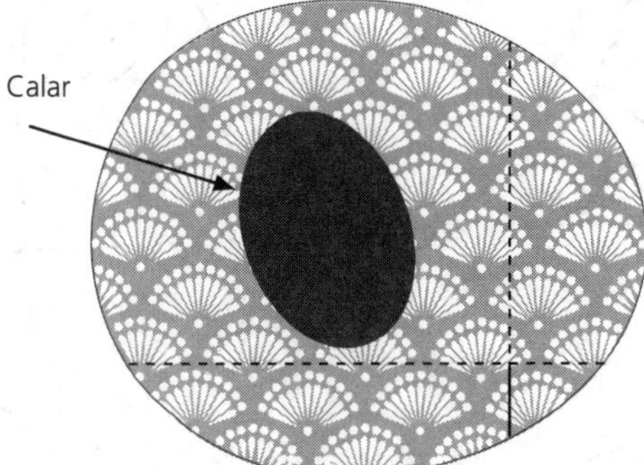

3 Calar con cúter el huevo que forma la panza del conejo (véase Diseño tamaño natural).

4 Transferir en cartulina blanca el Diseño tamaño natural de la cabeza, las manos y las patas del conejo, recortar. Dibujar los detalles de éstas con marcadores de colores. Recortar en papeles estampados con diferentes diseños los huevitos de Pascua que adornan la tarjeta y aplicarlos con pegamento en barra.

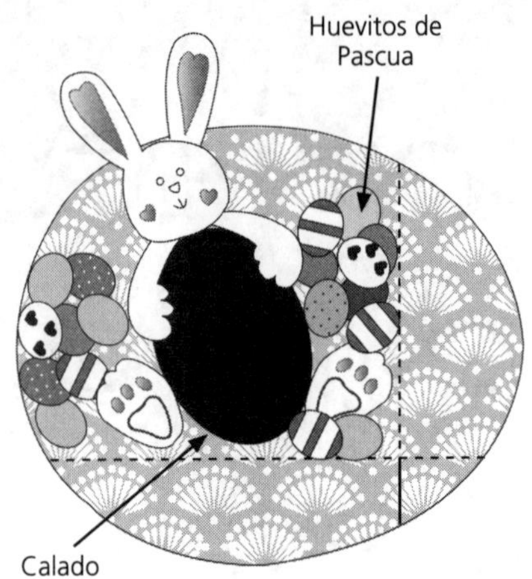

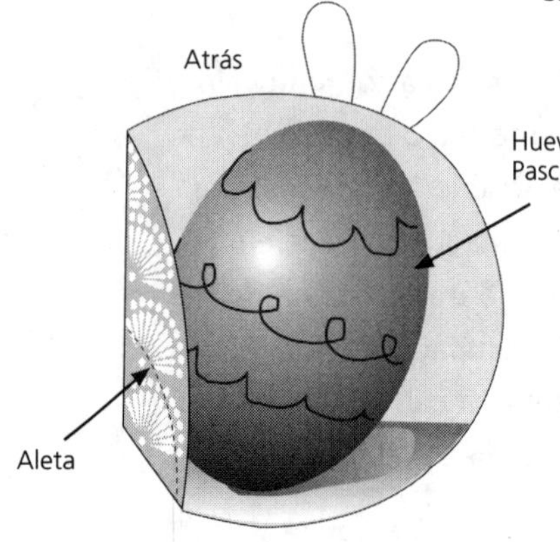

5 Doblar la tarjeta por las líneas que se marcaron con el punzón, pegar la aleta hacia adentro para que se sostenga parada y en la panza del conejo colocar un huevo de Pascua.

DISEÑO REDUCIDO AL 90%

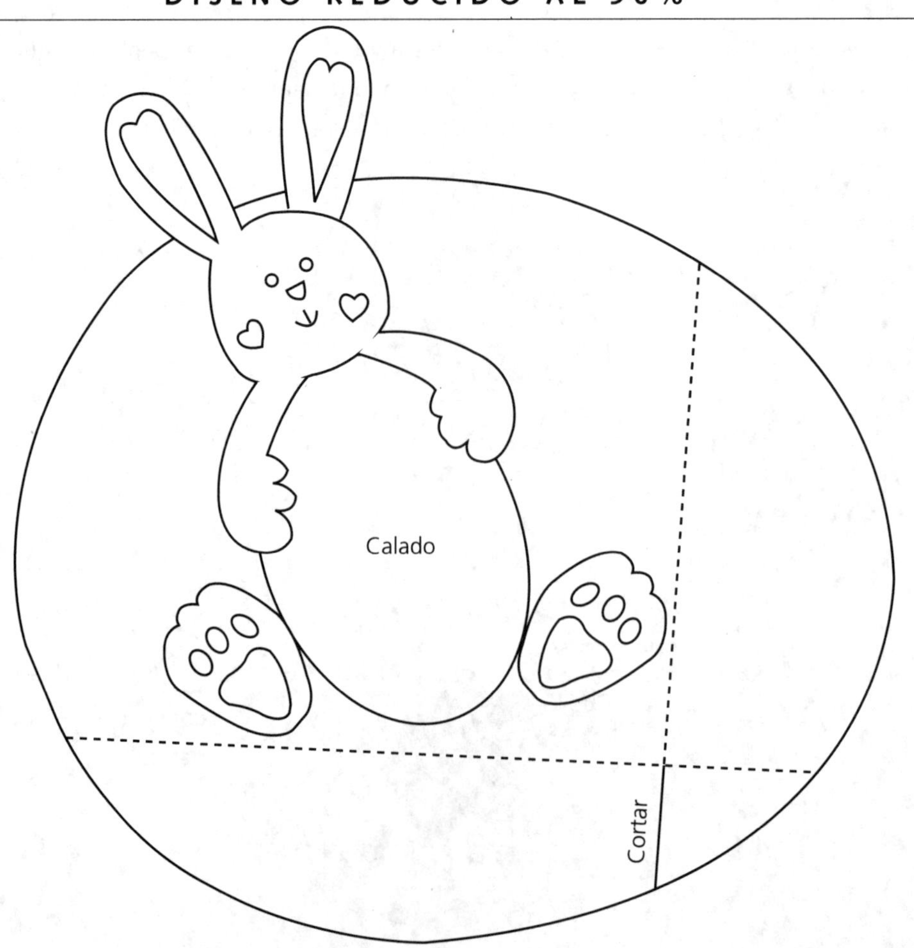

Modelos en color

CAPÍTULOS 3,4,5,6 Y 7

• Tarjeta "El circo" *(véase página 95)* • Tarjeta con plano *(véase página 100)*
• Tarjeta con velita *(véase página 92)*

1 • Tarjeta bolsillero para boletín *(véase página 110)* • Tarjeta con caritas traviesas *(véase página 108)*
2 • Tarjeta con velas *(véase página 118)* • Tarjeta plegada *(véase página 112)* • Tarjeta con siluetas *(véase página 115)*
3 • Tarjeta con fotos *(véase página 106)* • Tarjeta de vacaciones *(véase página 104)*
4 • Tarjeta Conejo regalón *(véase página 127)* • Tarjeta tríptico *(véase página 124)* • Tarjeta con espigas *(véase página 1*

• Tarjeta con pensamientos *(véase página 134)* • Tarjeta tipo cuadro *(véase página 136)*
• Tarjeta con marco de blonda *(véase página 130)*

• Tarjeta con movimiento circular *(véase página 139)* • Tarjeta con movimiento vertical *(véase página 145)*
• Tarjeta con macetas y flores *(véase página 149)*

• Tarjeta tanguera *(véase página 154)* • Tarjeta con corazones *(véase página 167)*

• Tarjeta con encaje *(véase página 171)* • Tarjeta con bordes de servilleta de papel *(véase página 157)*

• Tarjeta con flores de tela *(véase página 161)* • Tarjeta con galón *(véase página 165)*

• Tarjeta casita *(véase página 176)* • Tarjeta con equipaje *(véase página 179)*
• Con puntilla de papel *(véase página 188)* • Tarjeta con cerradura y llave *(véase página 174)*

Capítulo 5

En su día...

- Tarjeta con marco de blonda
- Tarjeta con pensamientos
- Tarjeta tipo cuadro
- Tarjeta con movimiento circular
- Tarjeta con movimiento vertical
- Tarjeta con maceta y flores

Tarjeta con marco de blonda

TÉCNICA

Découpage

(véase página 12)

MATERIALES

- *Cartulina amarilla, natural u ocre*
- *Blondas de papel*
- *Fotocopia color sepia de la foto que se eligió*
- *Goma laca*
- *Pincel*
- *Alcohol*
- *Flores de papel recortadas*
- *Pegamento en barra*
- *Tijera*
- *Papel blanco para interior*
- *Cúter*
- *Punzón*
- *Regla*
- *Cinta doble faz*
- *Separadores para freezer o bolsa de nailon*

1 Cortar en cartulina un rectángulo de 28 por 21 cm (las medidas varían de acuerdo con el tamaño de la foto que se haya elegido). Marcar con regla y punzón en la mitad por la línea de doblez.

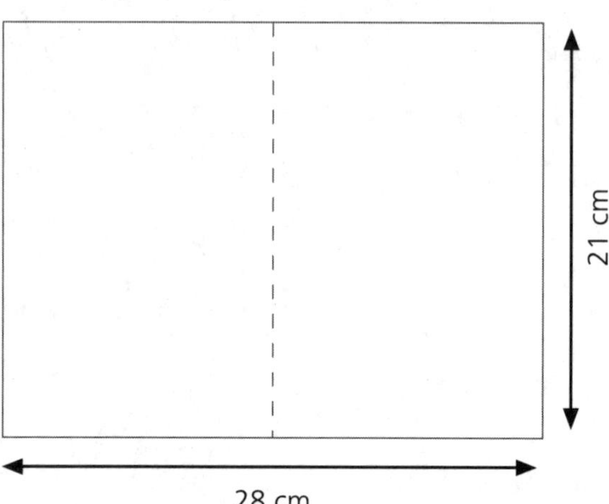

---

2 Elegir una blonda de papel que se adecue en forma y tamaño para enmarcar la foto. Apoyarla sobre un nailon o separador para freezer y cubrir con goma laca. Dar 1 ó 2 manos; a mayor cantidad de goma laca, más oscuro será el tono que se obtenga. Antes de que se seque, trasladar a otro plástico limpio y dejar secar.

Blonda

Plástico

3 Proceder de la misma manera con la blonda que servirá de puntilla para los bordes de la tarjeta (en este caso se utilizó una blonda de forma cuadrada).

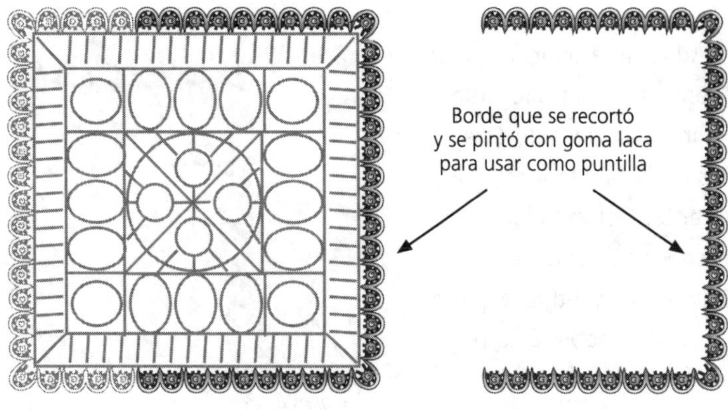

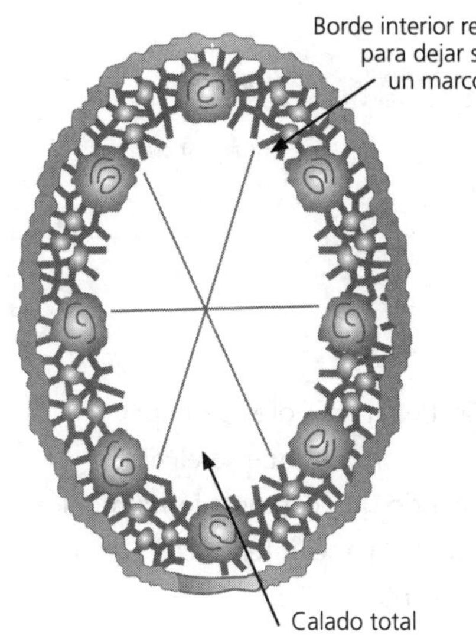

4 Quitar un óvalo de la zona central de la blonda que se ubicará en la tapa de la tarjeta. Recortar la foto de acuerdo con el tamaño de la blonda.

5 Adherir con pegamento en barra la foto en el centro de la tarjeta, y encima de ésta colocar la blonda calada.

6 Adaptar la puntilla que irá en los bordes haciendo coincidir los ángulos de ésta con los de la tarjeta y recortar el sobrante. Colocar cinta doble faz alrededor de la carátula del lado interior, retirar el papel que la cubre y sobre ésta pegar la puntilla de manera que asome del derecho de la tarjeta.

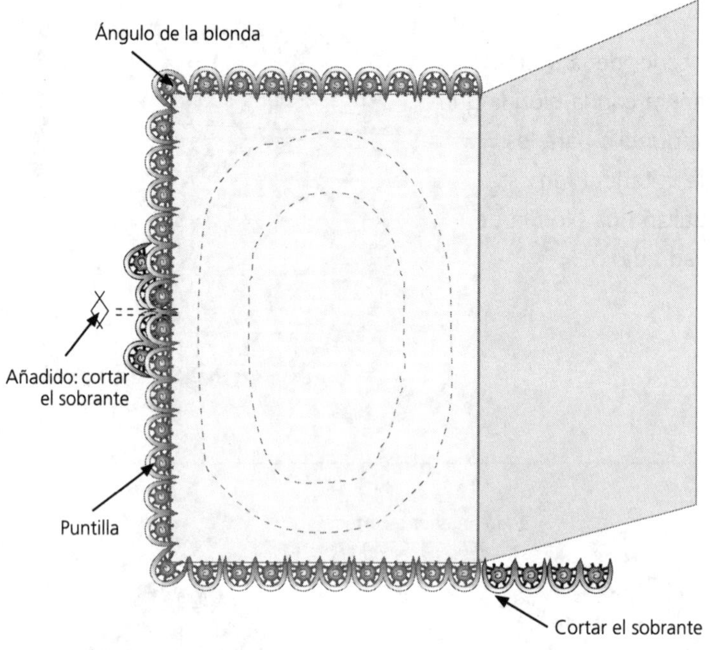

7 Pegar las flores de papel recortadas que se eligieron formando una composición armónica. Colocar el papel interior con pegamento en barra.

MODELO TERMINADO

NOTAS

- *Las blondas se adquieren en diferentes formas y tamaños. Para la tapa de este trabajo se eligió una de forma ovalada.*
- *Cuando se seleccionan las flores de papel, tratar de que conserven una misma gama de color, para evitar que el trabajo quede muy recargado.*

DISEÑO TAMAÑO NATURAL

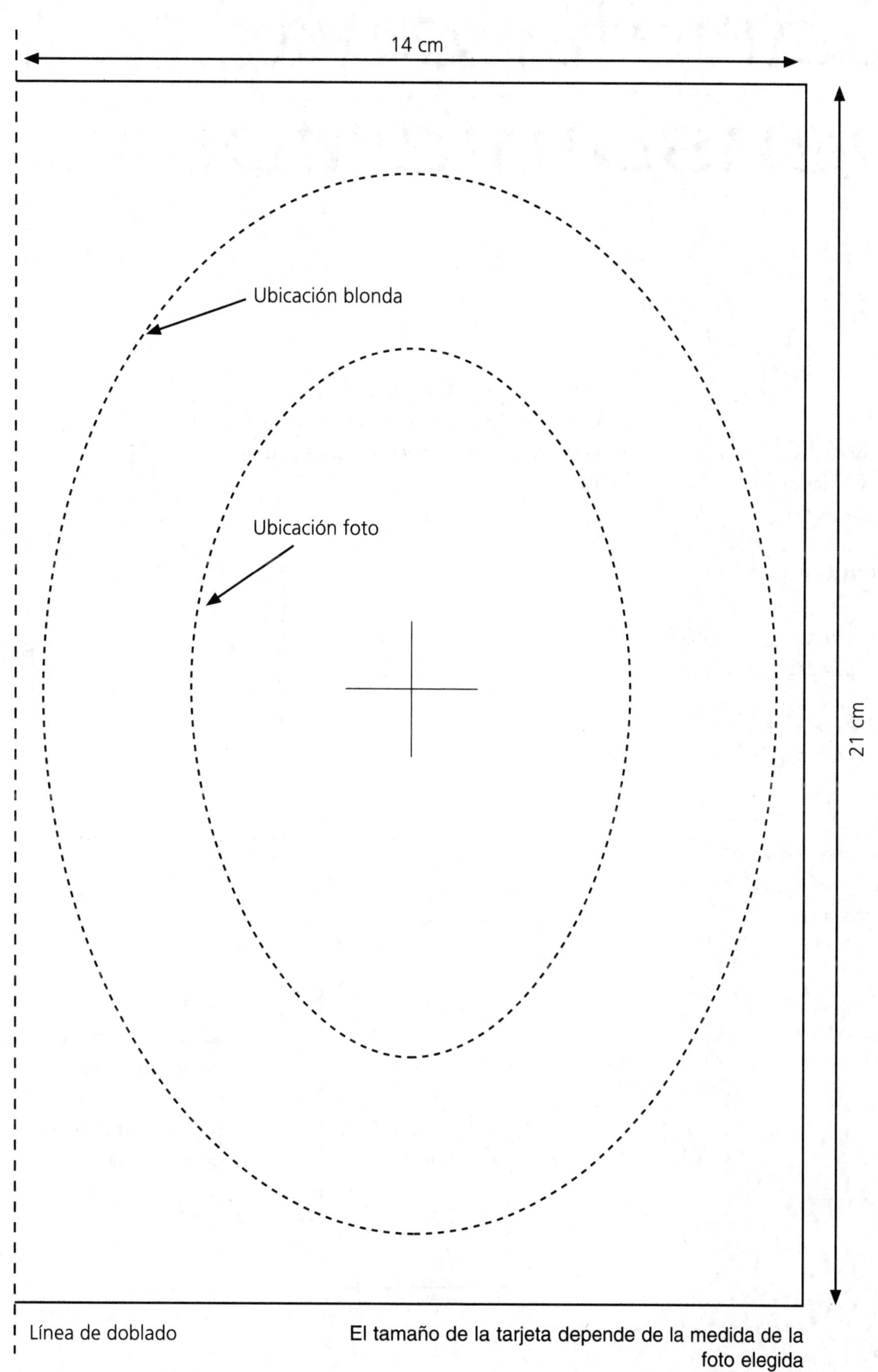

El tamaño de la tarjeta depende de la medida de la foto elegida

Tarjeta con pensamientos

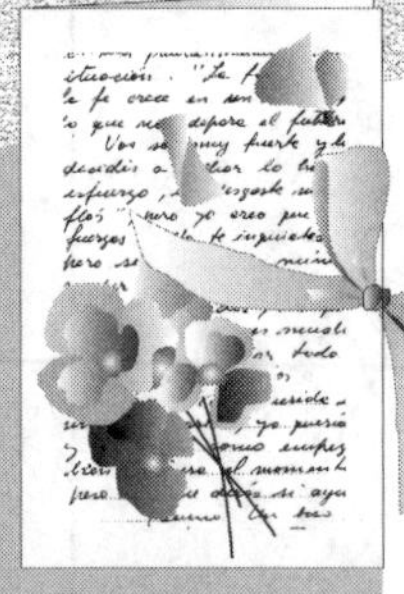

TÉCNICA

Flores y hojas secas

(véase página 15)

MATERIALES

- *Cartulina rústica color natural*
- *Papel con escritura (comercial, para découpage o realizado en forma manual)*
- *Papel para el interior a elección*
- *Flores secas (en este caso, pensamientos)*
- *Cinta de organza*
- *Tijera*
- *Regla*
- *Cola vinílica*
- *Punzón*

1 Cortar en cartulina rústica un rectángulo de 24 por 18 cm y marcar en el medio con punzón y regla, para poder doblarla

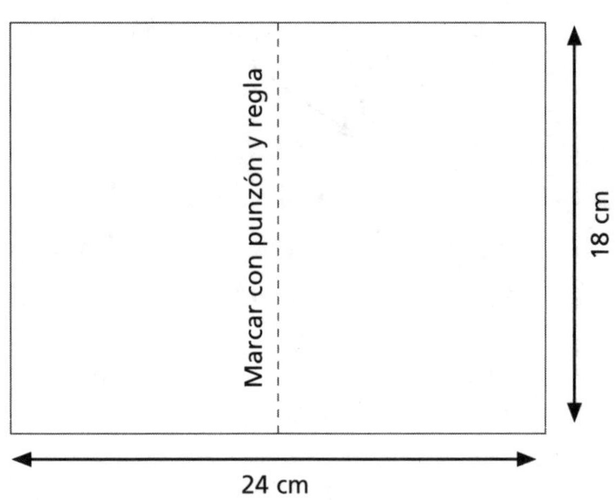

2 Cortar en el papel con escritura elegido un rectángulo de 9 por 15 cm.
(Este papel puede ser un poema o una carta.)

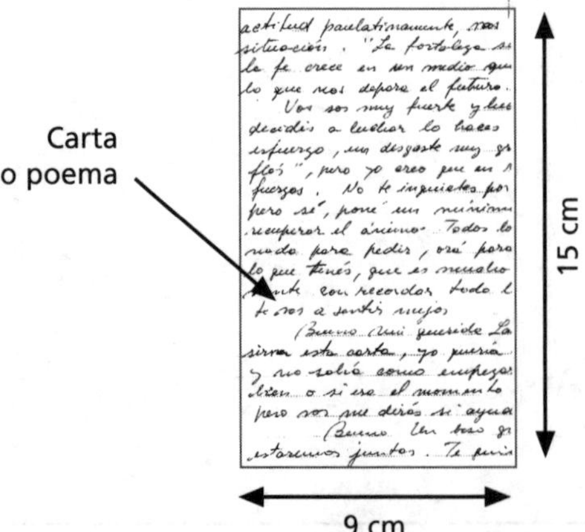

3 Con pegamento en barra adherir en la tapa de la tarjeta el rectángulo de papel con escritura y adherir sobre éste, con muy poca cola vinílica, un ramo de flores secas (en este caso, pensamientos) y algunos pétalos sueltos.

Flores secas

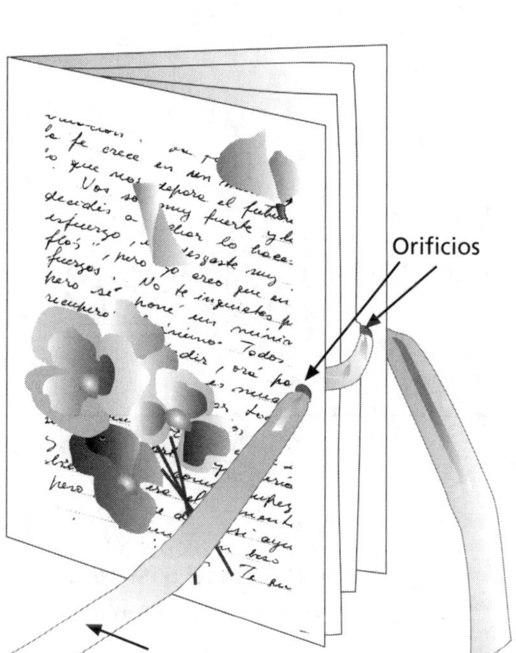

4 Cortar un rectángulo un poco más chico que la tarjeta en el papel elegido para el interior y colocarlo con pegamento en barra. Con un sacabocado o un punzón hacer un orifico en la tapa y en la contratapa donde se indica en el dibujo. Pasar una cinta de organza por los orificios.

5 Atar la cinta de organza y rematar con un moño en el frente de la tarjeta.

MODELO TERMINADO

Tarjeta tipo cuadro

TÉCNICAS

Collage y Découpage

(véanse páginas 20 y 12)

MATERIALES

- *Papel craft*
- *Cartulina o papel de color*
- *Papel de fibra vegetal*
- *Figura recortada de fotocopia, fotografía, etcétera*
- *Marcador de fibra o lápiz de color*
- *Esquineros autoadhesivos o marcador de microfibra negro*
- *Regla metálica*
- *Punzón*
- *Escuadra*
- *Cúter*
- *Pegamento en barra*
- *Pegamento universal*

1 Cortar en papel craft un rectángulo de 30 por 20,5 cm. Marcar por la mitad con punzón y regla de ambos lados. Calar en el frente de la tapa con regla metálica y cúter una ventana de 10,5 por 14,5 cm (véase detalle en Diseño tamaño natural en página 138).

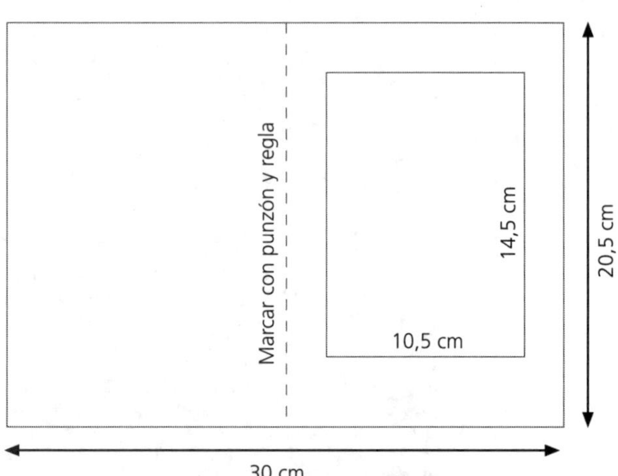

2 Cortar en papel o en cartulina de color un rectángulo de 29 por 19,5 cm y marcar el doblez. Adherirlo con pegamento en barra en el interior de la tarjeta, teniendo en cuenta que una de las caras del papel se pega sobre la parte de atrás de la tapa y la otra cara debe quedar suelta.

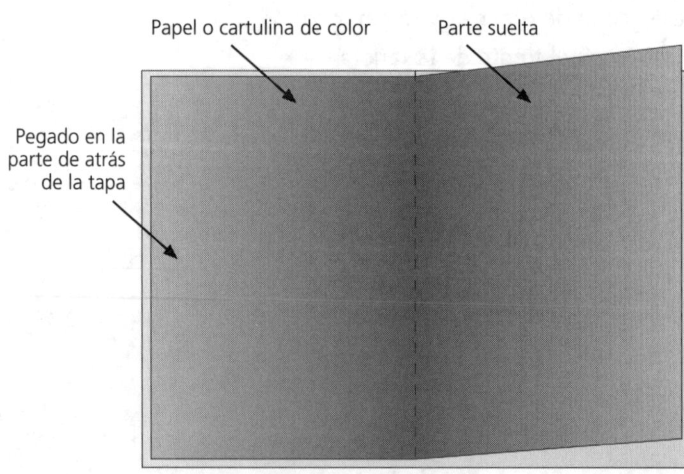

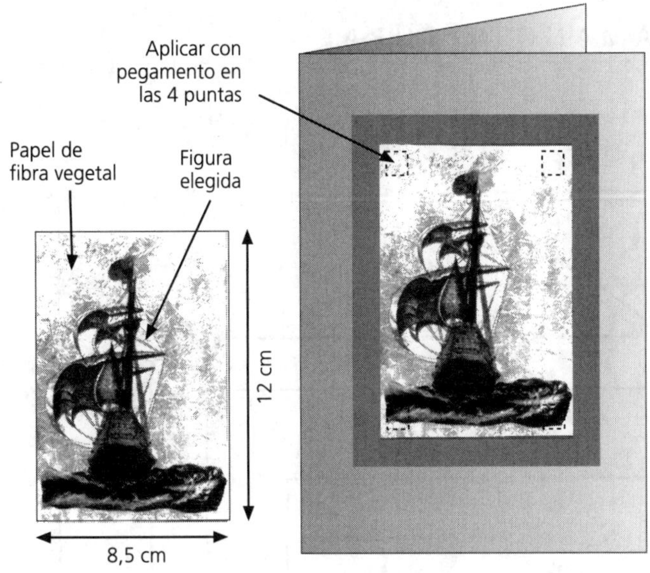

3 Cortar en papel de fibra vegetal un rectángulo de 12 por 8,5 cm y sobre éste pegar la figura que se eligió (en este caso, un barco antiguo). Aplicar pegamento universal en las cuatro puntas del rectángulo del papel de fibra vegetal y colocarlo en la ventana calada, sobre el rectángulo de papel o cartulina de color.

4 Alrededor de la ventana de la tapa de la tarjeta realizar un recuadro con marcador o lápiz de color.

5 Colocar en los cuatro extremos esquineros autoadhesivos. Si éstos no se consiguen se los puede dibujar con marcador de microfibra negro en los lugares indicados en el Diseño tamaño natural.

MODELO TERMINADO

NOTA

Lo ideal para la realización de esta tarjeta es elegir una imagen acorde con algún hobby de la persona a la que va destinada.

DISEÑO TAMAÑO NATURAL

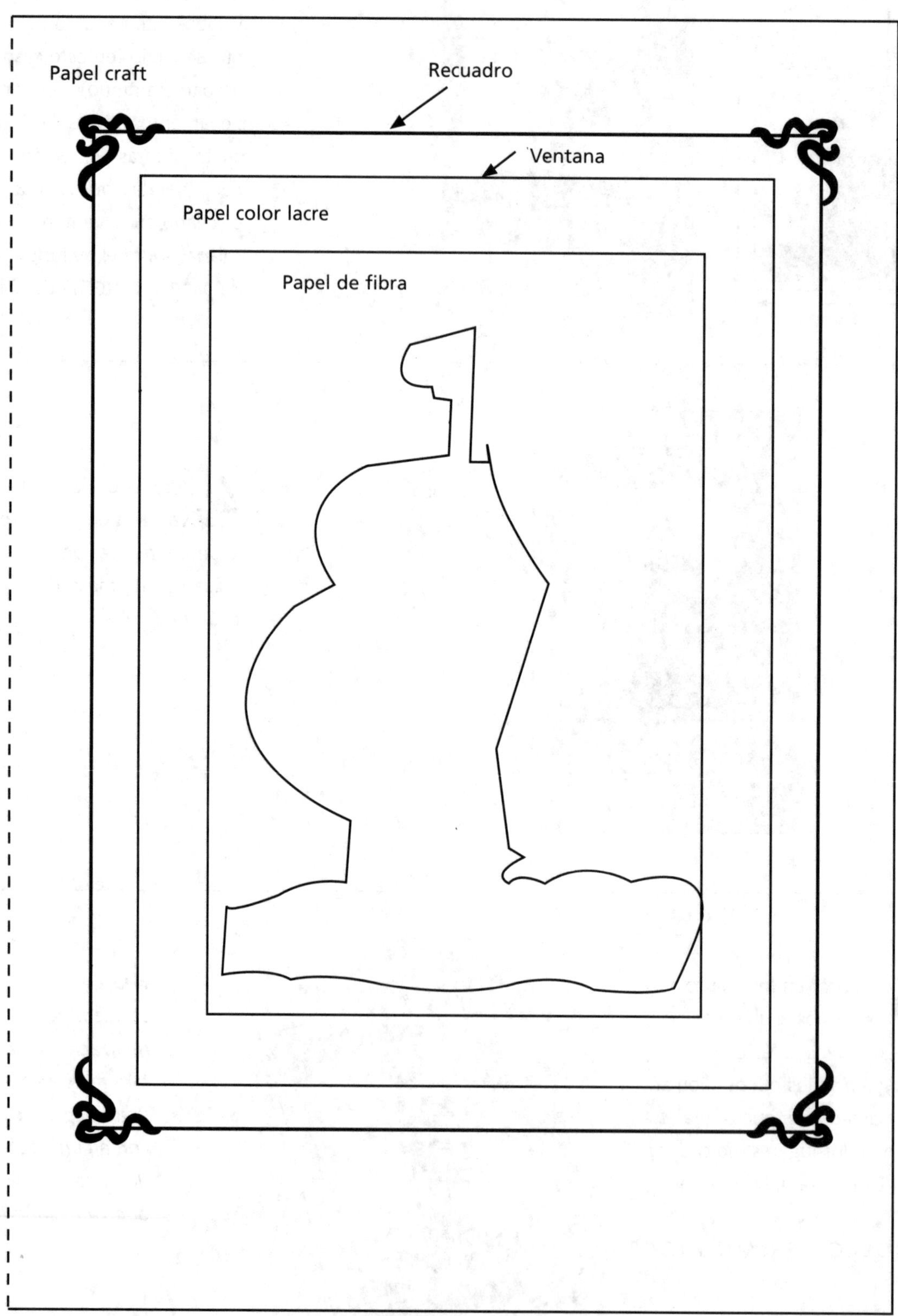

Tarjeta con movimiento circular

TÉCNICA

Tarjetas con movimiento
(véase página 19)

MATERIALES

- *Cartulina de colores*
- *Papeles de colores o estampados*
- *Papel entelado verde*
- *Gancho de abrir*
- *Figuras recortadas*
- *Lápices acuarelables*
- *Hisopos o pincel*
- *Tijera*
- *Tijera de formas*
- *Cúter*
- *Lápiz*
- *Escuadra*
- *Papel carbónico rojo o amarillo*
- *Papel de calcar*
- *Stickers pequeños*
- *Marcador negro*
- *Pegamento en barra*

1 Recortar en papel entelado verde un rectángulo de 12 por 16 cm. Redondear la parte inferior y donde indica el Diseño tamaño natural 1 (véase página 142) calar dos ventanas, una rectangular y otra en forma de corazón.

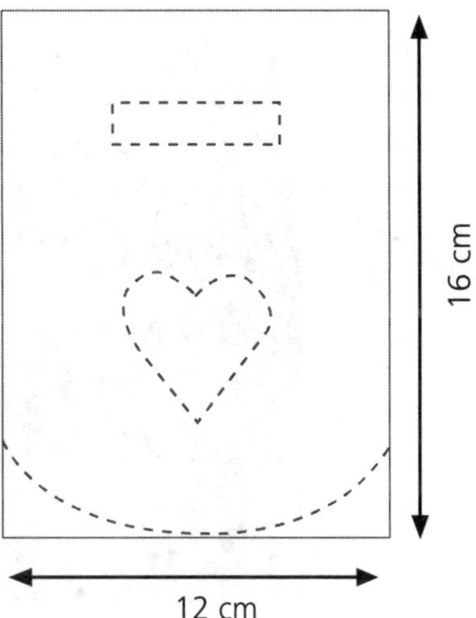

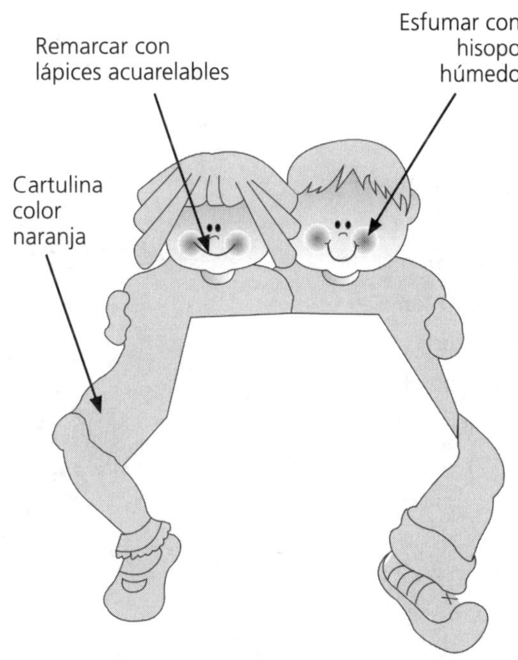

2 Transferir con papel carbónico a una cartulina color naranja el Diseño tamaño natural de los dos chicos. Remarcar con lápices acuarelables las caritas, la boca, la nariz y pintar suavemente los cachetes, esfumándolos con un hisopo o pincel humedecido en agua. Realizar el mismo trabajo sobre las líneas de lápiz para dar una sombra debajo de las caritas.

3 Realizar el cabello y la ropa de los dos chicos, recortando cada pieza (el vestido, la remera, el pantalón, etcétera) en los distintos papeles, y aplicar con pegamento en barra sobre las siluetas de los chicos transferidas en la cartulina naranja.

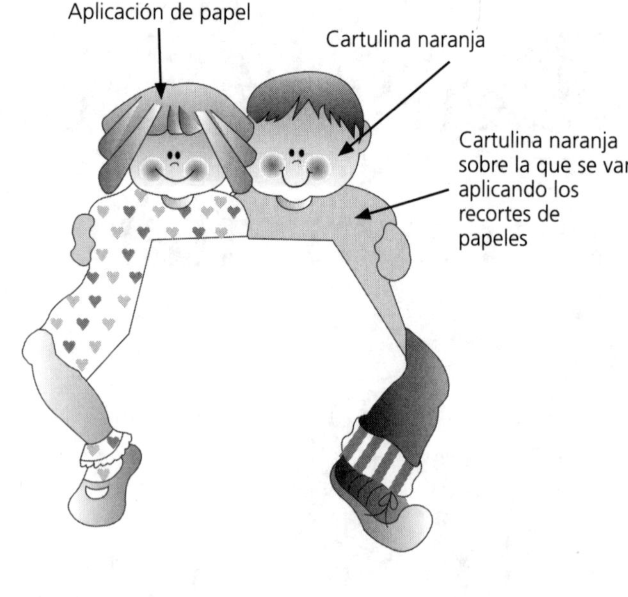

4 Unir con pegamento en barra el rectángulo verde a la silueta ya terminada de los dos chicos. Observar que las manos y las piernas deben quedar hacia el frente.

5 Transferir en cartulina blanca el Diseño tamaño natural 2 (véase página 143). Recortar con tijera de formas. Colocar, siguiendo las indicaciones del Diseño tamaño natural 2, las leyendas y las aplicaciones que asomarán por las ventanas caladas en el rectángulo de papel entelado verde.

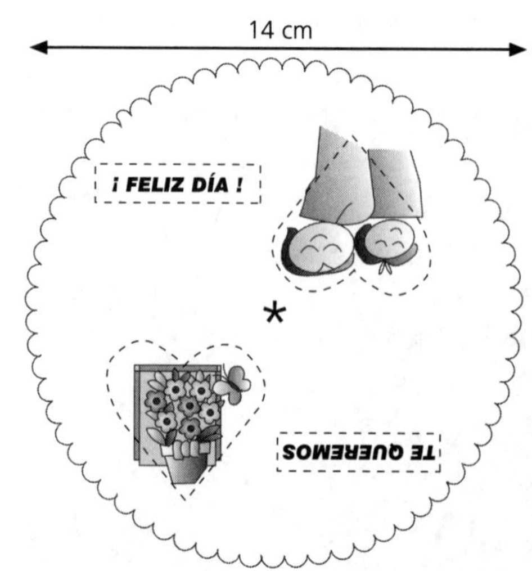

6 En el centro del círculo colocar un gancho de abrir. Recortar una silueta que mantenga las formas del frente de la tarjeta, siguiendo el Diseño tamaño natural 3 (véase página 144).

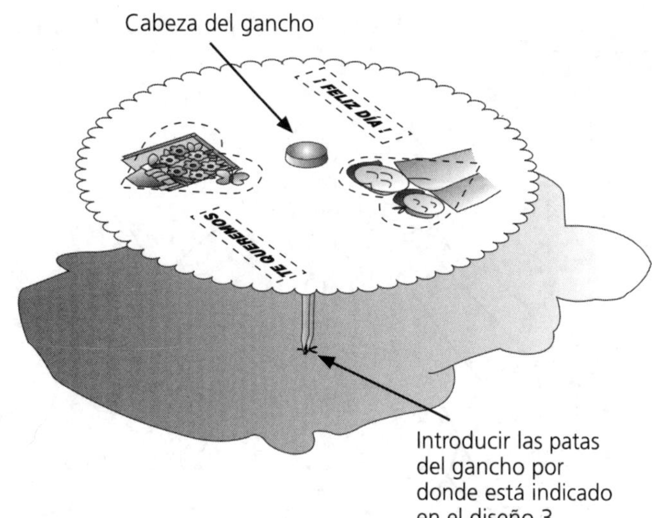

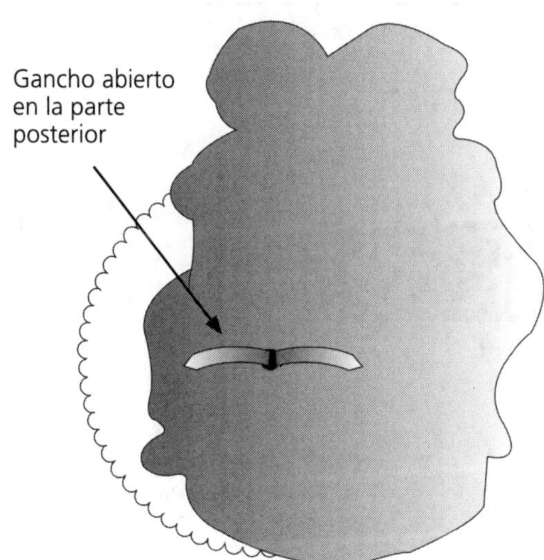

7 Perforar en el punto que indica el Diseño tamaño natural 3 e introducir por allí las patas del gancho y abrirlas en la parte posterior.

8 Pegar la carátula (donde está todo el diseño) y la silueta (con el gancho) por los bordes, dejando libre la zona que indica el Diseño tamaño natural 1, para poder hacer girar el círculo.

MODELO TERMINADO

NOTA

Si se desea, decorar la carátula con pequeños stickers.

DISEÑO TAMAÑO NATURAL 1

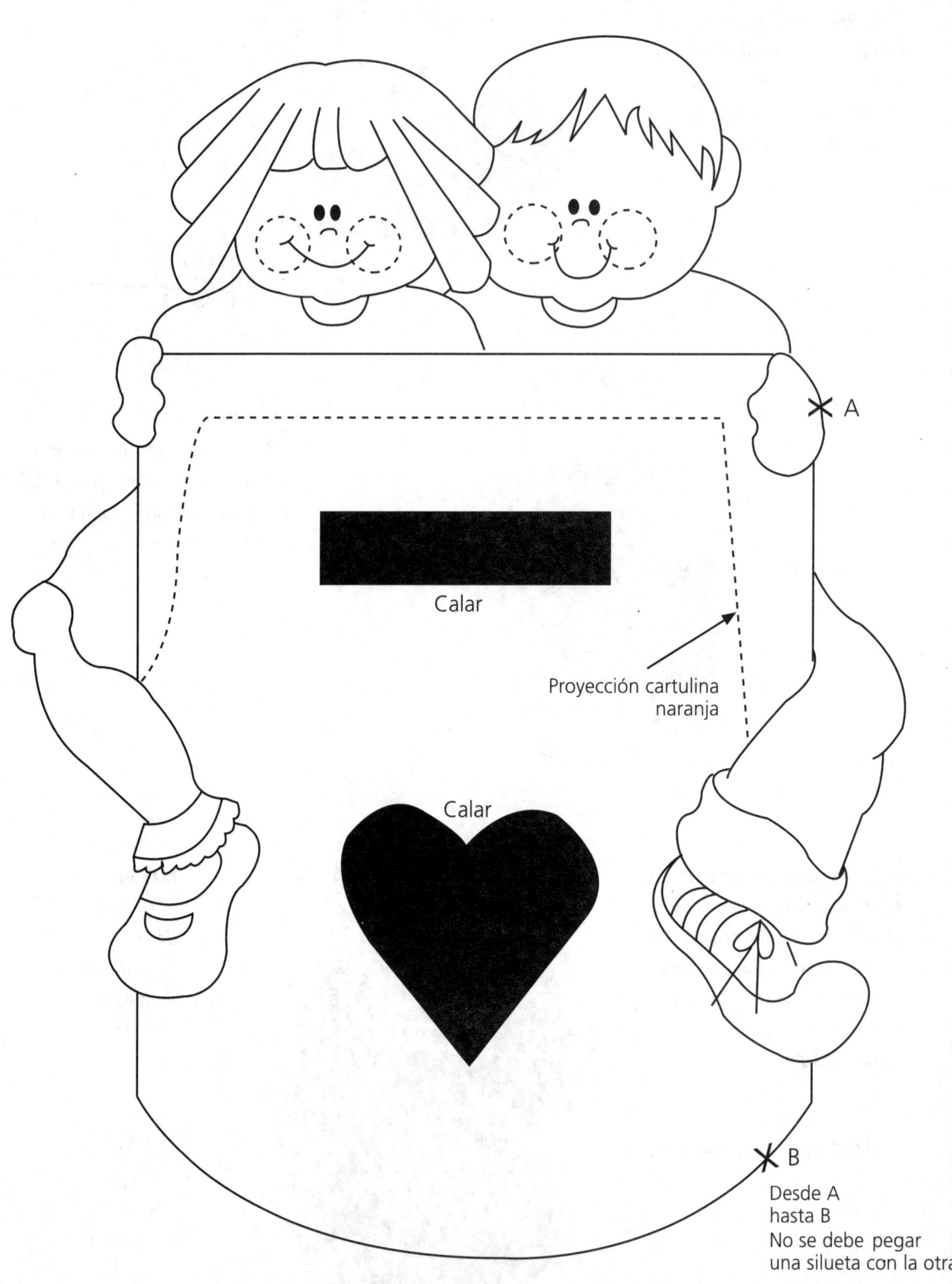

¡ FELIZ DÍA !
TE QUEREMOS
Colocar gancho
(centro del círculo)

DISEÑO TAMAÑO NATURAL 3

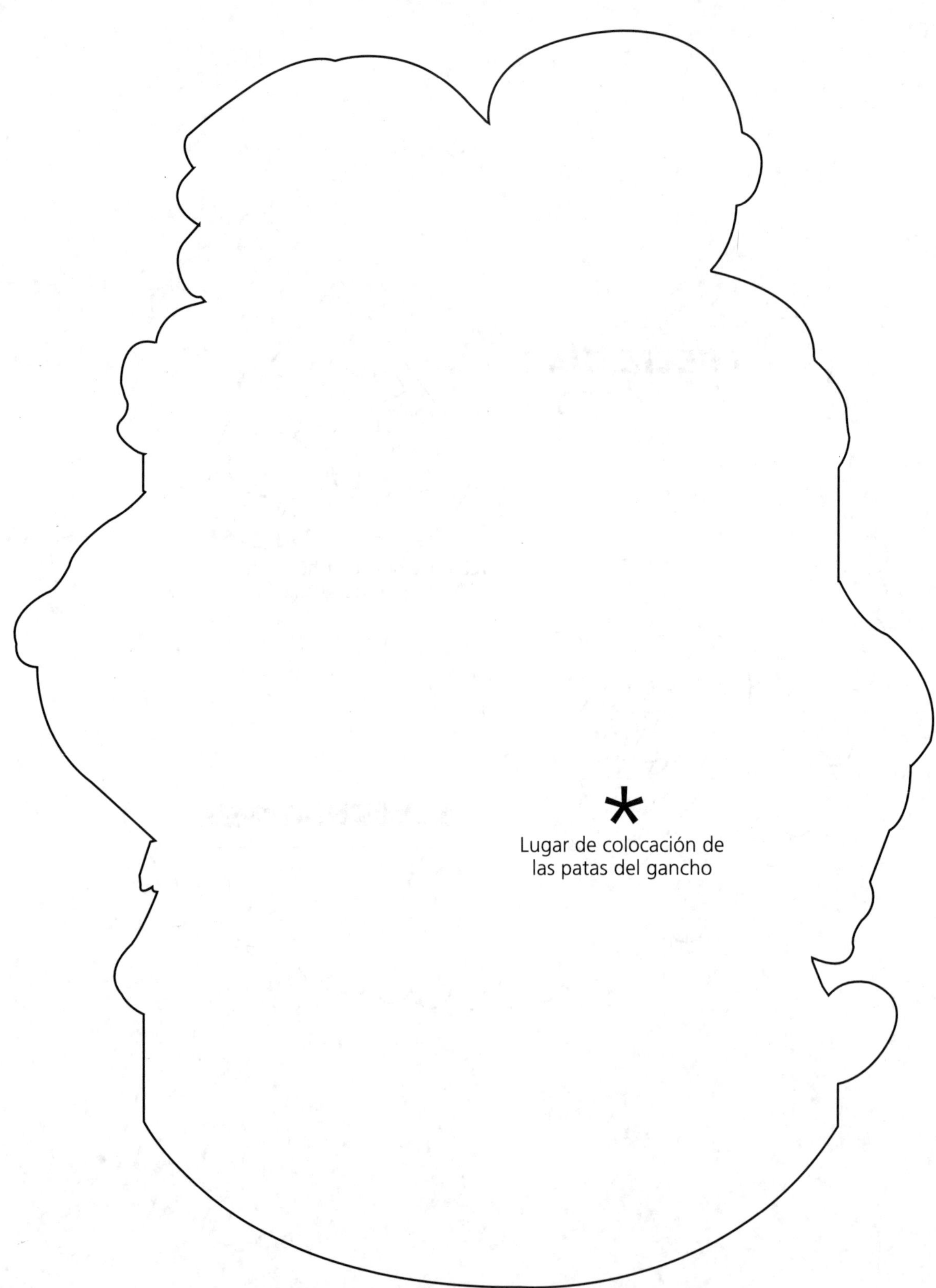

Tarjeta con movimiento vertical

TÉCNICA

Tarjetas con movimiento
(véase página 19)

MATERIALES

- *Cartulina de colores*
- *Papeles de colores*
- *Papel de seda*
- *Papel para el interior*
- *Troquelador*
- *Cúter*
- *Tijera*
- *Tijera de formas*
- *Pegamento en barra*
- *Cinta adhesiva con espesor (se usa para pegar ganchos, perchas, etcétera a las paredes o sobre madera)*
- *Cordón*
- *Figuras y letras recortadas*
- *Punzón*
- *Regla*

1 Recortar en cartulina verde, con la tijera de formas, un rectángulo de 28 por 20 cm. Marcar en la mitad con punzón y regla la línea de doblez. En la tapa realizar con el cúter una ranura de 5,5 cm de largo y 2 mm de espesor a la altura que indica el Diseño tamaño natural (véase página 148).

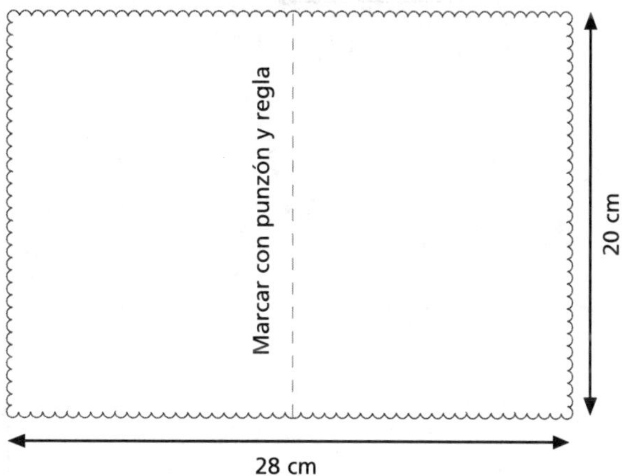

2 Realizar el mensaje con figuras recortadas, pegarlo sobre cartulina y recortarlo según las medidas que se indican.

3 Recortar en cartulina una tira de 1 cm de ancho por 20 cm de largo y plegarla como indica el dibujo.

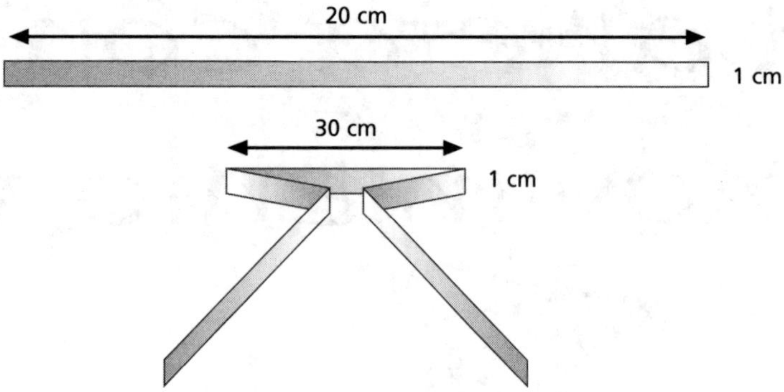

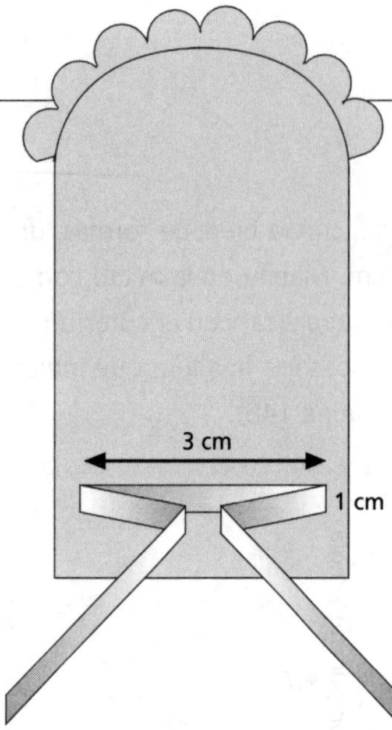

4 Adherir la tira con pegamento en barra en la parte posterior del mensaje.

5 Recortar una tira de cartulina verde de 2,5 por 17 cm. Pasar las dos colas de la tira del mensaje por la ranura que se realizó en la tapa de la tarjeta, llevándolas hacia la parte posterior, abrirlas y pegarlas sobre la tira verde. Recortar el excedente.

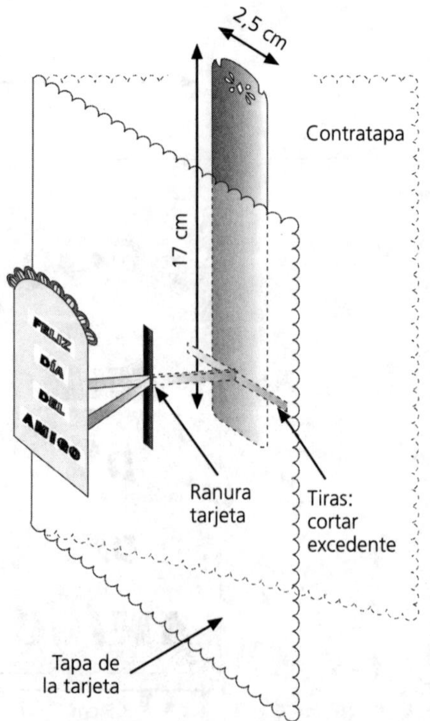

6 Recortar la bolsa en cartulina verde y naranja siguiendo el Diseño tamaño natural y aplicarle pequeños círculos blancos de cartulina, a modo de lunares, y un cordón que simule ser la manija. Colocar en la parte posterior tres tiras de cinta adhesiva con espesor, quitar el papel protector, y pegarla a la tapa donde indica el Diseño tamaño natural.

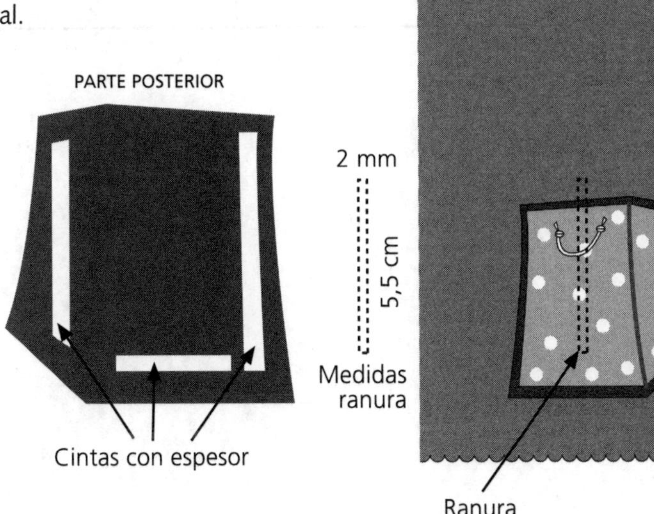

7 Completar la tapa de la tarjeta con frases y mariposas y flores troqueladas y dos "orejitas" de papel de seda que sobresalgan de la bolsa. Colocar el papel interior, adhiriéndolo por los bordes para evitar que se trabe el sistema de movimiento.

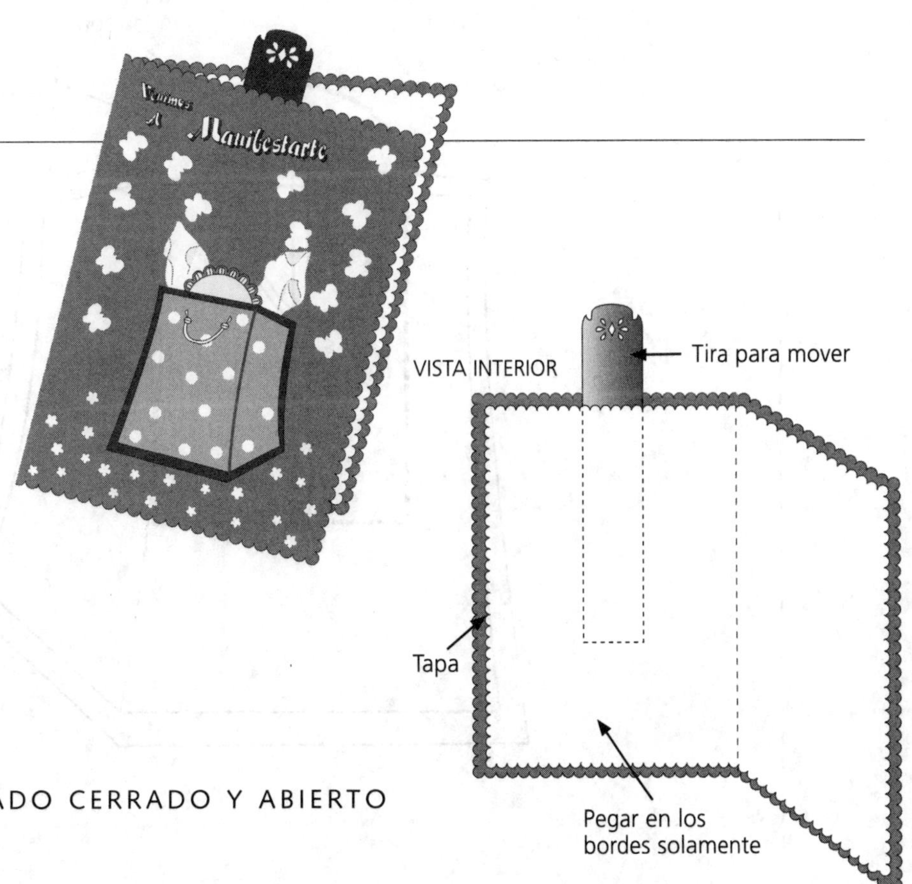

MODELO TERMINADO CERRADO Y ABIERTO

DISEÑO TAMAÑO NATURAL

TAPA

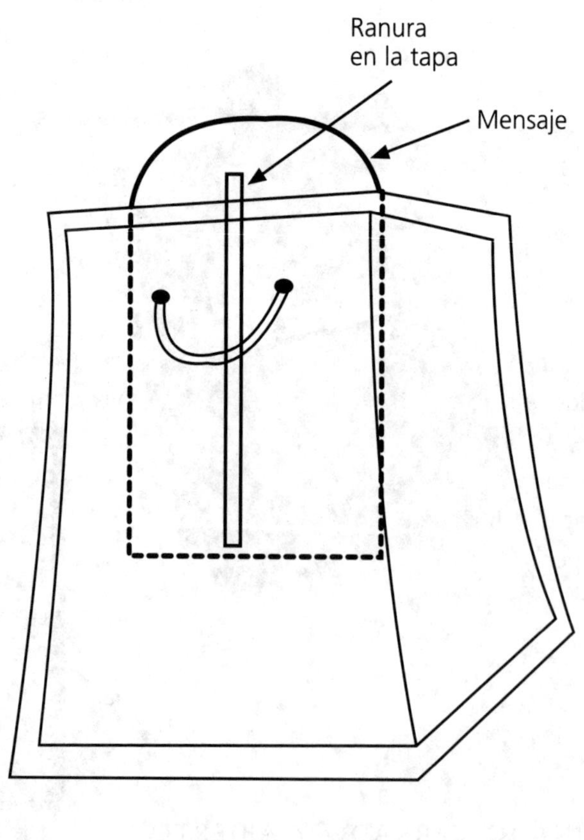

Tarjeta con macetas y flores

TÉCNICA

Esténcil o plantilla

(véase página 15)

MATERIALES

- *Cartulina estampada con lunares o cartulina blanca*
- *Papel color ladrillo*
- *Esténcil para realizar flores (diseños a elección)*
- *Marcadores al agua*
- *Pincel*
- *Tijera*
- *Tijera de formas*
- *Pegamento en barra*
- *Cúter*
- *Punzón*
- *Regla*
- *Escuadra*
- *Lápiz*

1 Cortar con la tijera de formas en cartulina estampada un rectángulo de 10,5 por 29 cm. Marcar con lápiz muy suavemente el centro de la tarjeta en el lado exterior.

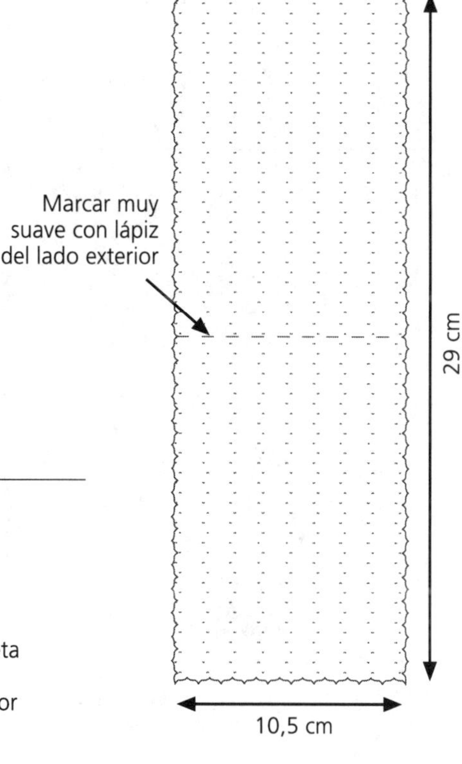

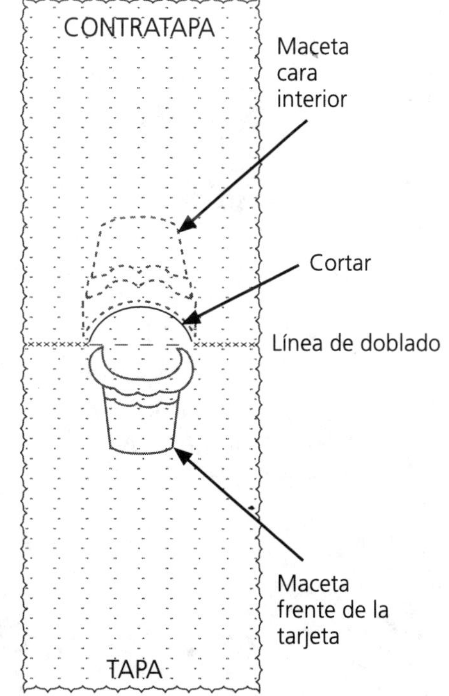

2 Transferir el Diseño tamaño natural de la maceta (véase página 152) a la tapa con líneas de lápiz muy suaves. Hacer lo mismo con el Diseño tamaño natural de la otra maceta, pero esta vez en la cara interior de la contratapa.

3 Cortar con cúter el sector del círculo paralelo al borde de la maceta que se dibujó en el interior (véase ubicación en el Diseño tamaño natural). Doblar hacia abajo por las líneas que se marcan con cruces en el Diseño tamaño natural.

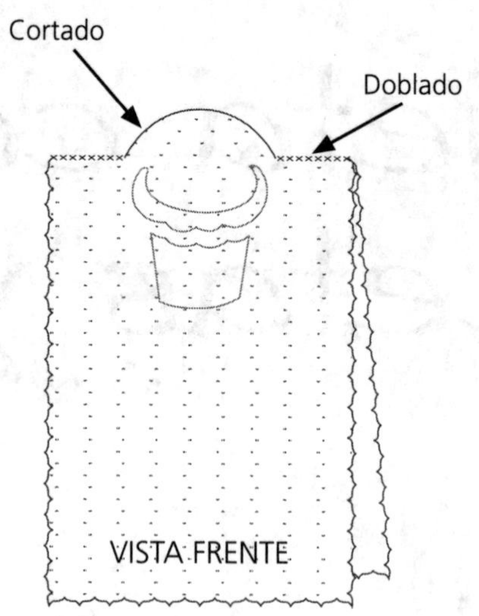

4 Transferir el Diseño tamaño natural de las dos macetas (interior y exterior) al papel color ladrillo, recortar y pegar sobre las que se dibujaron en la tapa y en el interior de la contratapa.

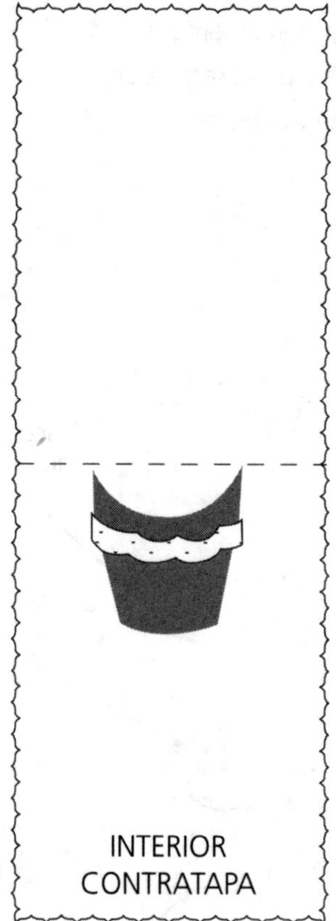

5 Realizar con marcadores el diseño a elección de la parte inferior de la tapa (en este caso el pasto y los girasoles) y el ramo de flores que va dentro de la maceta. Transferir el Diseño tamaño natural de las mariposas sobre papel, pintarlas, recortarlas y pegarlas en la tapa de la tarjeta.

MODELO TERMINADO
CERRADO

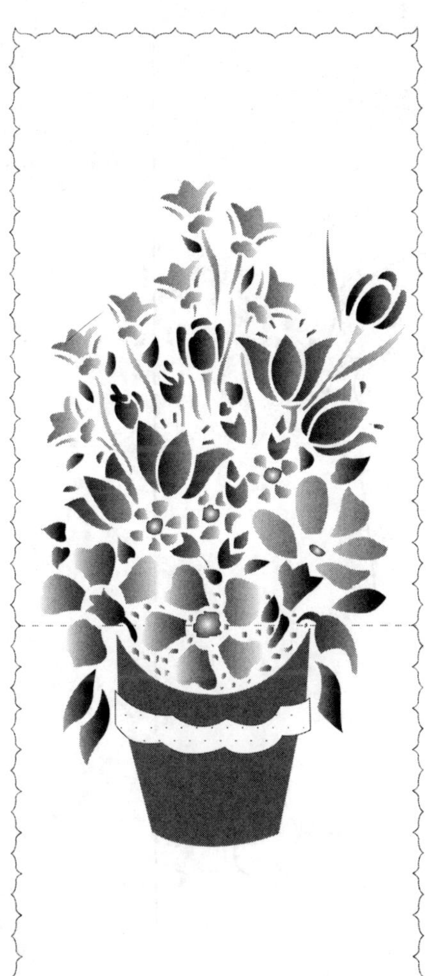

6 Hacer con marcadores y esténcil el ramo de flores que va en la maceta ubicada en el interior de la tarjeta. Esta técnica consiste en marcar el contorno de los pétalos con los marcadores al agua y con éstos, pintarlos. Con el pincel apenas humedecido, esfumar y aclarar el color.

MODELO TERMINADO
ABIERTO

DISEÑO REDUCIDO AL 80%

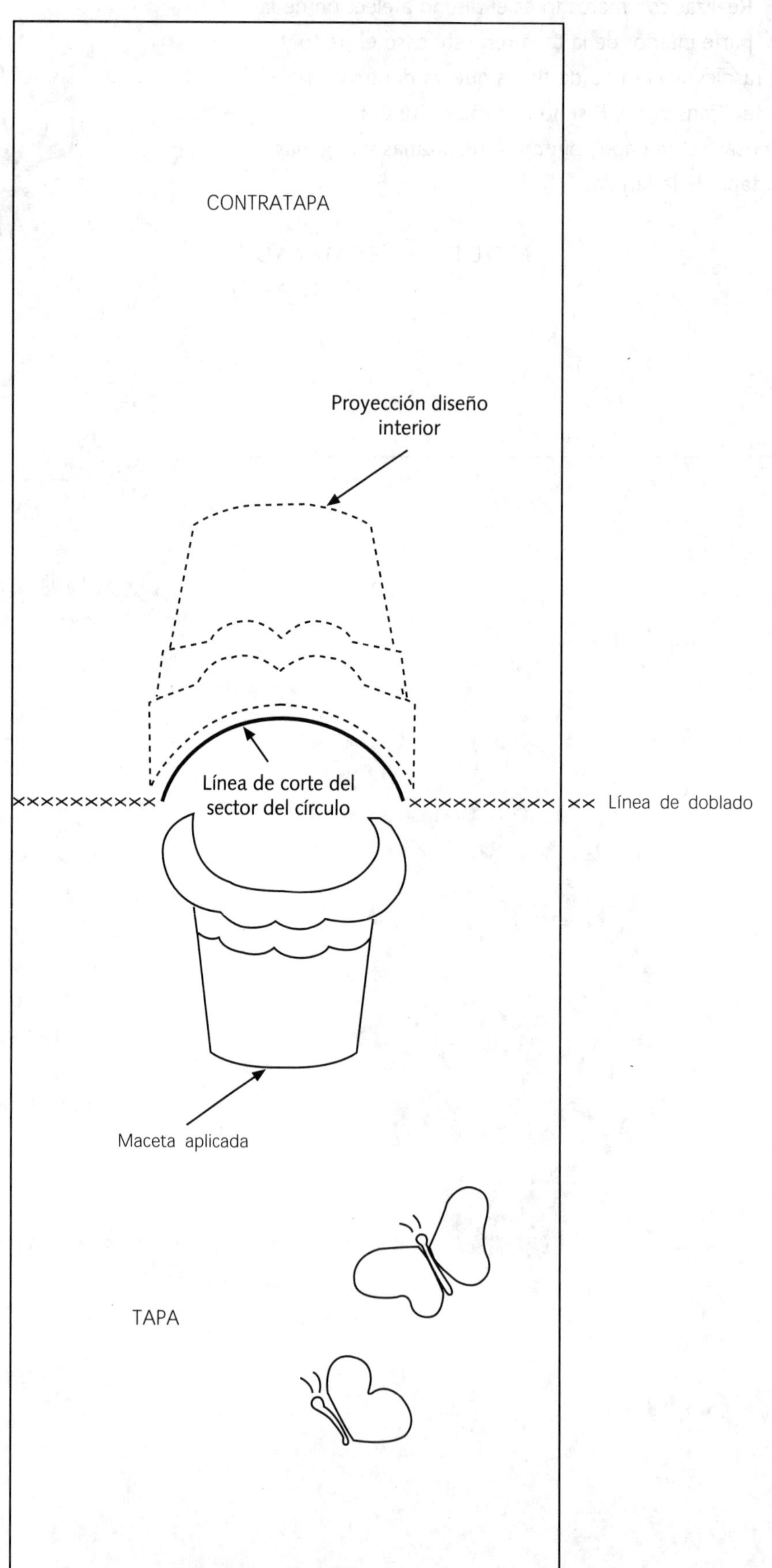

Capítulo 6

Regalos personales

- Tarjeta tanguera
- Tarjeta con bordes de servilleta de papel
- Tarjeta con flores de tela
- Tarjeta con galón
- Tarjeta con corazones
- Tarjeta con encaje

Tarjeta tanguera

TÉCNICA

Pop up

(véase página 18)

MATERIALES

- *Cartulina blanca*
- *Cartulina roja*
- *Papel felpilla negro*
- *Microfibra negra*
- *Cúter*
- *Tijera*
- *Regla*
- *Lápiz negro*
- *Papel de calcar*
- *Pegamento en barra*
- *Punzón*

1 Cortar en cartulina blanca un rectángulo de 19 por 29 cm. Transferir todo el Diseño tamaño natural (véase página 156) a un papel de calcar y de allí pasarlo a la mitad superior del rectángulo de cartulina blanca, ya sea con papel carbónico o con trazos de lápiz negro por el revés del calco.
Las líneas deben ser suaves para que después se puedan borrar con una goma blanda. Repasar todo el diseño del fondo con microfibra negra.

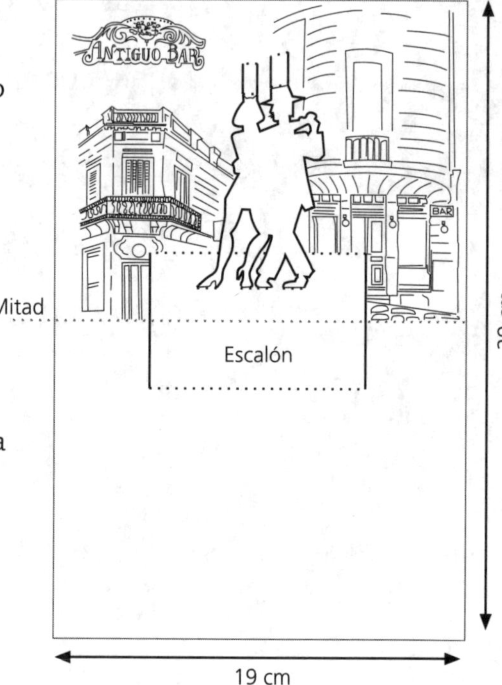

2 Cortar con cúter y regla, con mucho cuidado, las líneas rectas del escalón que se indican en el Diseño tamaño natural y también con cúter, y sobre vidrio, azulejo o fórmica, cortar las líneas más gruesas de las figuras, teniendo en cuenta que las líneas que están marcadas con puntos son para el plegado y por lo tanto no se deben cortar.

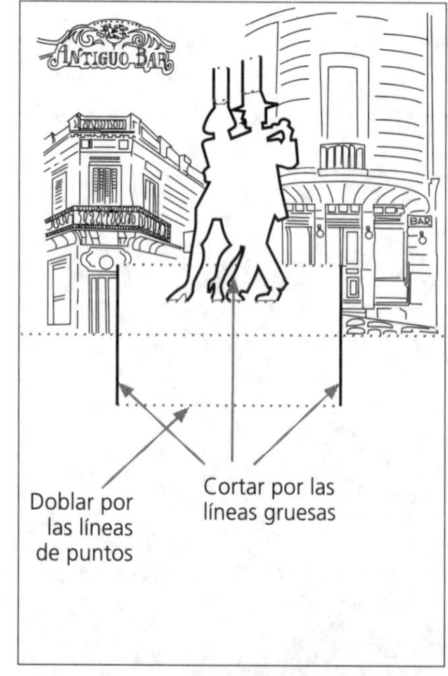

3 Recortar en papel felpilla negro un rectángulo de 10 por 3 cm y unir con pegamento en barra a la cartulina blanca en el frente del escalón.
Pintar con marcador negro las figuras de los bailarines.

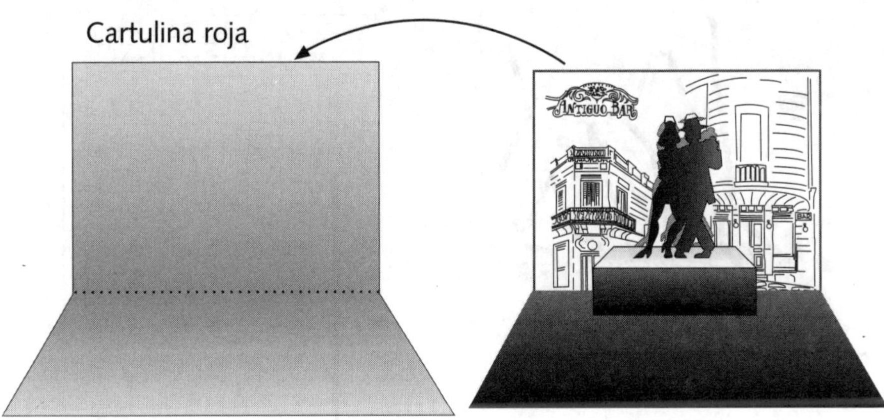

4 Pegar papel felpilla negro en el resto del rectángulo de cartulina blanca, simulando el piso. Marcar las líneas de pliegue con punzón y regla. Cortar en cartulina roja un rectángulo de 31 por 21 cm. Marcar en la mitad la línea de doblez con punzón y regla.

5 Centrar la tarjeta plegada en el interior del rectángulo de cartulina roja y adherirla con pegamento en barra, cuidando que lo que será el escenario y los bailarines queden sueltos.

MODELO TERMINADO
ABIERTO

DISEÑO REDUCIDO AL 80%

Tarjeta con bordes de servilleta de papel

TÉCNICA

Tarjetas españolas, Papel vegetal y servilletas de papel

(véase página 28)

MATERIALES

- *Papel vegetal color rosa*
- *Servilletas de papel o papel de seda*
- *Goma laca incolora*
- *Pincel chato de fibra suave, N°4 ó 6*
- *Bolillos chico y grueso*
- *Paño grueso*
- *Papel color rosa para el interior*
- *Lápiz negro*
- *Lápiz blanco*
- *Escuadra*
- *Regla*
- *Pincho de 1 ó 2 agujas*
- *Tijera*
- *Pegamento en barra*
- *Punzón*

1 Cortar en papel vegetal un rectángulo de 19 por 25 cm. Marcar en el centro, con punzón y regla, la línea de doblez.

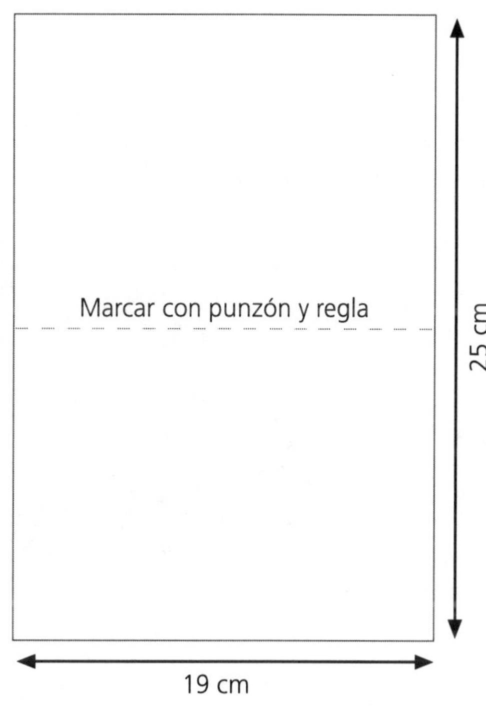

---

2 Recortar del borde de la servilleta de papel el diseño que se haya elegido para realizar el marco de la tarjeta y quitarle 2 ó 3 capas del papel blanco que tiene en el reverso y que le da consistencia.

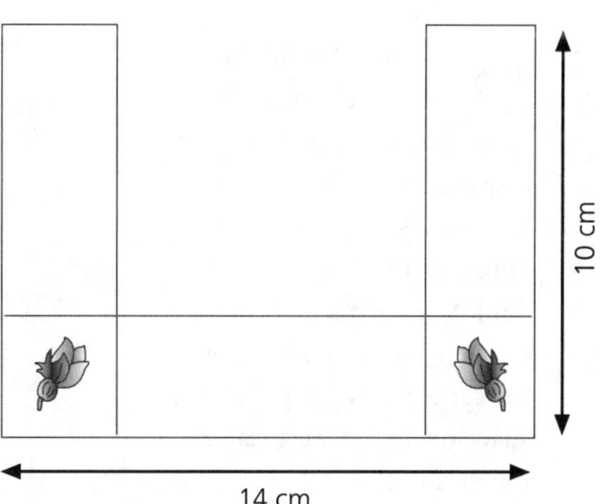

3 Realizar en el papel vegetal, con lápiz, una guía donde irá apoyado el borde de la servilleta. Si éste no llegara a coincidir con las medidas que se indican en este trabajo, habrá que adaptar las mismas a la tarjeta.

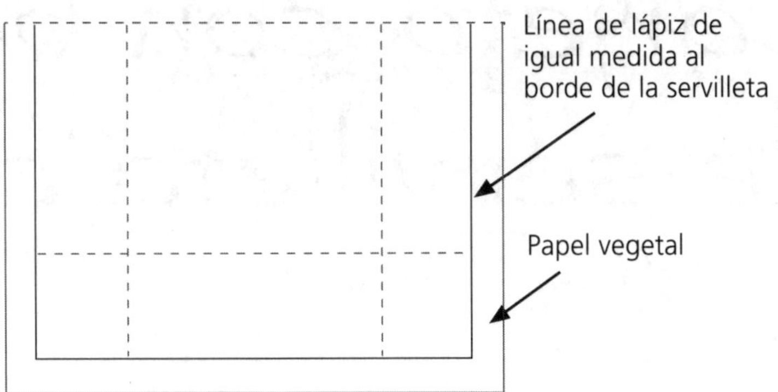

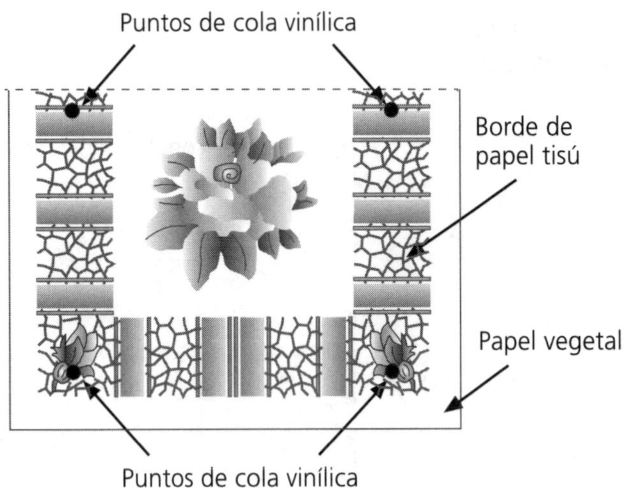

4 Apoyar el borde que se recortó sobre las guías dibujadas y colocar un punto de cola vinílica en los ángulos para sostenerlo. Pintar el borde de servilleta en su totalidad con el pincel embebido en goma laca. Proceder de la misma manera con el diseño que se haya elegido para la aplicación central de la tapa.

---

5 Apoyar la tarjeta sobre el paño y del lado del revés realizar, a mano alzada y con el bolillo chico, los bordes A y B que se indican en el Diseño tamaño natural (véase página 160). Si hacerlo a mano alzada resulta muy difícil, se puede marcar el diseño muy suavemente con lápiz blanco por el lado derecho.

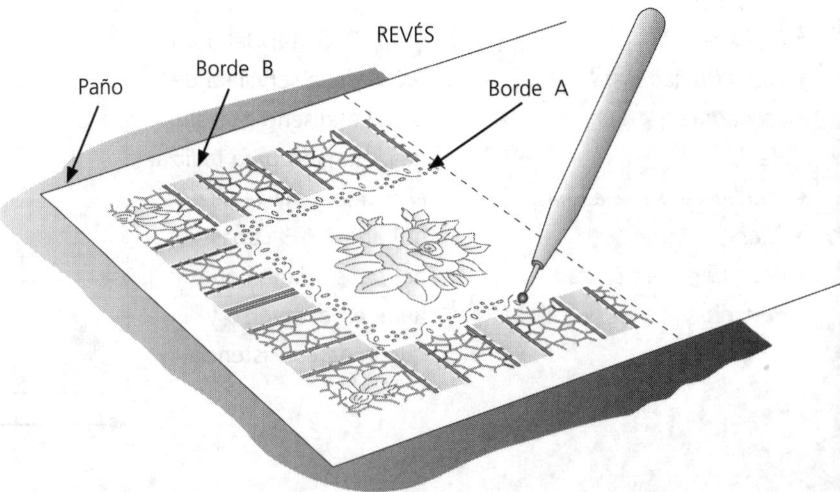

6 Repujar con el bolillo grueso, sobre el paño y por el revés de la tarjeta, el motivo central (en este caso la rosa) y los pimpollos de los extremos, para que en el frente aparezcan en relieve.

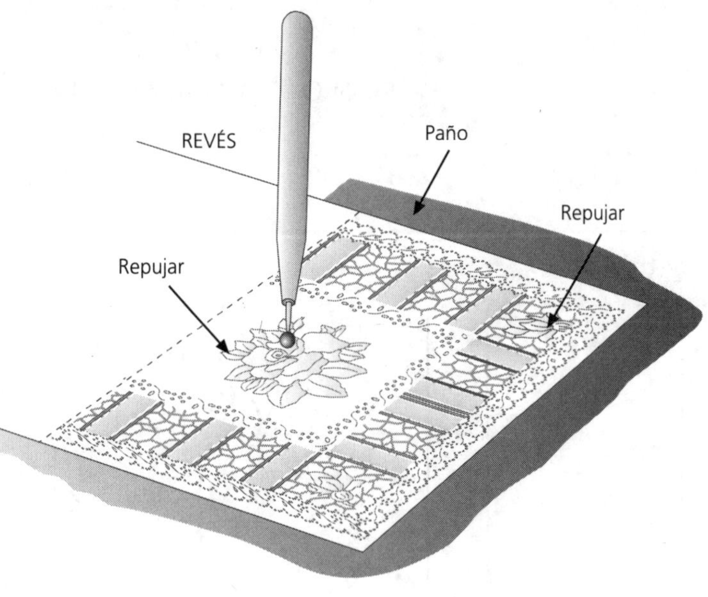

7 Cortar un rectángulo de 19 por 25 cm en papel color rosa. Pegarlo en el interior de la tarjeta con pegamento en barra por la línea de doblado.

---

8 Cortar sobre el paño colocado doble, con el pincho de 1 ó 2 agujas, el borde de la tarjeta, abarcando también el papel interior. Quitar el excedente.

MODELO TERMINADO

DISEÑO TAMAÑO NATURAL

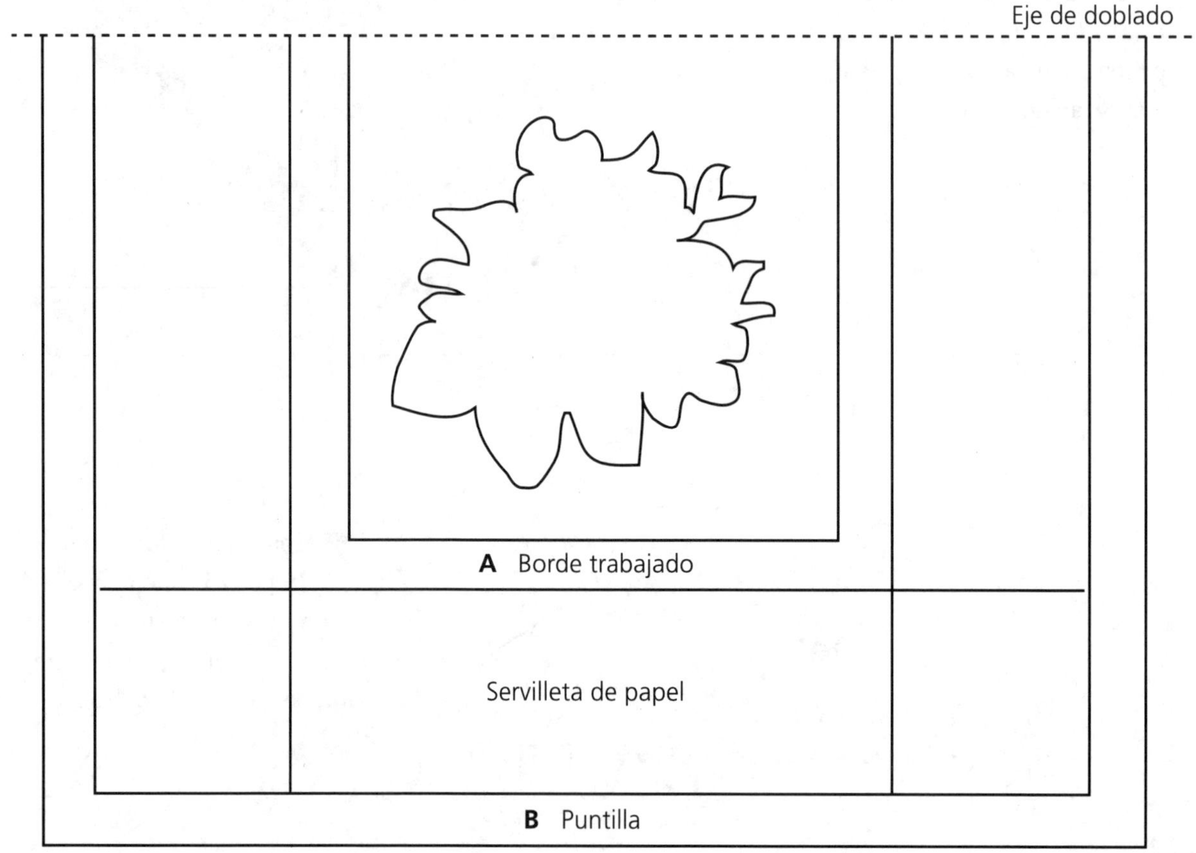

Eje de doblado
A Borde trabajado
Servilleta de papel
B Puntilla

A Borde trabajado
Pinchado en la servilleta
B Puntilla

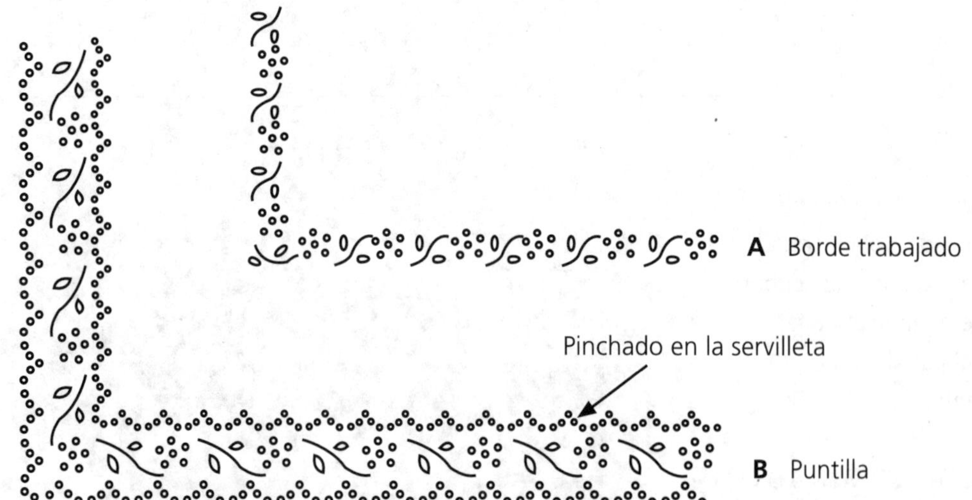

Tarjeta con flores de tela

TÉCNICA

Entelado

(véase página 17)

MATERIALES

- *Cartulina verde*
- *Cartulina blanca o amarillo claro*
- *Cartulina amarilla*
- *Cartulina (retazos para entelar)*
- *Telas estampadas*
- *Botones*
- *Cola vinílica o pegamento para découpage*
- *Pegamento universal*
- *Pegamento en barra*
- *Tijera*
- *Tijera de formas*
- *Cúter*
- *Regla*
- *Punzón*

1 Cortar en cartulina verde un rectángulo de 22 por 15,5 cm. Recortar con tijera de formas. Marcar con punzón la mitad para doblar la tarjeta.

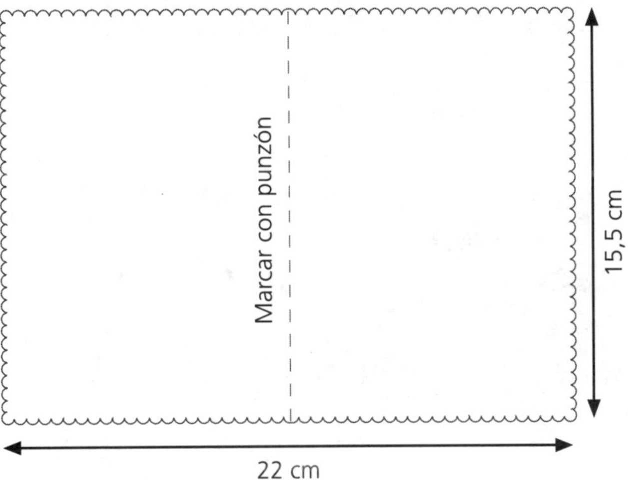

---

2 Marcar por el revés de la tapa el Diseño tamaño natural (véase página 163) de la arcada (con el pasto incluido) y calar con cúter sobre un vidrio o cerámico para que el corte quede perfecto.

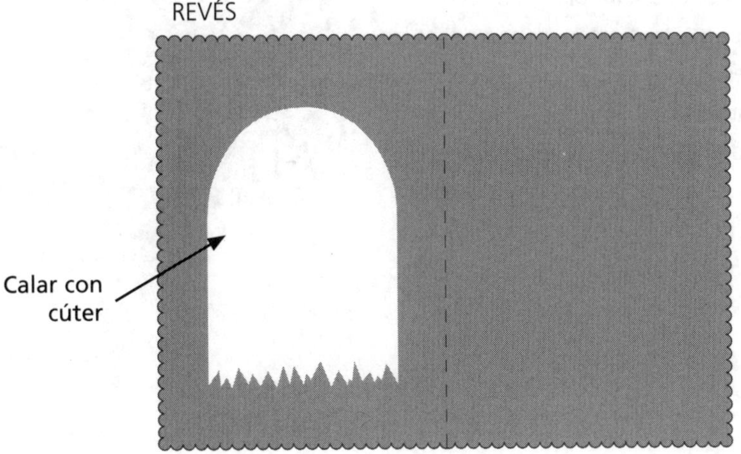

3 Transferir dos veces sobre cartulina blanca el Diseño tamaño natural del cerco (véase página 163) y recortar. Pegar uno en la parte anterior de la tapa y el otro en la parte posterior.

PARTE POSTERIOR

PARTE ANTERIOR

4 Transferir sobre trozos de cartulinas los Diseños tamaño natural de las flores y las hojas (véase página 164). Entelarlos con diferentes telas dentro de la misma gama de colores. Tener en cuenta que para este trabajo se necesitan 7 flores y 6 hojas. Transferir el Diseño tamaño natural de la maceta (véase página 164) sobre cartulina amarilla y recortar.

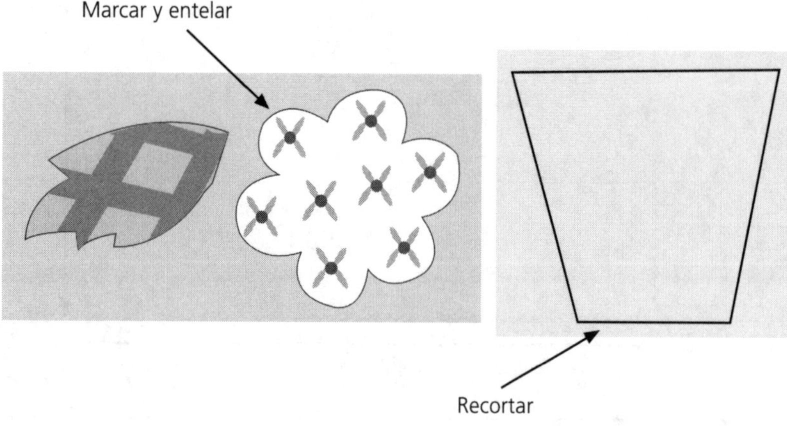

5 Siguiendo el Diseño tamaño natural, adherir con pegamento en barra la maceta, y luego las flores y las hojas, encimándolas. Tener en cuenta que primero se deben pegar las que están atrás y después las que están adelante. Por último, pegar las flores y las hojas que van ubicadas sobre el cerco, en la parte anterior y posterior de la tapa (siguiendo este orden). Con pegamento universal colocar un botón en el centro de cada flor.

NOTA

En este caso no se coloca papel interior, ya que el mensaje o saludo va pegado en la contratapa.

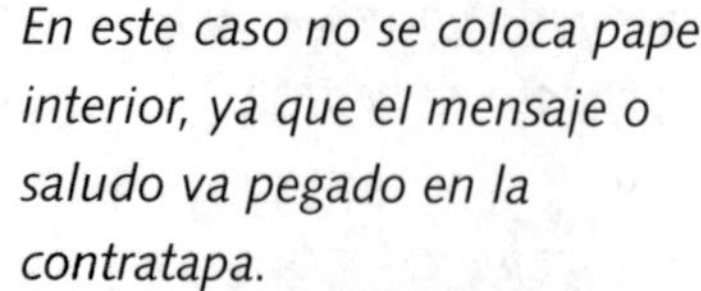

MODELO TERMINADO
CERRADO Y ABIERTO

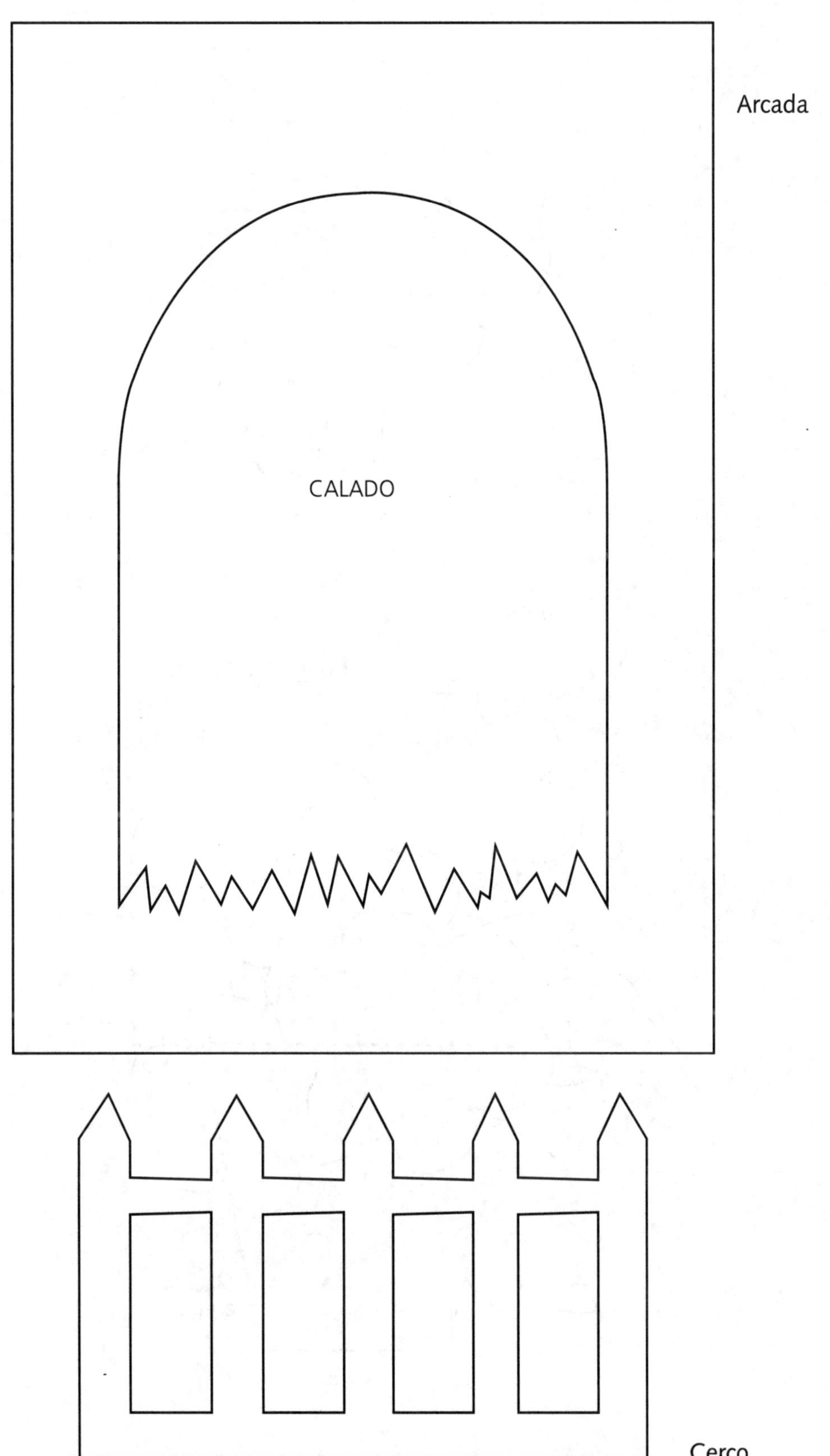
Arcada
CALADO
Cerco

DISEÑOS TAMAÑO NATURAL

Flores y hojas

Maceta y armado

Tarjeta con galón

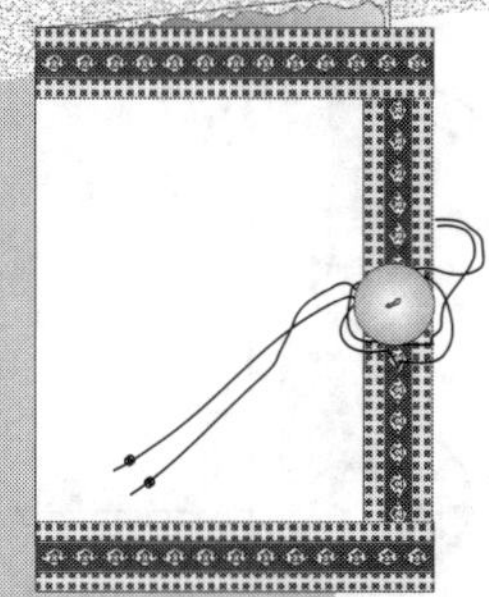

TÉCNICA
Collage
(véase página 20)

MATERIALES
- *Galón bordado de 2,5 cm de ancho*
- *Cartulina satinada blanca*
- *Punzón*
- *Botón de nácar*
- *Cordón*
- *Papel para el interior*
- *Pegamento universal o cinta doble faz*
- *Tijera*
- *Cúter*
- *Tijera de formas*
- *Pegamento en barra*

1 Cortar en cartulina satinada blanca un rectángulo de 28 por 20 cm.
Marcar por la mitad con punzón y doblar.

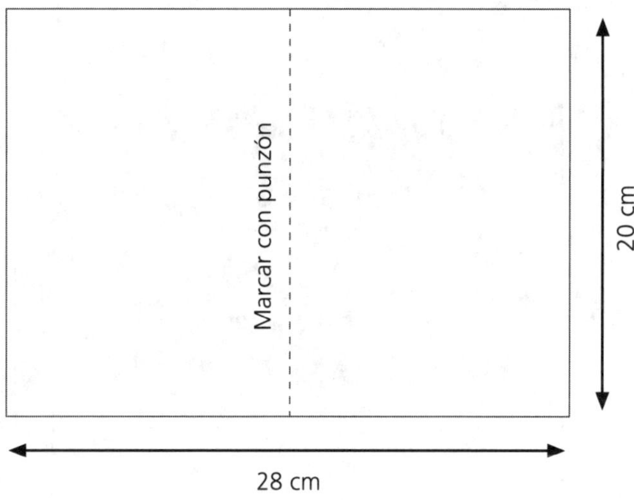

2 Aplicar cinta doble faz o pegamento universal en todo el borde de la tapa y adherir el galón.
En las esquinas, no cortar el galón: darlo vuelta hacia el interior y pegar.

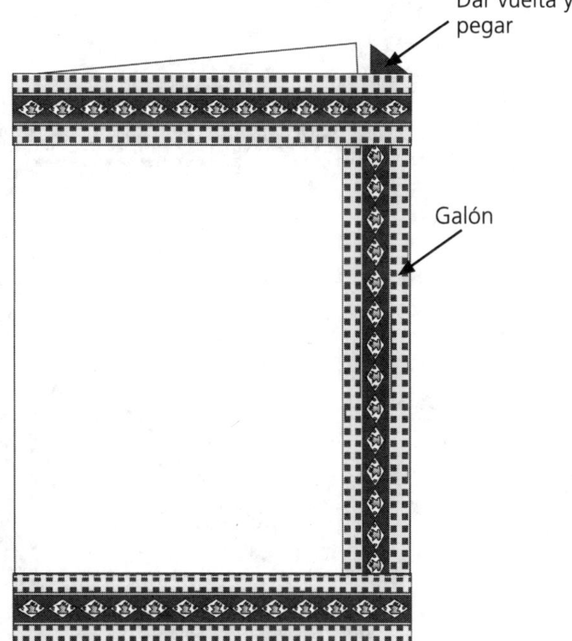

3 En la tapa de la tarjeta, con un punzón hacer un orificio a los 10 cm, perforando el galón y la cartulina. Pasar un cordón por los agujeros del botón de nácar y colocarlo sobre el orificio, ajustando del lado del revés.

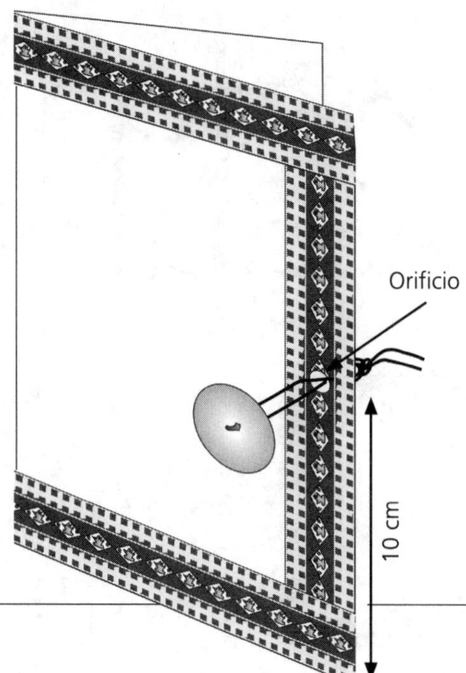

4 Cortar con tijera de formas un rectángulo de 27 por 19 cm en un papel que haga contraste. Cubrir con este rectángulo toda la parte interior de la tarjeta y adherirlo con pegamento en barra. Hacer un orificio en la contratapa a la misma altura que el que se hizo en la tapa y pasar un cordón doble anudado que servirá para cerrar y abrochar la tarjeta.

MODELO TERMINADO

NOTAS

- *El galón bordado se puede reemplazar por una puntilla, si la destinataria es una adolescente romántica.*
- *El galón o la puntilla pueden colocarse en forma diagonal.*

Tarjeta con corazones

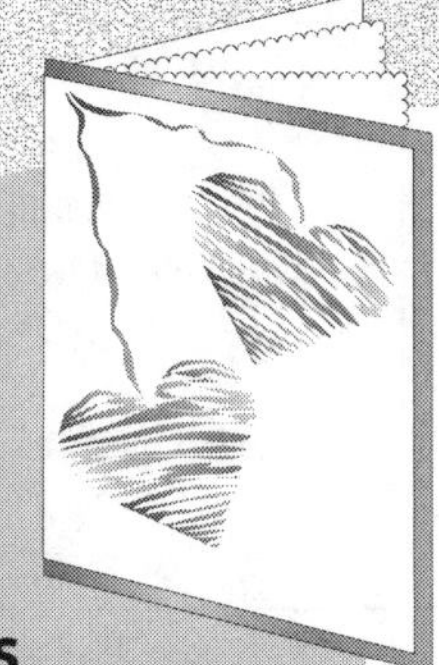

TÉCNICAS

Collage y Esténcil

(véanse páginas 20 y 15)

MATERIALES

- *Cartulina ilustración o satinada blanca*
- *Cola diluida con muy poca agua*
- *Givré naranja, violeta, rosa viejo*
- *Cartón grueso*
- *Cúter*
- *Regla*
- *Pegamento en barra*
- *Lápiz*
- *Punzón*
- *Regla*
- *Cinta doble faz*
- *Papel blanco para interior*
- *Tijera de formas*
- *Palillo para brochette*

1 Para hacer la plantilla, transferir un corazón (véase Diseño tamaño natural en página 170) sobre cartón grueso y calar con cúter.

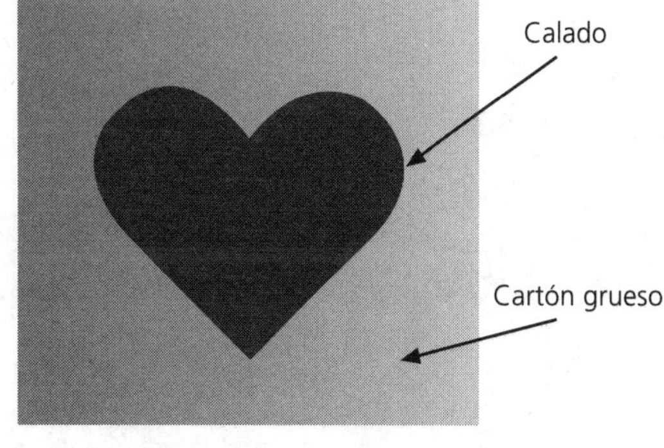

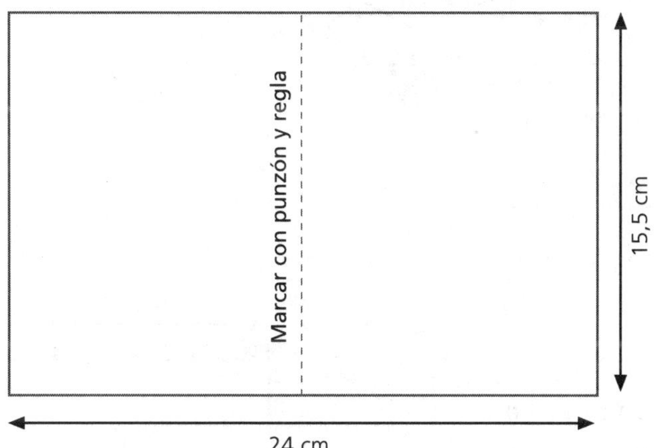

2 Cortar en cartulina ilustración blanca un rectángulo de 24 por 15,5 cm. Marcar por la mitad con punzón y regla y doblar con mucho cuidado, ya que este tipo de material se quiebra con facilidad. En el mismo material recortar otro rectángulo de 16,5 por 12,3 cm.

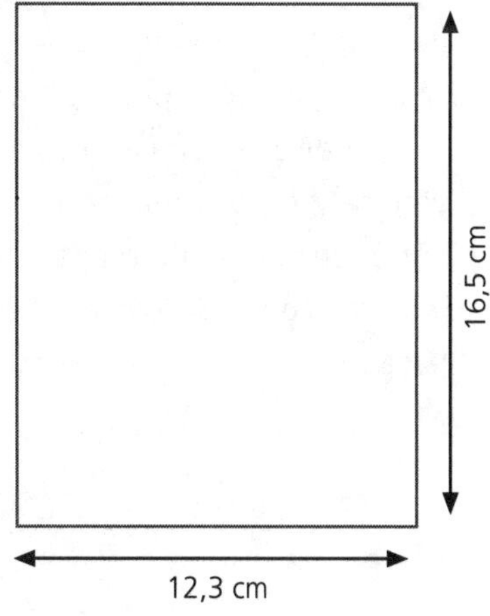

3 Colocar la cola vinílica diluida con muy poca agua en un recipiente bajo (platillo, tapa de mermelada, etcétera). Ubicar sobre el frente de la tarjeta la plantilla con el corazón y sostenerla con una mano. Cargar el palillo para brochette con la cola y hacer dentro del calado una serie de rayas desparejas que cubran la tercera parte del corazón. Espolvorear en forma abundante con el givré violeta. Sin mover, repetir con el rosa y el naranja.

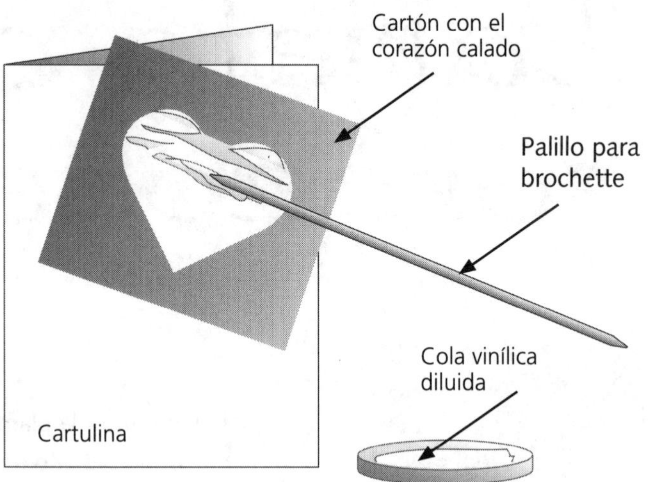

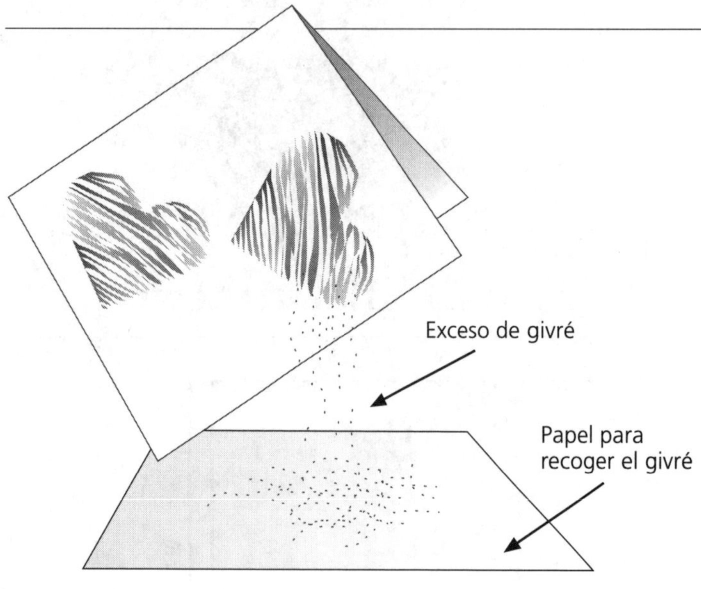

4 Retirar con mucho cuidado la plantilla y volcar sobre un papel el exceso de givré. Dejar secar muy bien y proceder de la misma manera para hacer y cubrir el otro corazón.

5 Marcar un recuadro de 5 mm en tres de los lados del rectángulo de cartulina de 16,5 por 12,3 cm. Pasar por este recuadro cola vinílica y espolvorear con givré, en forma alternada, una vez con cada color. Sacudir para retirar el exceso.

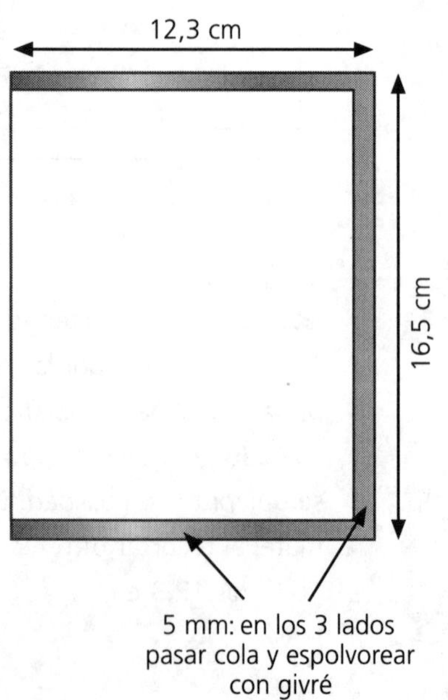

6 Trazar las cintas que unen los corazones con el palillo para brochette embebido en cola vinílica y espolvorear con givré naranja.

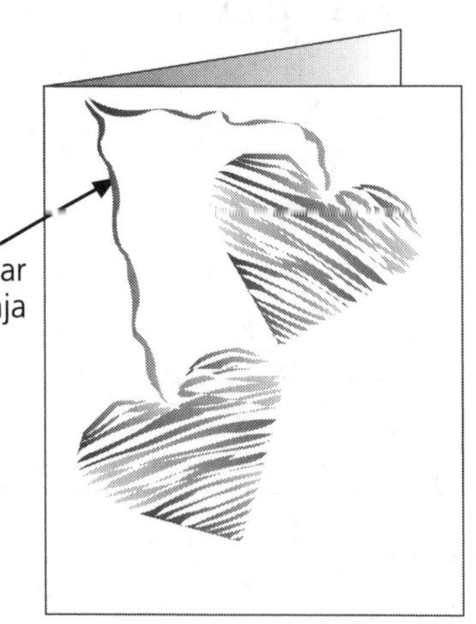

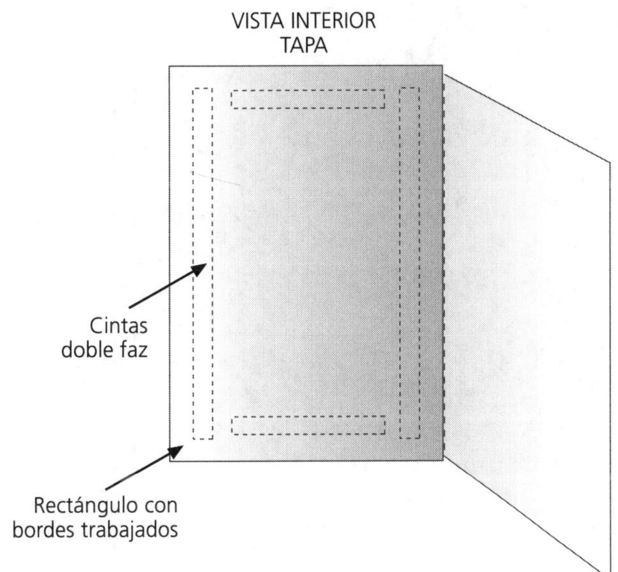

7 Cuando todo el trabajo está bien seco (4 ó 5 horas), unir el rectángulo con bordes trabajados a la tapa, con cinta doble faz.

NOTAS

- *La cola vinílica es un producto al agua, razón por la cual su secado tarda más que cualquier otro tipo de pegamento.*
- *Para realizar trabajos como el que se explicó es necesario tener todos los elementos preparados al alcance de la mano, ya que, una vez ubicada, se debe evitar mover la plantilla.*

8 Recortar con tijera de formas el papel interior, con las medidas de la tarjeta, y colocarlo con pegamento en barra.

MODELO TERMINADO

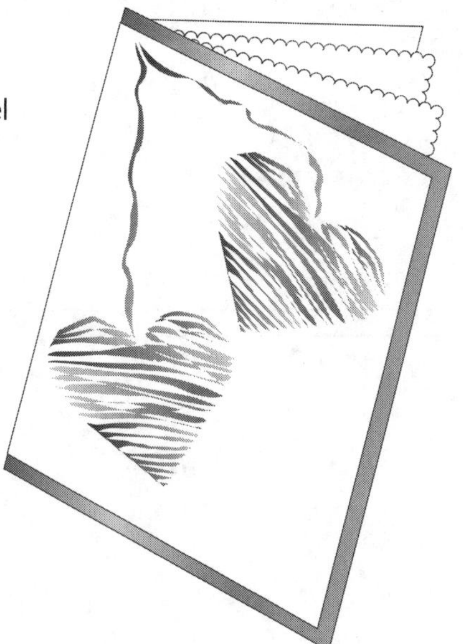

Tarjeta con encaje

TÉCNICA

Con fotocopias

(véase página 12)

MATERIALES

- *Encaje blanco u otra tela calada*
- *Papel o cartulina marrón*

Atención: Con estos dos materiales sacar una fotocopia color tamaño oficio, teniendo en cuenta que el encaje debe colocarse sobre el papel o cartulina marrón.

- *Cartulina blanca*
- *Papel blanco para el interior*
- *Punzón*
- *Foto o fotocopia de una foto*
- *Fotocopia de flores o flores recortadas de revistas, etcétera*
- *Puntilla*
- *Pegamento en barra o cola vinílica*
- *Tijera*
- *Cúter*
- *Cinta doble faz*

1 Cortar en cartulina blanca un rectángulo de 26 por 19 cm. Pegar con cola vinílica o pegamento en barra la fotocopia del encaje. Para que no se formen globos, pasar un paño desde el centro estirando hacia fuera. Dejar secar. Recortar el excedente de fotocopia.

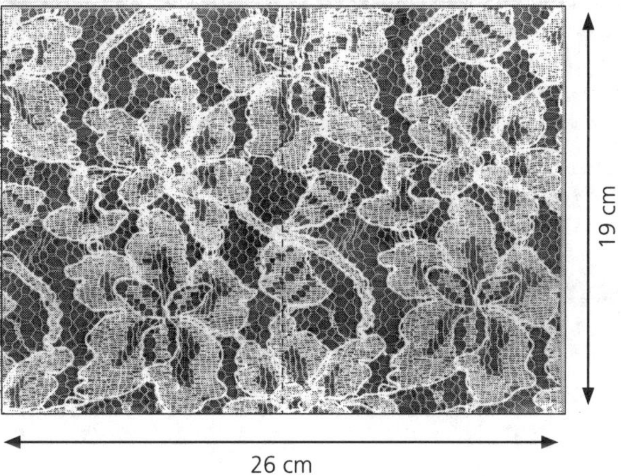

2 Marcar la tarjeta por la mitad con punzón y doblar. Colocar en el revés de la tapa todo alrededor del borde cinta doble faz y apoyar allí la puntilla, que deberá asomar por la tapa.

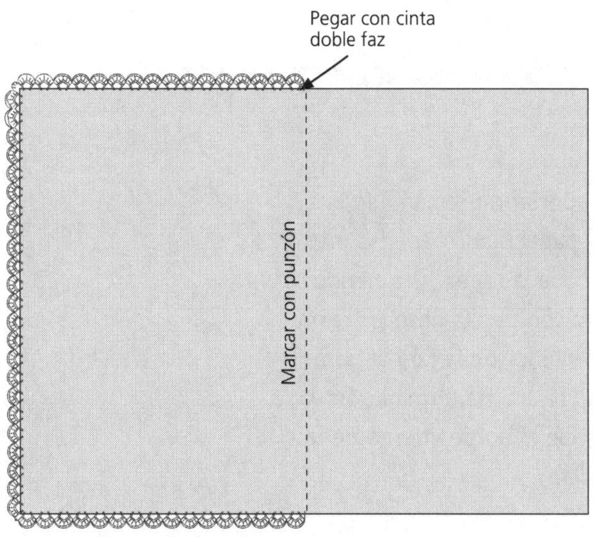

3 Recortar por los bordes la foto que se eligió, apoyarla sobre la tapa y componer un diseño armónico con las flores recortadas. Recordar que primero se pegan los materiales que van en el fondo y, en orden, los que se van encimando. Usar pegamento en barra.

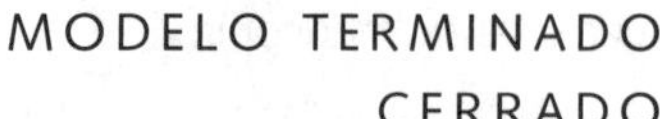

MODELO TERMINADO CERRADO

MODELO TERMINADO ABIERTO

4 Cortar un rectángulo en papel blanco apenas más chico que la tarjeta y adherirlo entero con pegamento en barra en el interior de la tarjeta para darle una buena terminación y que tape el borde interno de la puntilla.

NOTA

Si la foto se reemplaza por una fotocopia, el color de la misma debe guardar armonía con la totalidad del trabajo. En este caso, para la fotocopia de la foto se usó color sepia ya que el fondo de la tarjeta es marrón y las flores de papel aplicadas son amarillas.

Capítulo 7

Ocasiones especiales

- Tarjeta con cerradura y llave
- Tarjeta casita
- Tarjeta con equipaje
- Tarjeta y sobre personales
- Menú y sitio de mesa
- Con puntilla de papel

Tarjeta con cerradura y llave

TÉCNICA

Tarjetas plegadas

(véase página 21)

MATERIALES

- *Cartulina ilustración acerada*
- *Papel amarillo*
- *Cordón*
- *Llave*
- *Tijera*
- *Cúter*
- *Punzón*
- *Pegamento en barra*

1 Cortar en cartulina ilustración un rectángulo de 16 por 17 cm. Marcar por ambos lados con punzón y regla las líneas de doblado. A 3,8 cm de los bordes laterales marcar las aletas (como se trabaja con una cartulina gruesa, los milímetros sobrantes quedan absorbidos por el doblado final).

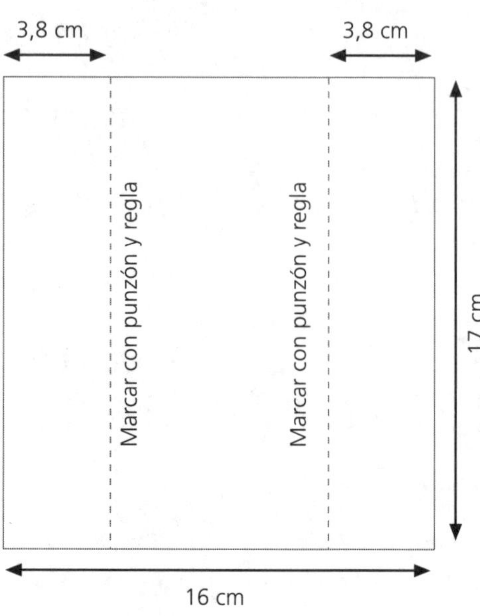

2 Cortar en papel amarillo un rectángulo de 8 por 17 cm y forrar con él el fondo de la tarjeta, adhiriéndolo con pegamento en barra.

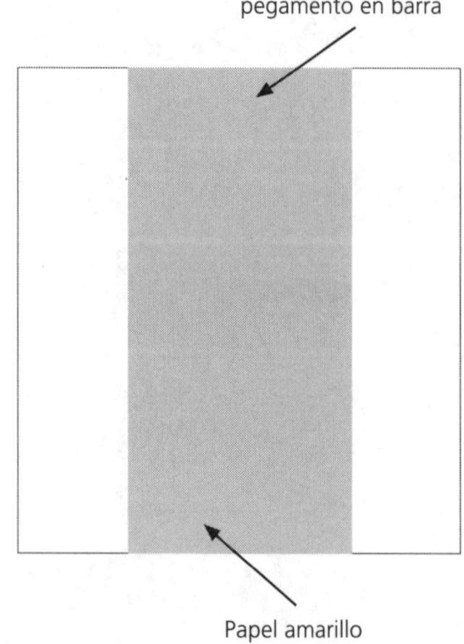

3 Marcar la forma de las aletas y las bisagras siguiendo el Diseño tamaño natural (véase página 175) y transferirlas con un punzón, si se trabaja del lado derecho, o con papel carbónico, si se trabaja del lado revés. Cortar con cúter las partes rectas y con tijera, las curvas. Hacer lo mismo con la cerradura.

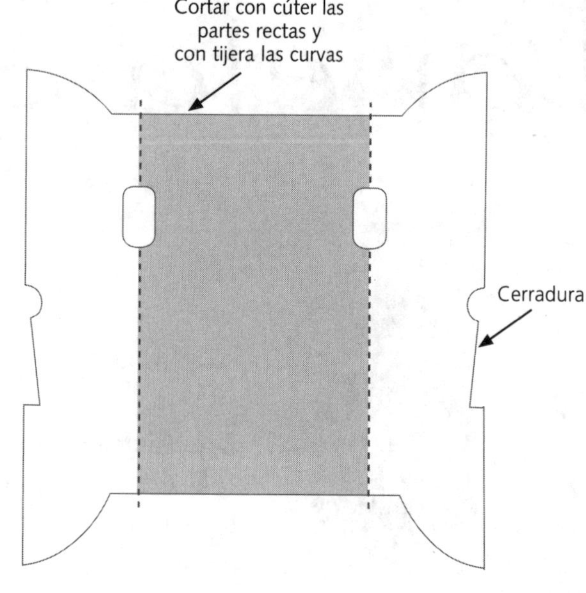

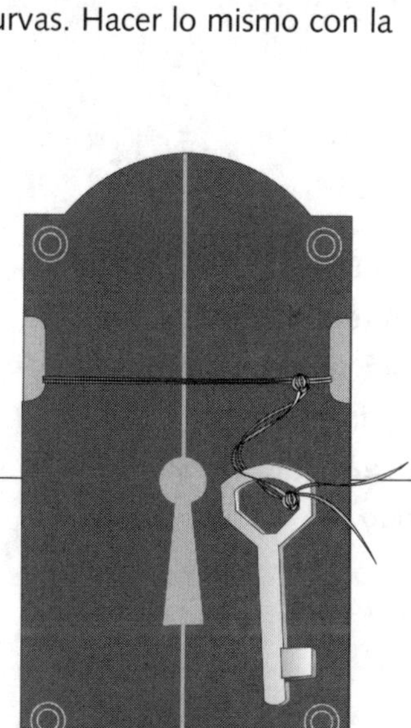

4 Doblar la tarjeta. Marcar los tornillos con punzón (véase ubicación en Diseño tamaño natural). Pasar el cordón por las bisagras y anudar la llave.

MODELO TERMINADO

DISEÑO REDUCIDO AL 90%

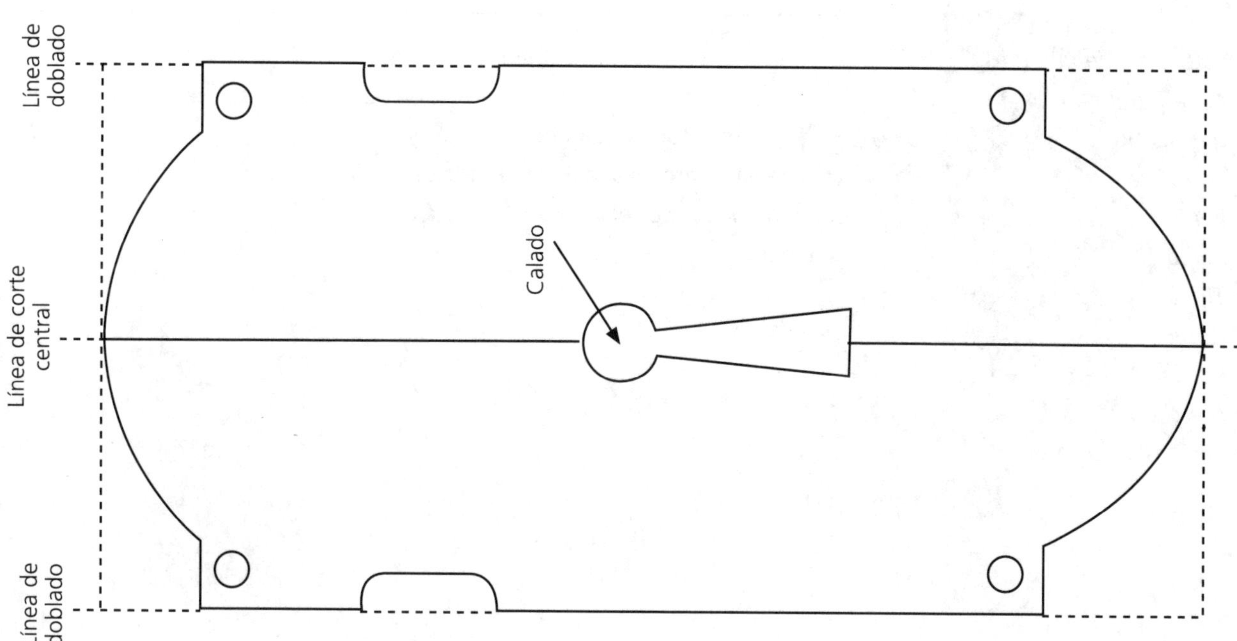

Tarjeta casita

TÉCNICAS
Con fotocopias
y Tarjetas plegadas
(véanse páginas 12 y 21)

MATERIALES
- *Papel de calcar*
- *Fotocopia del diseño (es necesario sacarla en 2 partes o bien en las casas especializadas en planos, a raíz del tamaño)*
- *Fotocopia de una foto de la familia que se mude*
- *Cartulina*
- *Punzón*
- *Regla*
- *Tijera*
- *Cúter*
- *Pegamento en barra*
- *Marcadores*
- *Lápices de colores*

1 Pasar a un papel de calcar el Diseño tamaño natural (véase página 178). Sacar fotocopia de éste en blanco y negro. Pegar la fotocopia, sin recortar, sobre un rectángulo de cartulina de 45 cm de largo por 18 cm de ancho, aproximadamente, con pegamento en barra, cuidando que quede bien adherido.

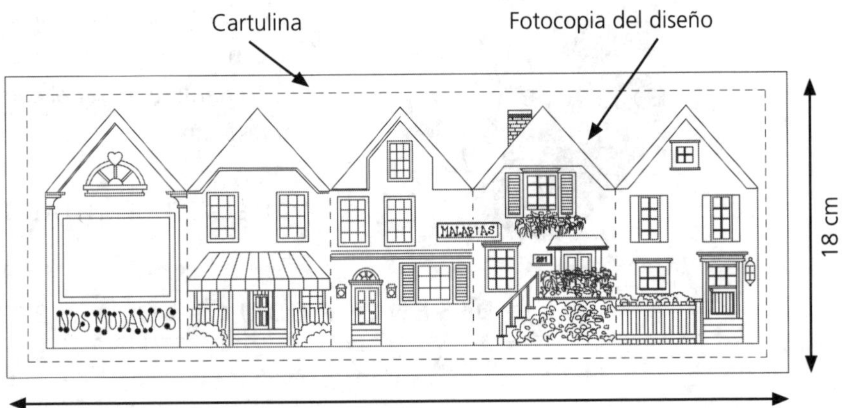

2 Recortar toda la tarjeta con cúter y regla. Marcar cada línea de doblez con punzón y regla por el lado que no está dibujado.

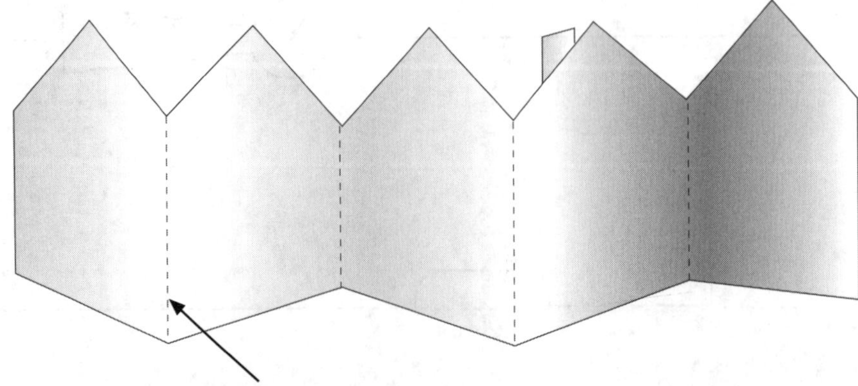

3 Pegar en el frente de la primera casa la fotocopia de la foto de la familia. Pintar con marcadores los detalles. Repasar con marcador la leyenda "Nos mudamos".

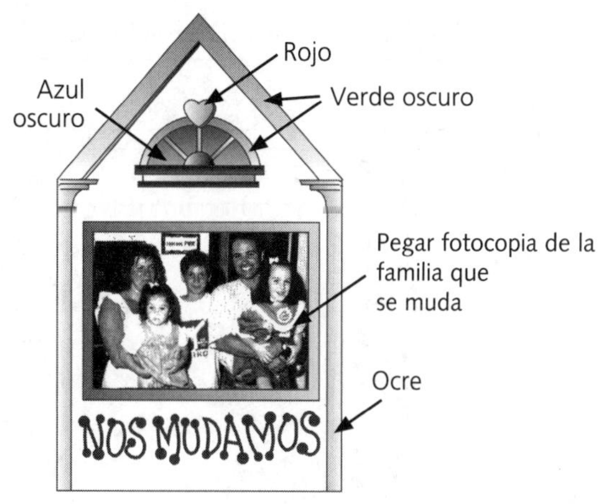

---

4 Pintar suavemente con lápiz de color ocre las casas 2, 3 y 5. Colorear con marcadores de color todos los detalles de la casa 4. Remarcar con marcador negro el nombre de la calle y el número de la casa. Plegar la tarjeta.

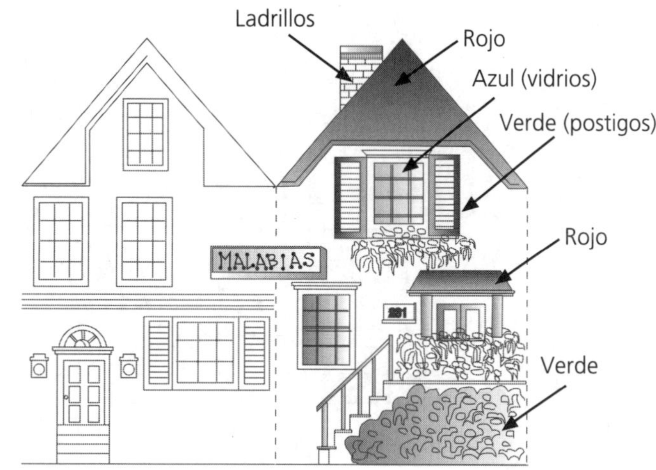

NOTA

Otra opción es eliminar los detalles de una de las casas y cubrir el espacio en blanco con datos tales como el apellido de la familia, la nueva dirección, localidad, código postal, teléfono y otros.

MODELO TERMINADO CERRADO Y ABIERTO

DISEÑO REDUCIDO AL 60%

Tarjeta con equipaje

TÉCNICAS

Collage y Con fotocopias

(véanse páginas 20 y 12)

MATERIALES

- *Estampillas de diferentes colores*
- *Pasaje de avión*
- *Papel entelado azul*
- *Lápices acuarelables*
- *Recortes de revistas de herrajes, manijas, etcétera*
- *Pegamento en barra*
- *Tijera*
- *Tijera de formas*
- *Cúter*
- *Cartulina*
- *Hisopos*
- *Papel para interior color celeste (optativo)*

1 Pegar las estampillas, por color, sobre distintos rectángulos de cartulina (en este caso, para las valijas azules se usaron 4 estampillas, y para el baúl marrón, 8). Tener en cuenta que para este modelo se hicieron 8 valijas. Sacar fotocopias color de estos rectángulos y del pasaje de avión.

Ejemplos

Valijas azules

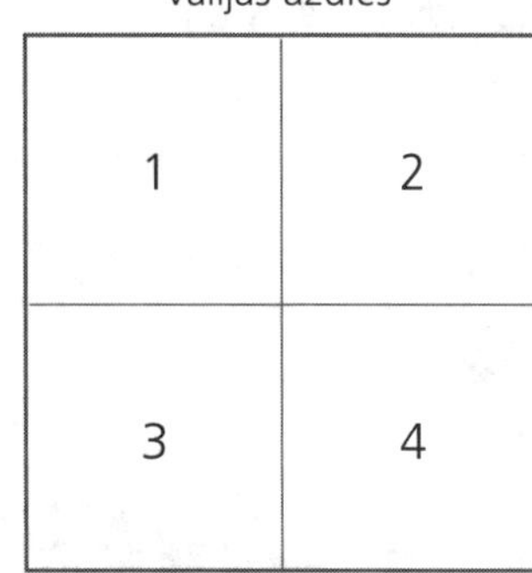

4 estampillas

Baúl marrón

1	2	3	4
5	6	7	8

8 estampillas

2 Transferir el Diseño tamaño natural (véase página 181) de cada valija en el rectángulo de fotocopia correspondiente. Colocar los herrajes y las manijas con pegamento en barra. Marcar con lápices acuarelables las divisiones de la tapa y los contornos de cada valija y esfumar el color con un hisopo humedecido. Repetir la técnica con todas las valijas. Recortarlas.

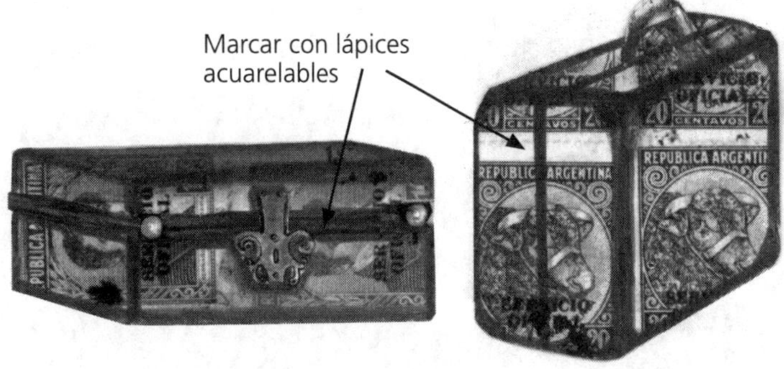

3 Cortar en papel entelado un rectángulo de 17 por 25 cm. Marcar con punzón y regla una línea por la mitad y doblar. Siguiendo el Diseño tamaño natural transferir sobre la tapa de la tarjeta la posición de todas las valijas. Pegar en la parte inferior de la tapa de la tarjeta la fotocopia color del pasaje de avión.

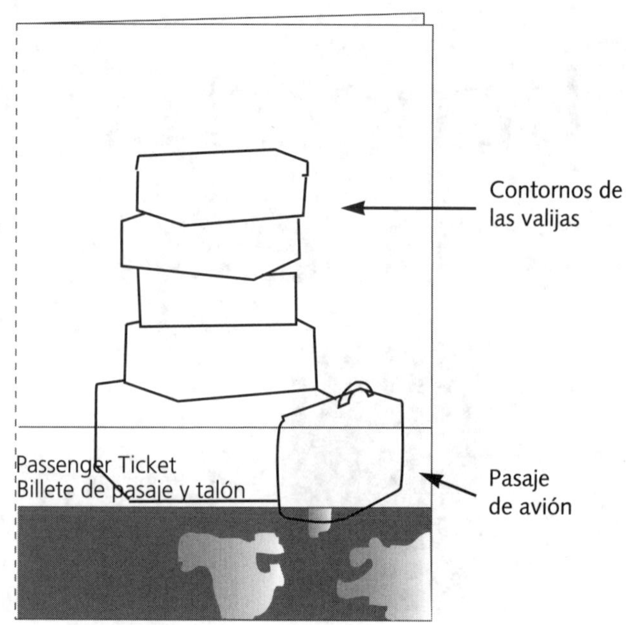

4 Adherir con pegamento en barra cada valija en el lugar marcado en la tapa, comenzar con el baúl marrón e ir encimando las demás (véase ubicación por color y tamaño en el Diseño tamaño natural). Por último, pegar la valija azul restante sobre el pasaje de avión.

MODELO TERMINADO

NOTAS

- *Si se quiere, se puede agregar papel interior para escribir un mensaje. Éste se hace recortando con tijera de formas un rectángulo apenas más chico que la medida de la tarjeta y uniéndolo a ésta con algunos puntos de pegamento en barra.*
- *Recordar que para superponer diseños, primero hay que pegar los que quedarán atrás y luego los que van ubicados en el frente.*

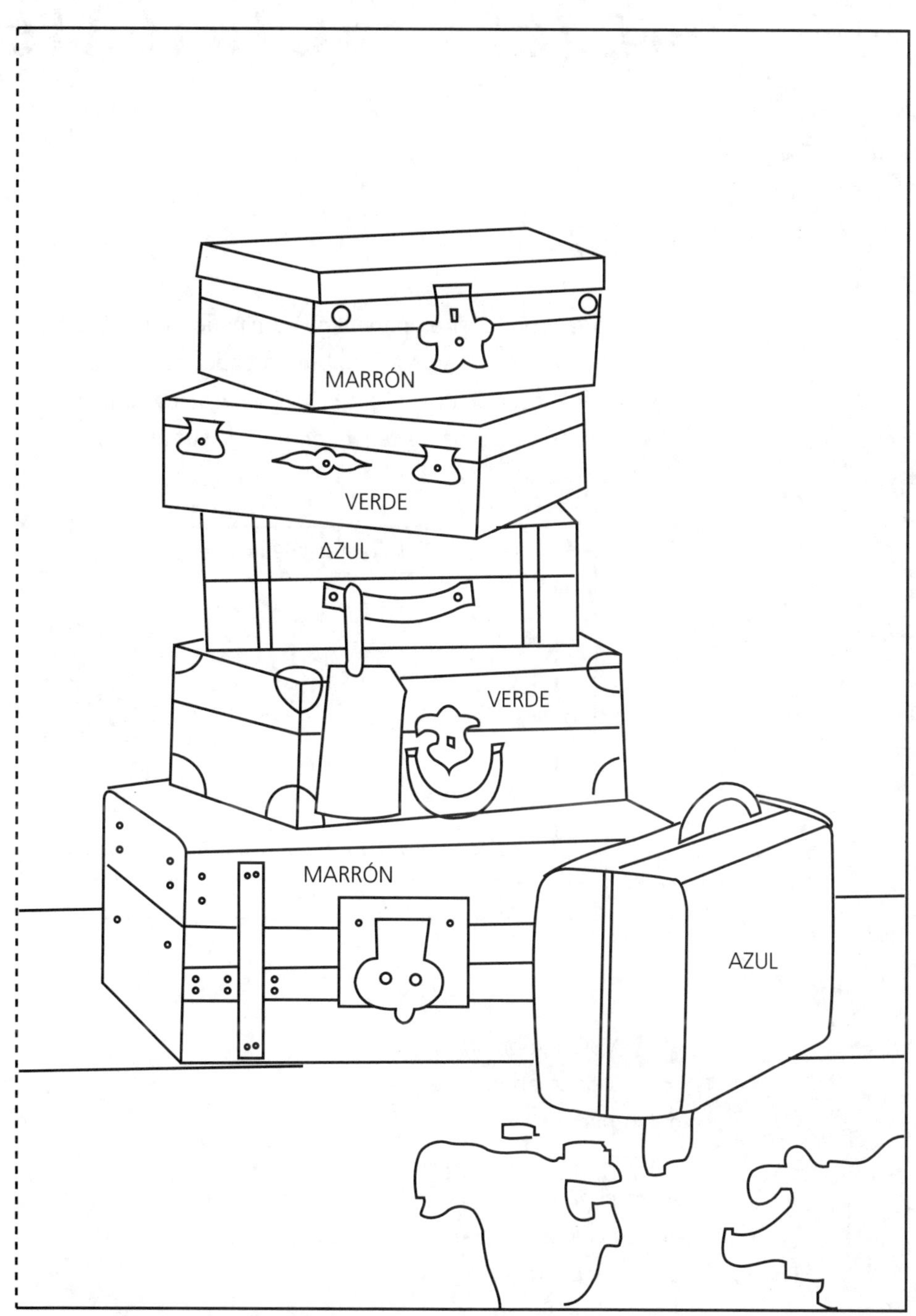
MARRÓN
VERDE
AZUL
VERDE
MARRÓN
AZUL

Tarjeta y sobre personales

TÉCNICA
Estampado con sellos de goma y relieve
(véase página 16)

MATERIALES
- *Papel apergaminado*
- *Sello de goma con forma de rosa*
- *Medio para polvo de relieve*
- *Polvo para relieve dorado*
- *Pincel*
- *Pegamento en barra*
- *Fuente de calor*
- *Marcadores al agua*
- *Tijera*
- *Cúter*
- *Regla*
- *Punzón*
- *Marcador dorado*

TARJETA

1 Cortar con cúter en papel apergaminado un rectángulo de 9 por 5 cm. Apoyarlo sobre un papel que se pueda desechar. Colocar el medio sobre el sello hasta lograr una superficie viscosa. Sellar la tarjeta en uno de sus ángulos.

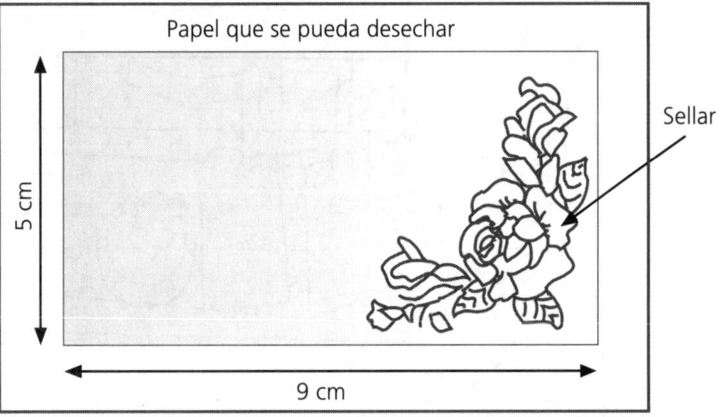

2 Volcar sobre lo sellado abundante polvo para relieve dorado. Retirar el exceso sobre el papel que se colocó debajo y guardarlo. Aplicar una fuente de calor hasta lograr el relieve deseado.

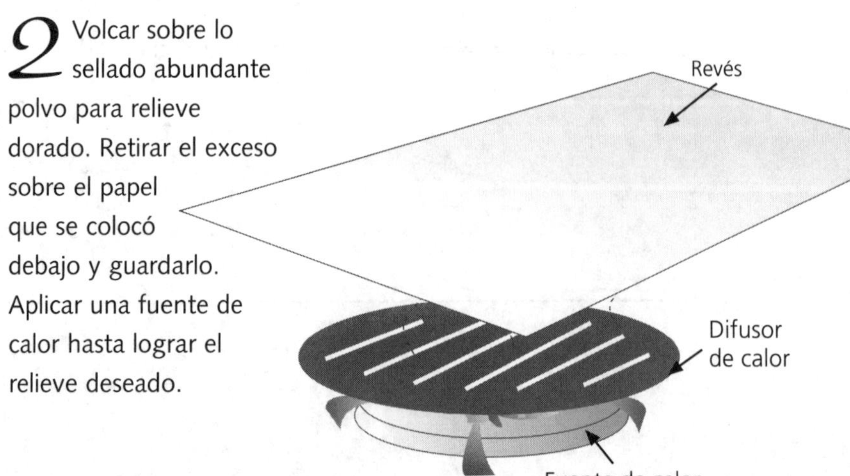

3 Realizar con marcador dorado los recuadros que se indican en el dibujo. Pintar el diseño con marcador al agua y, antes de que se seque, esfumar con un pincel humedecido en agua. Colorear con un tono más oscuro la parte interior de la rosa. También queda muy bien con el relieve dorado solamente.

MODELO TERMINADO

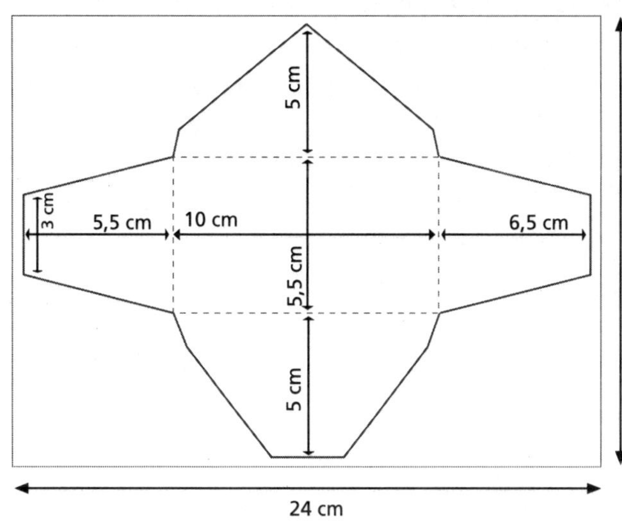

SOBRE

1 Hacer el molde del sobre siguiendo las medidas indicadas en el dibujo y transferirlo sobre un rectángulo de papel apergaminado de 24 por 18 cm. Recortar. Tener en cuenta que las líneas punteadas son de plegado, y las enteras, de corte.

2 Marcar con punzón y regla las líneas por donde se doblará el sobre. Doblar y pegar con pegamento en barra. Repetir en la solapa del sobre y con la técnica de sellado el diseño que se empleó para la tarjeta.

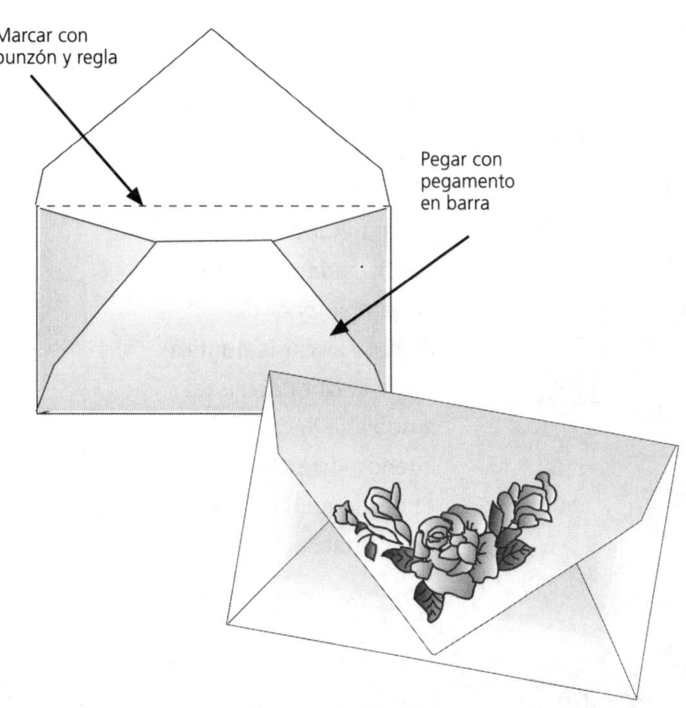

MODELO TERMINADO

Menú y sitio de mesa

TÉCNICA

Collage

(véase página 20)

MATERIALES

- *Cartulina entelada color bordó*
- *Puntillas de color natural de distinto ancho*
- *Cinta bebé color natural*
- *Letras autoadhesivas o marcador dorado*
- *Papel para el interior*
- *Cúter*
- *Tijera*
- *Regla*
- *Punzón*
- *Cinta doble faz*
- *Pegamento en barra*
- *Tijera de formas*

MENÚ

1 Cortar en cartulina entelada un rectángulo de 24 por 17 cm, aproximadamente (esta última medida varía de acuerdo con la puntilla que se haya elegido, ya que se debe tratar de que las ondas de la puntilla queden enteras en los bordes). Marcar con punzón y regla por la mitad la línea por donde se doblará el menú.

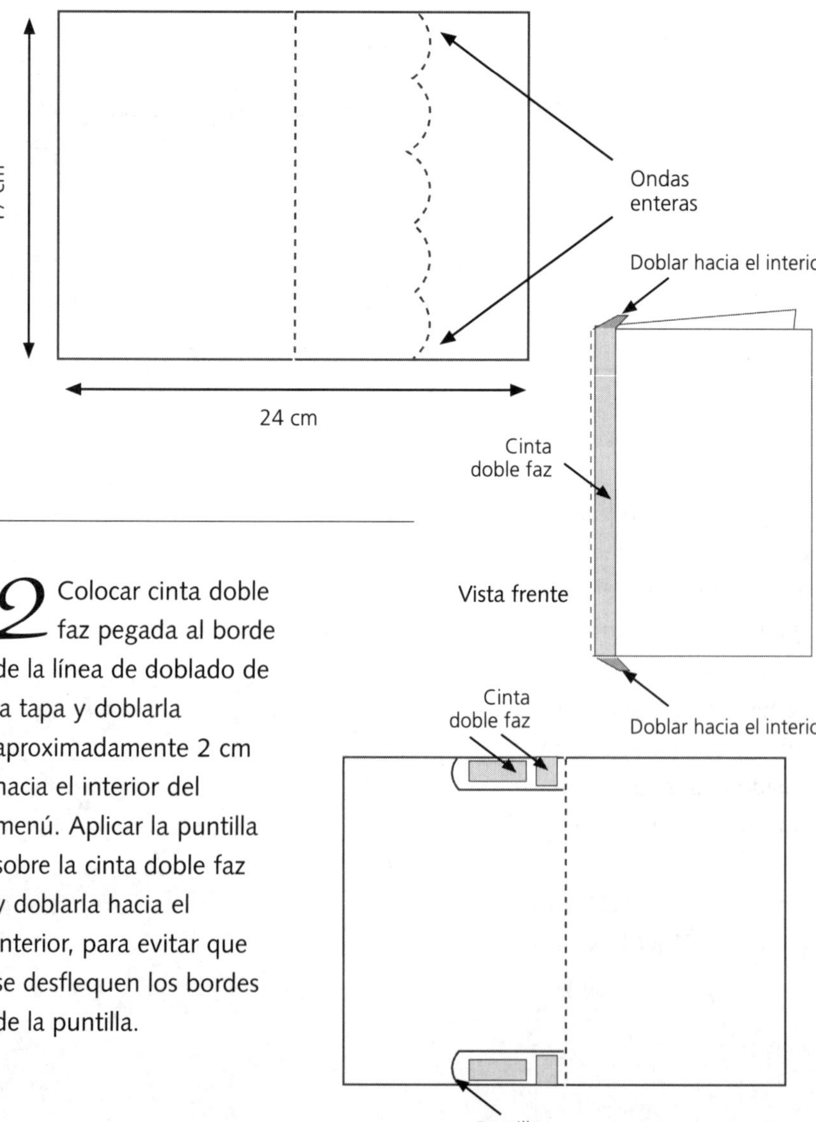

2 Colocar cinta doble faz pegada al borde de la línea de doblado de la tapa y doblarla aproximadamente 2 cm hacia el interior del menú. Aplicar la puntilla sobre la cinta doble faz y doblarla hacia el interior, para evitar que se desflequen los bordes de la puntilla.

3 Recortar en el papel interior elegido, con tijera de formas, un rectángulo apenas más chico que la medida del menú. Unirlo a éste con pegamento en barra, adhiriéndolo a la tapa y a la contratapa.

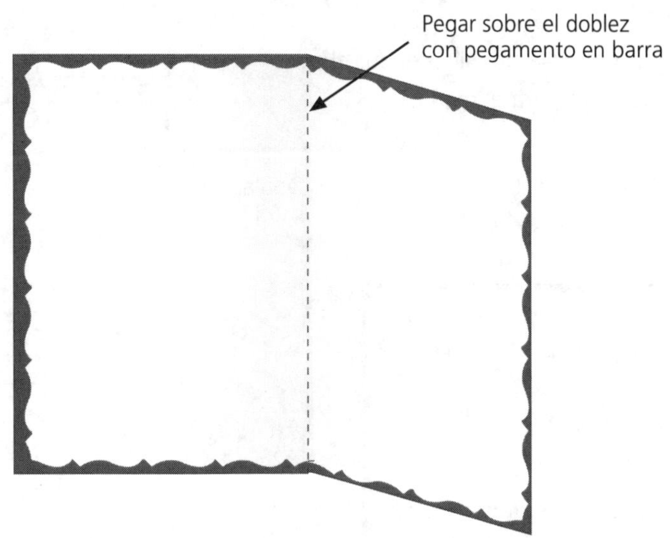

---

4 Realizar con el punzón una perforación donde indica el Diseño tamaño natural (véase página 187) que abarque la tapa, la contratapa y el papel interior del menú, pasar por allí una cinta y rematar con un moño en la tapa. Pegar las letras autoadhesivas o trazarlas con marcador dorado.

MODELO TERMINADO

SITIO DE MESA

1 Cortar un rectángulo de cartulina entelada de 14 por 12 cm (esta última medida varía de acuerdo con la puntilla que se haya elegido, ya que se trata de que los bordes sean simétricos). Marcar por la mitad con punzón y regla y doblar.

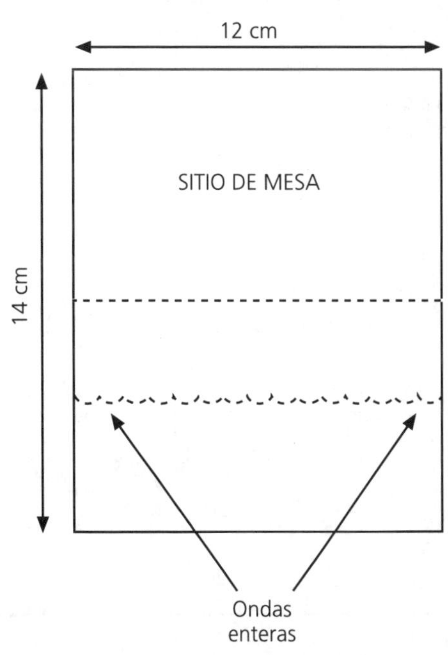

2 Para colocar la puntilla, repetir el paso 2 descripto para el menú.

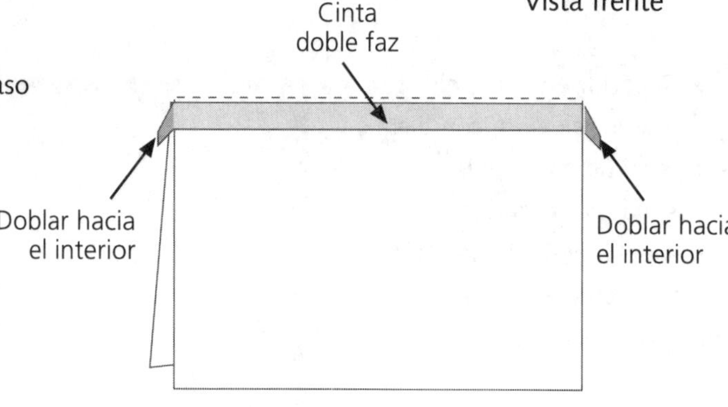

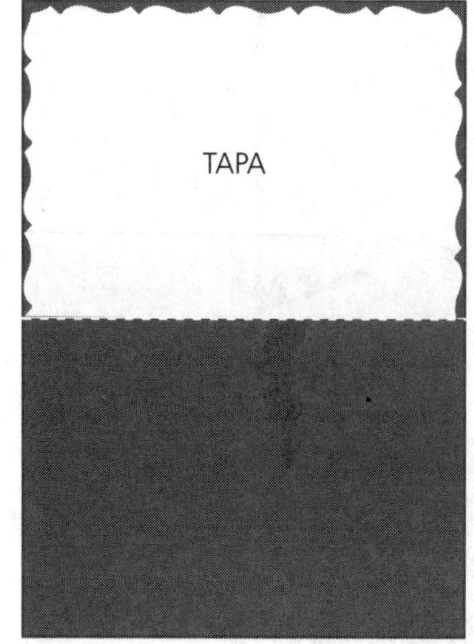

3 Colocar en el interior un rectángulo de papel recortado con tijera de formas, sobre la tapa, para que no se vean los extremos de la puntilla.

4 Aplicar un moño en el centro de la puntilla y pegar las letras autoadhesivas o dibujarlas con marcador dorado.

MODELO TERMINADO

DISEÑO REDUCIDO AL 90%

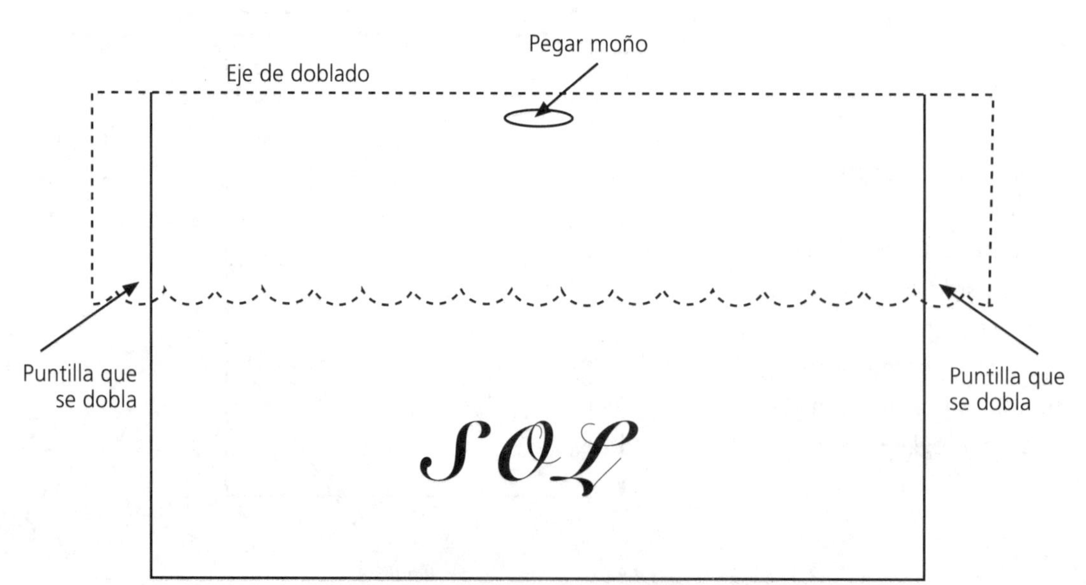

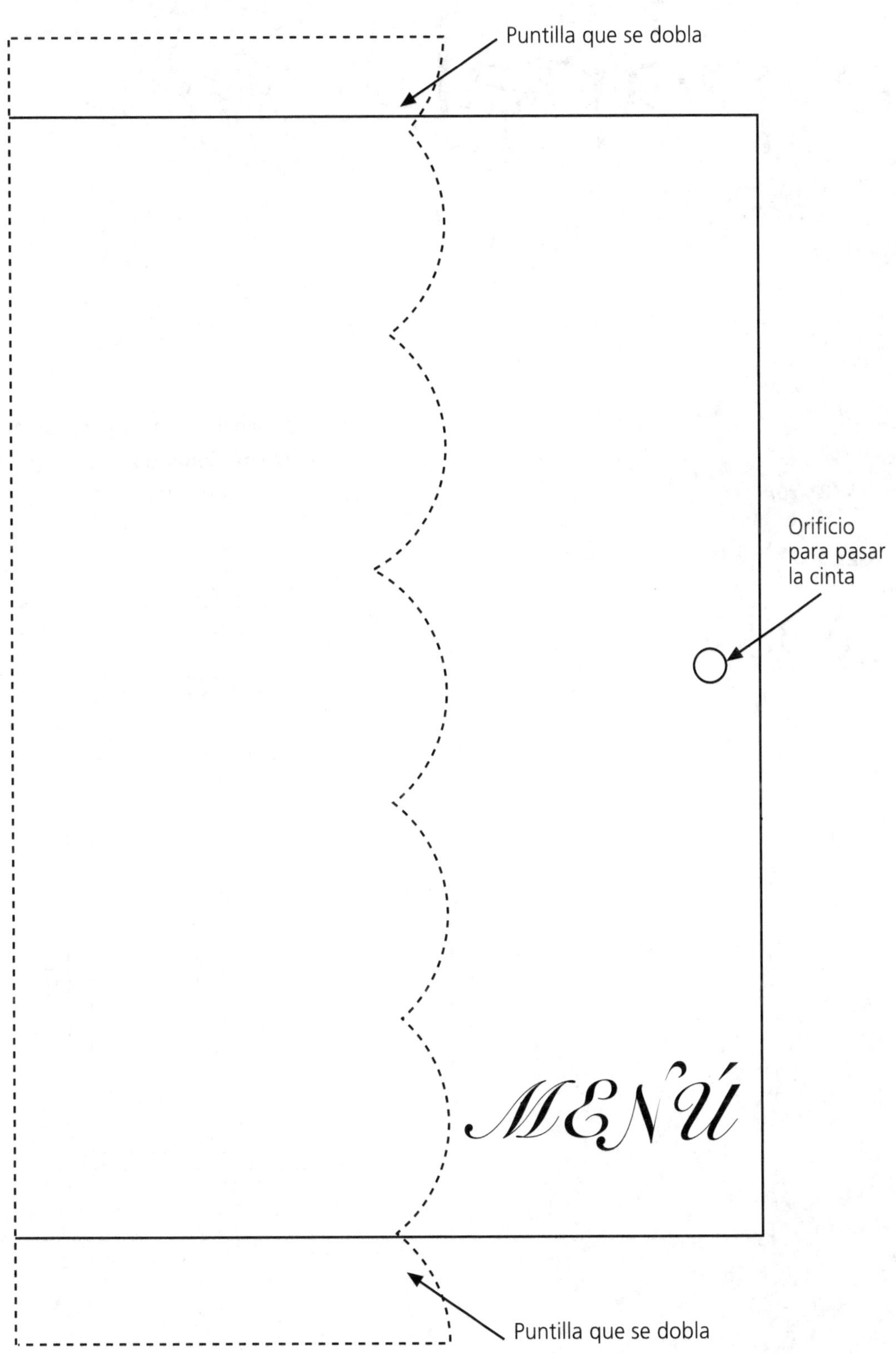
Puntilla que se dobla
Orificio
para pasar
la cinta
MENÚ
Puntilla que se dobla

Con puntilla de papel

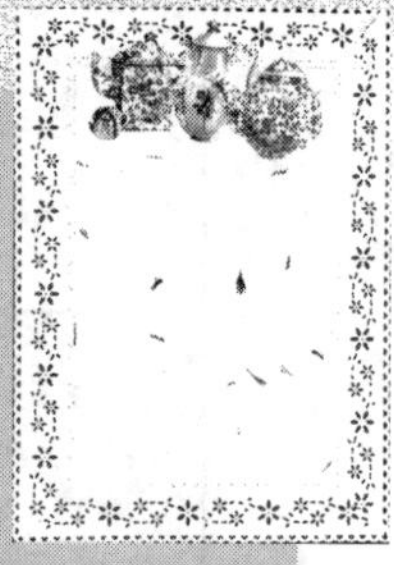

TÉCNICAS

Découpage y Collage

(véanse páginas 12 y 20)

MATERIALES

- *Papel reciclado industrial (se vende en hojas de 50 por 70 cm)*
- *Fotocopias o recortes de diseños de teteras*
- *Puntilla de papel de 3 cm de ancho*
- *Cúter*
- *Regla*
- *Tijera*
- *Pegamento en barra*

1 Cortar en papel reciclado un rectángulo de 14 por 20 cm. Cortar dos tiras de puntillas de 23 cm y otras dos de 29 cm.

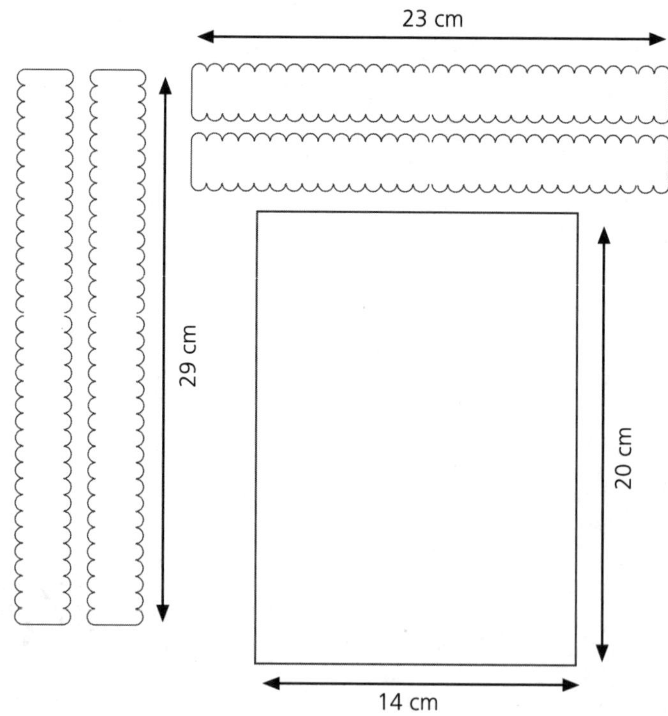

2 Colocar las puntillas laterales con pegamento en barra, superponiéndolas 1,5 cm en el borde del papel. Luego hacer lo mismo con las puntillas haciendo que se encimen en los extremos.

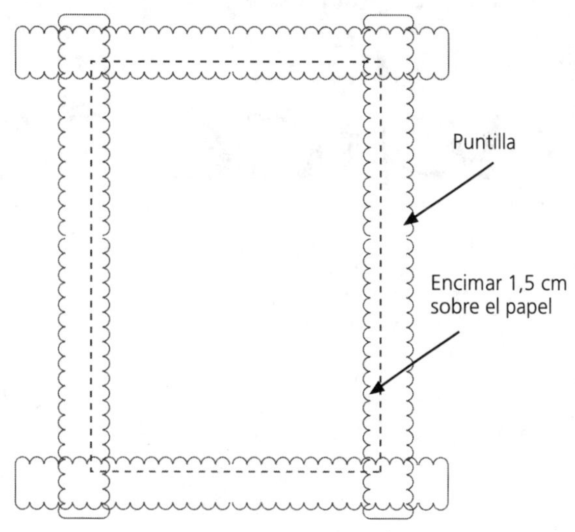

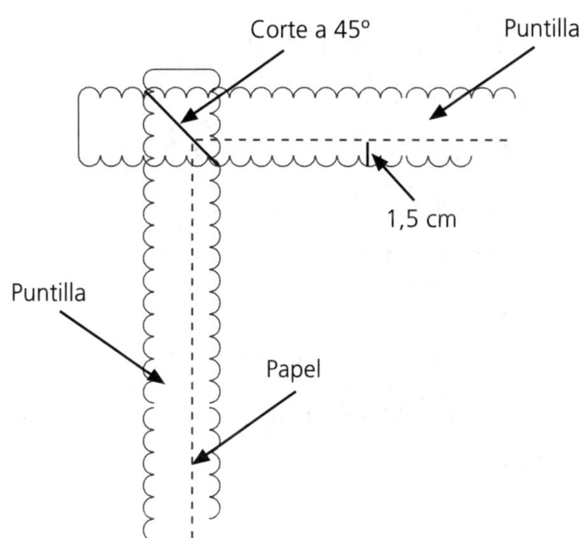

3 Cortar los ángulos de la puntilla con cúter, a 45 grados, de la siguiente manera: unir con una línea la diagonal del cuadrado que se forma en la esquina por el cruce de las dos puntillas (esto debe hacerse con mucho cuidado para que quede perfecto). Por el lado del revés puede colocarse una cinta invisible para reforzar el corte.

4 Recortar las fotocopias de las teteras y aplicarlas en la parte superior con pegamento en barra.

MODELO TERMINADO

NOTA

El diseño que se elija para la invitación puede variar según se trate de un almuerzo, una cena, o cualquier otra ocasión.

Índice

CAPÍTULO 3

Motivos infantiles

CAPÍTULO 4

Fiestas religiosas

CAPÍTULO 5

En su día...

CAPÍTULO 6

Regalos personales

CAPÍTULO 7

Ocasiones especiales